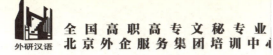

外研汉语　全国高专文秘专业

北京外企服务集团培训中心

丛书总主编 谭一平 吴 竞

秘书信息
与档案管理实务

余红平　胡红霞　主编

外语教学与研究出版社

北京

图书在版编目（CIP）数据

秘书信息与档案管理实务 / 余红平，胡红霞主编 . — 北京：外语教学与研究出版社，
2009.11（2018.12 重印）
全国高职高专文秘专业精品教材
ISBN 978-7-5600-9152-5

Ⅰ . ①秘… Ⅱ . ①余… ②胡… Ⅲ . ①秘书－信息管理－高等学校：技术学校－教材
②秘书－档案管理－高等学校：技术学校－教材 Ⅳ . ①G203②G271

中国版本图书馆 CIP 数据核字 (2009) 第 214314 号

出 版 人　蔡剑峰
责任编辑　徐晓丹
封面设计　覃一彪
版式设计　蔡　颖
出版发行　外语教学与研究出版社
社　　址　北京市西三环北路 19 号（100089）
网　　址　http://www.fltrp.com
印　　刷　北京市鑫霸印务有限公司
开　　本　787×965　1/16
印　　张　22
版　　次　2009 年 12 月第 1 版 2018 年 12 月第 6 次印刷
书　　号　ISBN 978-7-5600-9152-5
定　　价　38.00 元

购书咨询：(010) 88819926　电子邮箱：club@fltrp.com
外研书店：https://waiyants.tmall.com
凡印刷、装订质量问题，请联系我社印制部
联系电话：(010) 61207896　电子邮箱：zhijian@fltrp.com
凡侵权、盗版书籍线索，请联系我社法律事务部
举报电话：(010) 88817519　电子邮箱：banquan@fltrp.com
法律顾问：立方律师事务所　刘旭东律师
　　　　　中咨律师事务所　殷　斌律师
物料号：191520001

丛书序

如何提高文秘专业学生的竞争力

一、问题的提出

现在很多学校的文秘专业是从中文系衍生出来的。与其他专业学生的就业率相比,文秘专业学生的就业率可以说是相当高了,但是文秘专业学生的总体就业质量并不高。这表现在:一是改行去做客户服务、销售的很多;二是去小型企业的多,进那些管理比较规范、素质要求较高的企业的很少。为什么文秘专业学生的就业竞争力不如那些几乎从未接触过秘书专业课程的学生呢?

二、文秘专业学生专业能力分析

文秘专业自 20 世纪 80 年代初形成至今,一直坚持"办文、办会、办事"的教学理念。"办文"是办理围绕文字、文件、文书所展开的工作,"办会"是办理有关的会议组织工作,"办事"是办理事务性工作,那我们就从"办文""办会"和"办事"这三个方面来分析文秘专业学生的专业能力。

第一,"办文"——文种大多不适合现代企业需要。在传统文秘教材中,"办文"这一部分主要是讲与党政机关相关的几十个文种。目前 90% 以上的文秘专业学生是去企业就职,虽然企业也有请示、报告这类行政性文书,但更多的是运营性文书和商业性文书,文秘教学中教的文种大多不适合企业需要。所以,在企业当秘书,文秘专业学生"办文"的能力并不比其他专业的学生强。

第二，"办会"——在现代企业"英雄无用武之地"。在传统文秘教材中，"办会"通常是讲解接站、安全、保卫之类的会务工作，这是机关办会的套路。在企业开会也是要计算成本的，它们多是例行工作会，基本上不需要安全保卫之类的会务工作。所以，在企业当秘书，文秘专业学生"办会"的能力是"英雄无用武之地"，也并不比其他专业的学生强。

第三，"办事"——关键是态度而不是技能。毋庸讳言，在秘书日常工作中，除了写作和档案管理有较强的专业性以外，其他工作的专业含金量并不高。秘书"办事"能力的高低关键是态度而不是技能，而传统文秘教材恰恰忽视了态度这一部分，对学生的培养更多的是着眼于"办事"。所以，在企业当秘书，文秘专业学生"办事"的能力也并不比其他专业的学生强多少。

目前文秘专业学生不仅在"办文、办会、办事"方面没有多少优势，而且相对于外语专业和管理专业的学生，其外语水平和管理技能又略逊一筹。

三、文秘专业学生就业竞争力不高的深层原因

目前文秘专业学生就业竞争力不高，最根本的原因是传统课程设置不合理，主要表现在以下几个方面：

第一，在整体课程设置中，偏重"做事"轻视"做人"。"三分做事，七分做人"可以说是对秘书工作特点的高度概括。虽然目前各学校都开设了思想政治道德修养之类的公共课，教学生如何做人，但实事求是地讲，这些课对文秘专业学生缺乏针对性和操作性。

第二，在"做事"课程设置中，重视"办文、办会"而轻视"打杂"。随着"办文、办会"比重的下降，秘书日常工作中"打杂"的比重将越来越高。但是，在专业课程设置中，写作课程的比重仍占有绝对优势，而涉

及秘书"打杂"的课程内容很少，多数教材对此只是一带而过。

第三，在"沟通"课程设置中，重文字沟通而轻口头沟通。秘书沟通能力的重要性是不言而喻的。但在课程设置中，文字沟通一直被视为重中之重，口头沟通能力则是可有可无。虽然一些学校也开设了"演讲与口才"之类的课程，但它们与秘书实际工作仍有相当的距离。

第四，在"办文"课程设置中，重行政性文书而轻运营性文书和商务性文书。目前文秘专业学生毕业后进入中小型民营企业的比重越来越大，他们起草行政性文书的机会越来越少，更多的时候是帮助上司起草市场调研报告或报价函之类的运营性文书和商务性文书。

四、文秘专业学生的核心竞争力——做人

有人将秘书工作概括为"秘书工作 = 30%艺术 + 70%技术"。这种说法虽然失之于简单，但很形象贴切。技术是可以通过反复训练掌握的，秘书工作技术的含金量又不高，所以进入的门槛很低。文秘专业学生应在学习"30%艺术"方面下工夫，形成独特的专业优势。秘书工作中的艺术实际上就是做人。

五、如何提高文秘专业学生的就业竞争力

第一，转变教学理念。我们应转变文秘专业的教学理念，以职业教育为自豪，把文秘专业学生的教育目标由"知识人"转变成"职业人"。我们应以能力为本位，围绕职业能力的培养组织教学、开发教材、安排实习实训，在此基础上形成别具一格的教育教学体系。

第二，加强师资队伍建设。秘书学科是实践性很强的学科。因此，提高文秘专业教师的水平成为提高文秘专业学生竞争力的关键。

第三，教材创新。一套好的文秘专业教材至少要具备以下几个特点：一是在理念上定位要准确，面向企业文秘人员和企业工作实际。二是在内

容上要与企业文秘工作的流程相吻合，具有可操作性。三是应有丰富的案例，增强学生的参与感，提高学生的学习兴趣。案例应具有真实性、典型性、故事性、目的性，并适合课堂讨论。

　　"全国高职高专文秘专业精品教材"形成了独特的教材体系，改变了传统教材的呈示方式，充分体现了"教、学、做一体化"的教学思想。学生将来做哪些工作，需要学哪些知识和技能，教师就教授哪些知识和技能，教材就呈现相关内容。同时本套教材还充分反映了秘书工作的最新知识、最新技术，凡是秘书岗位工作中要求掌握的知识与技能，在本系列教材中均有详细的指导和介绍。这套教材理论知识删繁就简、深入浅出、循序渐进，实践技能便于操作、实用性强，案例来自世界顶尖企业，整套教材融理论、实务、案例分析和技能训练为一体，以任务驱动编排突出秘书工作技能，注重能力培养。

　　本套教材在理念、内容和结构上，都有很多创新。尽管编者竭诚努力，但由于水平有限，本套教材仍存在种种不足，恳请广大读者批评指正。

谭一平

2009 年 2 月于北京

目 录

前言

　　随着我国经济的不断发展，一大批中小企业呈现出良好的发展态势，规模由小到大，管理由不规范走向规范，逐步建立和健全了现代企业管理制度。现代企业管理注重科学决策，那种拍脑袋作决策的老板已经很难获得事业的成功了。科学决策需要大量的依据，这就使得信息和档案管理工作在企业经营管理中的作用越来越重要。一些企业已经关注并着手建立集信息、档案、资料管理于一体的信息中心。无论是作为企业高层管理人员得力助手的秘书，还是作为训练有素的处理办公事务的企业专业行政人员，信息工作能力和档案管理技能已成为其必备的工作技能。

　　鉴于此，我们根据新形势下高职高专教育的特点和要求，结合当前文秘专业的生源特点，组织编写了本教材。本教材在丛书"教、学、做一体化"编写理念的指导下，特别注意并努力实现三个特色：

一、理论够用，突出技能

　　根据高职高专的教学要求，本教材对于理论的处理，以够用、管用为原则，不刻意强调理论知识的完整性和系统性，剔除一些无意义的原则、意义、作用的讲解，尽量简化理论知识的介绍。教材笔墨重点落在介绍信息档案工作的各种流程、方法、技巧和规范上，以期最大程度地提供指导。依照任务驱动教学模式设置实训，实训背景的设置和实训任务的选择均来自秘书一线实践工作，具有可操作性。

二、职场互动，经验分享

　　为了编写出高质量的教材，编写人员在吸取国内外信息与档案管理有关理论和经验的基础上，实地走访了一些企业和一线秘书，积极引入企业工作一线的最新成果，力图实现教学内容与职场的互动。本教材不仅案例来自于企业一线，而且根据一线秘书的工作经验总结，设置了"经验分享"板块，为广大读者提供有针对性的方法指导。

三、接轨标准，一书多用

本教材遵照秘书国家职业资格标准的要求进行编写，力争让学生在学完之后，不仅具备信息与档案工作的基本技能，也更有把握考取秘书职业资格证书。它既可作为职业院校文秘专业信息管理、档案管理课程的教材，也适合从事秘书工作、办公室专业行政工作的人员作为业务进修指南用书。

感谢外语教学与研究出版社对本教材出版的大力支持，感谢著名秘书学专家谭一平先生对本教材写作的悉心指导，感谢责任编辑徐晓丹女士在书稿编写过程中的热情帮助和为此付出的辛勤劳动。本教材在编写过程中还得到了各位同事和国内部分同仁的帮助，在此一并致谢！

本教材在编写过程中，参考了大量的文献资料，吸收了最新的研究成果，特别是援引、借鉴、改编了大量的案例和训练素材。但为了行文方便，对于所引成果及材料未能在书中一一注明。因此，编者把对本教材编写有过帮助的方家大作，恭谨地列于书后的参考文献中，以示致敬和感谢！

由于编者水平有限及其他条件限制，本教材必有不少疏漏和不妥之处，恳请各位专家、同仁和广大读者不吝赐教，以利于本书的进一步完善和提高。

余红平

2009 年 7 月

绪论
信息与档案工作概述

 **引入案例**

　　小张大学毕业后来到某厂综合办公室当秘书，虽然他早就听人说过"信息是资源、是财富"，但究竟它的价值有多大，对领导决策能起多大作用，总感到说不清。在一次领导办公会上，办公室卢主任让小张作记录，他才对信息工作有了切身的理解。

　　会上，管设备的副厂长提出技术改造方案，以提高企业的竞争力，要求把刚刚收回的一大笔资金，重点投放到购买机械设备上。管财务的副厂长和管生产的副厂长都表示支持。当厂长正要拍板决断时，卢主任说他想向各位领导汇报一个新情况，供领导们参考。领导们的目光一起转向了他。

　　"我先说几条信息请领导们参考：一是我国粮食进入国际市场后，粮价上调的趋势十分明显；二是国际上几个主要粮食进口量大的国家今年均遭自然灾害，国际性粮食歉收趋势已定；三是供应我厂工业粮食原料的产粮区今年都遭到了严重的水灾；四是今年又是乡镇企业发展很快的一年，这些乡镇企业中有不少企业是利用其资源优势从事投资少见效快的食品业和酿酒业的，都是以粮食为原料的。根据以上情况，我预计，近期粮价必上涨，而且上涨幅度较大，可能每千克上涨 0.2 元～0.5 元之间；我厂每年工业原料用粮 10 万吨，按每千克原料用粮上涨 0.3 元计算，每吨将上涨 300 元，10 吨就是 3000 元，全年就是 3000 万！因此，我建议当务之急是在粮食涨价前购进原料，这样可以降低成本，提高竞争力，获得可观的经济效益。然后，再把获得的盈利投入技术改造，经济实力增强了，技术改造的起点可以更高些，最好能达到国际先进水平。这样，就为我们的产品参与国际市场竞争打下坚实的基础……"

卢主任的发言结束后，会场一片寂静。领导们有的拿出计算器仔细地算着；有的掏出钢笔，在本子上写着；还有的托着腮在沉思……

过了一会儿，厂长的发言打破了寂静："卢主任提出了一个值得我们深思的问题。我同意他对粮食价格变化所作的分析和预测。摆在我们面前的问题，是先搞基本建设和技术改造，还是先购进即将涨价的原料，取得经济效益后再以更大的投入进行高起点的技术改造。请大家对这两个方案再议一议。"

大家七嘴八舌地讨论起来，会议气氛十分活跃。经过反复比较、分析和论证，厂领导最后一致同意采纳卢主任的建议：先购进粮食原料，再进行技术改造。

后来的事实证明，卢主任的预测是完全正确的，他的方案使企业获得了巨大的利润，整整多赚了 1 个亿！

小张敬佩地对卢主任说："看来'信息是金钱'的说法一点儿也不假！您是怎样获得这些信息的呢？"

卢主任说："信息变化极快，信息工作无止境。这次我们虽然从大量信息中淘出了一些金沙，但不知还有多少金矿等待我们去开掘、去淘洗、去利用。稍一马虎，它就会从你眼皮底下溜走。"淘金，把小张引入了对信息工作的深层思索。[①]

---

① 引自：王守福. 文秘工作案例与分析. 北京：高等教育出版社，2004

第一节　信息工作概述

人类进入信息化社会后，所有的制约因素都与企业能否深入了解和充分掌握信息、运用信息有着不可分割的联系。企业时刻要关注对市场竞争起着关键作用的信息。谁能及时抓住瞬息万变的信息，在大量的信息中去伪存真，把信息变成有用的情报，谁就能真正提高企业自身的竞争能力，拥有持续发展的竞争优势。

一、信息的含义

一般来说，信息是指客观存在的一切事物通过物质载体发出的信号、消息、情报、数据、图形、指令中所包含的一切有价值的内容。信息不是事物本身，而是事物消息和信号中的内容。

人们常常把信息、信号及消息相混淆，其实三者的含义是不同的。信号可以用来传递某种约定的声音、光线和标志等，其最大的特点是约定性。信号只是信息的一种表现形式，而信息是信号的内容。消息是指传播某一事物的音讯和新闻，其主要特征是传播性，容易发生失真现象。消息只是信息的外壳，信息才是消息的内核，只有揭去外壳，才能捕捉其内核。平时人们常说到的语言、文字、图形和符号本身也不是信息，它们只是信息的载体。

二、信息的主要特征

（一）真实性

信息强调的是客观存在的一切事物通过物质载体发出的有关内容，因此，任何信息都要求能如实地反映客观事实，凡不符合事实的东西只能称为讹传，不具有任何使用价值。

（二）价值性

信息强调的是各种事物通过物质载体发出的一切有价值的内容，因此，信息总会或多或少地对完成某项工作有所帮助。当然，信息的价值度有高有低，凡具有较高价值的信息往往是在对大量原始信息进行加工处理后才获得的，那些未经正确取舍与筛选的信息往往比较分散，其价值性也要低得多。

（三）多变性

由于客观事物的复杂多变，反映其状况的信息也会随之变化，加上信息总是滞后于事实的特点，有价值的信息总是处于不断更新变化的过程中。

（四）共享性

信息资源与其他物质资源不同，物质资源在使用时具有一次性的特点，信息则不然。当信息的拥有者把信息传递给他人时，信息的拥有者仍保有信息的使用权。可见，除了需要保密的少量信息外，其他一切信息都不具有独占性。

三、企业信息工作的作用

在现代社会条件下，正确无误的战略，行之有效的战术，无疑是每一个企业努力追求的理想目标，而企业信息工作就是为企业制定或选择正确的战略战术服务的，它对企业经营管理活动的成功起着至关重要的作用。

（一）信息是企业决策的基础

企业管理要依赖正确的决策，决策的正确与否关系到企业的存亡。决策在本质上就是一个信息处理的过程，由信息的收集、分析、判断、拟订方案、选择方案等一系列步骤组成，每一个步骤都离不开信息的支持。造成决策失败的根本原因是信息的不准确，即通常所说的"情况不明"。

情景案例

宝宝乐公司是一家以生产卫生用品为主要业务的公司。某日，公司总经理秘书夏婷在家休息时，看到电视上播放了一则新闻：根据政府最近组织的全面人口普查数据分析显示，我国每年出生250万个婴儿。夏秘书算了一笔账，每个婴儿两块尿布，250万个婴儿一年就要500万块尿布。这是一个不小的数字。夏秘书马上上网收集相关信息，结果发现由于没有时间或缺乏经验，换洗尿布成了很多新妈妈的烦心事。夏秘书把收集到的信息汇报给老总，老总经过研究后决定投入资金进行尿布研发。不久，由该公司生产的婴儿护理产品——"尿不湿"就面世了。企业由此大大获利。

（二）信息是企业管理的核心

企业管理讲究的是资源优化配置，并通过经营使其效果达到最优化，实现企业管理的最大效益。企业管理的主要任务是商品流动的管理，但是管理的手段和依据却是信息。通过信息管理能实现对物流的管理，进而实现企业利润的最大化。"控制信息就是控制企业的命运，失去信息就会失去一切"，这就是国外企业普遍流行的观点。随着现代企业的发展，信息渐渐成为企业管理的核心。

（三）信息可以提高企业的竞争力

企业要想在激烈的市场竞争中占据优势，必须借助于企业的信息工作，包括对手财务状况、研发情况、原材料供应商情况、营销策略、市场占有率、价格动态和产销状况等。企业的信息工作都是为了实现商品生产、经营、管理的目的，企业管理者通过认识和掌握有用的信息来指导、组织企业管理活动，增强竞争实力。因此，信息被人们称为除技术、资金、人才之外的第四大管理要素。

四、信息工作的程序

信息工作的程序包括收集、整理、传递、存储、利用和反馈。各个环节相互连接，密不可分，形成完整高效的信息工作流程，如下图所示。

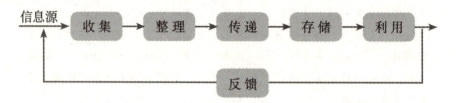

信息工作程序

信息收集是指通过各种方式获取所需要的信息的过程。信息收集是秘书信息工作的基本内容，也是信息工作的关键环节。

信息整理就是将所获取的信息分门别类地加以归纳，使原来分散的、个别的、无系统的信息，变成集中的、全面的、系统的信息。这是一个"去伪存真，去粗取精"的过程。去掉信息中虚假的、不确切的成分，留下真实可靠、有用的信息；去掉信息中粗糙的、相关性不大的成分，留下有价值的信息。对精选后的信息要进行分类、分项加工整理，可以按重要程度、信息用途分类，也可以按信息来源分类。总之，整理信息的目的，在于更好地保存、使用信息，加工整理的过程，同时也是信息消化、吸收的过程。

信息传递是借助一定的载体，通过一定的渠道，将经过加工整理的信息传递给需要者。

信息存储是将有查考利用价值的信息存放保管起来，以备利用。信息按程序存储后，便完成了变原始信息为有用信息、变单一信息为综合信息、变无序信息为有用信息、变低层次信息为高层次信息、变零散信息为系统信息的过程。

信息利用是将经过收集、整理、存储的信息资源提供给企业决策层利用，满足其信息需求的过程。开发和利用信息，可以使信息不断增值，发挥更大的效能，最终达到服务于决策、提高工作效率这一根本目的。

信息反馈是指通过各种方式获取所需要的信息的过程。信息反馈是企业进行科学管理、严格执行计划的保障，它使信息系统能起到为各级管理服务的作用。

五、秘书的信息工作

秘书是为企业决策层或是上司个人服务的，向上司提供有效信息从而辅助上司决策是秘书分内的工作。

（一）秘书信息工作的主要内容

1. 日常工作中的信息工作

秘书日常事务工作包括值班、接待、接打电话和安排活动。在处理这些办公室日常事务工作时，必须按照特定工作内容的需要，做好信息工作。

2. 会务工作中的信息工作

会议是信息沟通、信息处理的重要手段，开会的过程就是信息交流、信息处理的过程。秘书的会务工作，实际上是要确保会议信息有效流动，以实现会议目的。因此，秘书要做好会议期间信息的收集、传递、反馈工作，做到多听、多记、多想，全面地收集和掌握第一手资料。

3. 文书处理中的信息工作

文书是重要的信息传递载体。秘书每天都要处理大量的文书，文书

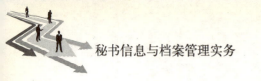

的起草、制作、分发、收缴、传阅和归档就是信息工作的集中体现。

（二）秘书的信息意识

同样重要的信息，有的秘书善于抓住，有的秘书却漠然视之，这就是秘书信息意识强弱的不同。秘书人员要做好信息工作，不仅要有一定的信息能力和信息知识，更为关键的是要树立正确的信息意识。因为信息技能的掌握在很大程度上取决于信息意识的提高。

秘书的信息意识就是秘书人员对各种信息的敏感程度、选择能力和消化吸收能力，是秘书人员对自然界和社会的各种现象、行为、理论观点等，从信息角度的认识、理解、感受和评价。通俗地讲，面对不懂的东西，能够积极主动地去寻找答案，并知道到哪里、用什么方法去寻求答案，这就是信息意识。

有无信息意识决定着人们捕捉、判断和利用信息的自觉程度。现代企业秘书没有科学的信息意识，就不能正确对待大量的信息，就可能淹没在信息的海洋里，成为信息的奴隶。现代企业秘书必须具有强烈的信息意识：善于从浩如烟海的信息中主动挖掘、收集、整理有利于领导决策和工作的信息；善于敏锐地洞察别人尚未注意的信息，发现问题、分析问题并解决问题；善于将各种信息和自己所关心的问题、需要解决的问题结合起来思考，从而更好地开展秘书工作。

（三）秘书常备的信息资料

秘书在工作中经常要查阅和利用信息，所以在办公室中应备有常用的信息资料，以便随时翻阅。

秘书常备的信息资料有：各类工作用参考书、百科全书、字典与词典、年鉴、报纸期刊、统计资料、地图册、内部文献、人名地址录、广告材料、宣传品以及与企业经营有关的政府出版物、法律法规汇编、政策汇编等资料。

第二节　档案工作概述

当今世界已进入知识经济和信息时代，信息已成为比资产更为重要的战略资源。档案作为一种信息资源、与企业同步发展的无形资产，是企业生产、技术、科研和经营等活动的真实记录。档案管理工作作为信息业的组成部分和一项基础性工作，在企业管理等各方面正积极地发挥着应有的重要作用。规范化、科学化的档案管理，是企业档案工作的应然追求。在企业发展的同时加强档案工作，建立一套适应本公司业务特点、体现公司管理水平的档案体系，使档案工作的发展不滞后于企业发展的速度，必将为公司各项综合业务、研究工作的开展创造必要的条件，对规避和抵御各种风险起到一定的作用。

一、档案与档案工作

档案是指国家机构、社会组织或个人在社会活动中直接形成的有价值的各种形式的历史记录。

档案工作是管理档案和档案事业的活动。档案管理是指档案的收集、整理、保管、鉴定、统计和提供利用等活动。

企业档案是现代企业在生产经营活动中直接形成的具有保存价值并经过整理的原始记录和历史资料，是企业经营活动的基础信息资源，也是企业无形资产的重要组成部分。它是指各个时期和各项业务运作过程中形成并记录下来的具有保存价值的文件、账册、合同、图表、照片、证书、统计资料和音像资料等。

二、企业档案工作的主要内容

企业档案工作的主要内容是本企业综合档案管理和开发利用，为企业的生产经营管理工作服务。具体来说，主要有以下几个方面：

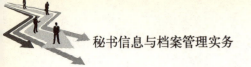
（一）贯彻执行档案法律法规

企业应该贯彻执行国家有关档案的法律、法规、标准，贯彻执行党和国家、行政区域内的地方政府及上级主管部门关于企业档案工作的方针、政策以及企业档案管理的标准、制度、规定、办法等。企业还应制定本企业综合档案工作管理制度并贯彻实施，制订本企业综合档案工作的现代化管理计划并组织实施。

（二）档案业务管理

1. 对本企业科技档案、文书档案、会计档案、音像照片档案、荣誉实物档案、磁盘和光盘等特种载体档案、科技图书、科技情报、资料刊物、电子文件等进行管理，即对档案材料进行收集、整理、鉴定、分类、编目、保管、统计、借阅、开发利用和销毁。

2. 对下属部门二级网络的综合档案、资料、台账管理工作进行指导、监督、检查和考核。

3. 对本企业的科技情报进行管理。

4. 对科技图书进行征订、登记、造册、编目、发放并提供借阅。

5. 对各类技术标准、规范、规程进行征订、编目、发放和提供借阅。

6. 对来往的工作及技术联系单、电传进行收发、登录、保管和提供利用。

（三）档案保管

1. 档案库房：要做到库房、办公室、阅览室"三分开"。库房面积达到要求并留有一定空间。

2. 档案保护设施设备：配置档案库房"八防"设备，如空调、除湿机、温湿度测试仪、消防设备、换气扇、吸尘器、防光窗帘和防盗报警器等。根据实际需要配备档案保护设备，如防磁声像柜、臭氧杀菌灭虫消毒装置、微波杀菌灭虫消毒装置、电冰箱、复印机和缝纫机等。

3. 档案装具：档案装盒保存。档案盒尺寸根据国家规定的规格定购，使用无酸卷盒。

4. 现代化管理设备：要求引入专用的电子档案管理系统，配备计算机、扫描仪、绘图仪、打印机等现代化设备。

（四）档案开发利用

1. 检索工具编制：档案检索工具一般由说明、目录、主体部分、简图或示意图、档案管理特征（档案名称、档案号、密级、保管期限、归档日期、存放点等）的标注和附录等构成。编制检索工具要达到灵活、全面、准确、迅速的要求。

2. 档案提供利用：档案提供利用是以利用者为对象，以提供档案馆（室）库藏档案为手段，采取多种形式和方法，为档案利用者提供服务。

3. 档案开发编研工作：档案编研工作是开发档案信息资源的主要方式，是档案部门主动、系统、广泛地提供档案利用的一种有效方式，是档案工作向纵深发展的标志。

4. 档案学术研究：是指从档案理论与实践工作中总结规律，使档案工作的经验升华为理论，使档案工作实践与档案学理论紧密地结合起来。

（五）档案管理现代化建设

充分利用现代化管理手段，应用电子计算机档案管理系统改善综合档案管理工作，提高工作效率和管理水平。

（六）企业档案目标管理升级达标

根据国家档案局下发的《企业档案工作目标管理考评标准》，企业应积极开展升级达标工作。

三、企业档案工作的作用

随着现代社会科学技术的不断发展，信息日益成为人们日常生活中片刻不可离开的重要资源。特别是对现代企业来说，谁占有丰厚的信息资源，谁就将在激烈的市场竞争中占有主动。因此，作为信息的重要形式，档案对企业有着重要作用。

（一）企业档案是维护企业合法权益的可靠的法律凭证

市场经济是契约经济，是法治经济。同时，市场经济又带有一定的自发性和盲目性。特别是在市场经济不完善的条件下，不讲道德、不讲诚信的行为的存在，扰乱了正常的市场经济秩序，违背了竞争的公平性原则。一个合法经营的企业，可能会遭到不合法行为的侵害，陷入令人头疼的经济纠纷之中。这时，受害方只有拿起法律的武器，才能维护自己的合法权益，才能保证企业正常的生产经营。而司法部门讲究以事实为依据，以法律为准绳。如果没有健全的商务档案作保证，拿不出可靠的原始凭证作依据，就可能陷入"有理说不清"的窘境。

（二）企业档案是企业管理层开展各项工作的重要依据

在改革开放和建立社会主义市场经济的新形势下，企业经营管理活动中的新情况、新问题不断出现，企业领导想要完全靠自己获取信息来满足企业管理需要、发展企业是不可能的，他们还必须从档案渠道来获取信息。这就要求企业档案工作者将各种信息及时归整为档案资料，为领导提供多渠道、多角度、全方位的档案信息服务，使领导始终保持耳聪目明，及时采取对策解决企业发展中的瓶颈，把各项工作始终建立在科学的基础上。比如：企业要制定发展规划，必须摸清现有设备能力和装备水平的底数，分析市场和企业经营管理的潜力，必须对自己的有利条件、不利因素和发展空间心中有数，这就不能不有赖于档案的支持。企业要开拓市场，选择合作伙伴，必须考察对方的信用档案，了解对方的信用状况。企业要进行资产评估或会计核算，必须凭借会计档案核算企业的应收款项和应付款项，并根据商标档案、专利档案等估算企业的无形资产。总之，离开企业档案，企业的经营管理活动就可能寸步难行。

（三）企业档案是企业无形资产的重要组成部分

无形资产是企业资产的重要组成部分，是指企业长期使用但没有实物形态的资产，主要有专利权、商标权、非专利权、土地使用权、著作权和商誉权等。企业档案是企业在各项商务活动过程中形成的、具有保存价值的原始性的历史记录，是企业无形资产的重要组成部分。同企业的商标权和商誉权等资产一样，档案的历史越久，其价值就越大。现在，许多行政法规已将国有企业的档案列入国有资产的管理范围了。

（四）企业档案是企业文化的重要体现和反映

企业文化有广义和狭义之分。广义的企业文化是指企业的物质文化、行为文化、制度文化和精神文化的总和。狭义的企业文化是指以企业经营理念和价值观为核心的企业意识形态。企业档案是企业经营者和全体员工在生产经营活动中形成的历史记录，它从内容到形式，都留有员工们辛勤劳动和创造的烙印，从一个侧面反映了企业的行为文化。企业档案中有关工艺流程、员工手册、操作指南、职务说明书等规章制度方面的记载，是企业制度文化的直接体现。企业档案是企业的"史记"，是一部企业的"编年史"，它记录了企业发展的历史轨迹，这其中蕴含了企业的价值观和伦理观，是企业精神、企业文化的重要反映。

第一章
信息收集

知识目标
◆了解信息收集的概念、范围
◆掌握企业信息收集的方法

能力目标
◆能够正确地选择收集信息的方法
◆能够完成上司交代的信息收集任务
◆能够做好日常信息收集工作

 引入案例

　　日本政府和企业对信息工作非常重视，有人形容日本人在收集信息方面像梭子鱼一样什么都不放过。的确如此，日本一些大的公司和企业在世界各地都有自己的外派机构，这些机构既是营业点，又是信息收集点。日本最大的企业之一——三菱公司就十分重视信息的收集与研究，雇佣了许多人（包括外国人）在国内外专门从事商业信息的收集。该公司的信条是：企业的成败在于经营，而经营的关键在于信息和预测。日本索尼公司在20世纪50年代还是一个不起眼儿的小企业，1953年，公司总经理盛田昭夫在美国考察时获得了晶体管问世的信息，立即从美国引进该项技术用于收音机和电视机，从而使企业获得了飞速的发展，并跨入了日本公司的前列。三井物产株式会社也是日本的大企业之一，它蓬勃发展的一个重要因素也是信息。它建立了一个覆盖全球的信息网，

每天获取的信息量超过五万件以上，世界各地发生的重大政治、经济和贸易信息，三井总部都能了如指掌。

第一节 信息收集的方法和范围

信息收集是秘书信息工作的关键环节，对此秘书必须高度重视。

在一些商场，有时我们可以看到有人煞有介事地在翻看吊牌，却从来不买，其实这些人就有可能是竞争对手派出的，他们在了解其他公司的产品价格、新品情况和销售情况等。这些人员就是信息收集者。

在市场经济条件下，竞争成为企业生存的常态。知己知彼，方能百战不殆。信息成为开展市场竞争的基础，信息的收集更是重中之重。作为企业员工，要清晰地认识到信息的重要性，树立起主动收集信息的意识，秘书人员更是要肩负起收集信息的重任。秘书收集信息的多少、质量的高低等都直接影响到信息工作的质量，进而影响企业的决策。一个企业只有收集了大量正确、全面的信息，才能让领导层作出科学的企业发展决策。

在市场经济环境下，任何企业每天都要面对生存、发展所带来的种种问题。在今天的商业竞争中，谁掌握了充分的信息，谁就能在商战中掌握主动权。日本企业在世界范围内的重要影响力和竞争力，与其重视信息工作是紧密相关的。

一、确定信息收集的范围

在现代市场经济条件下，企业所面临的生存环境越来越复杂多变。面对企业周围存在的各类信息，秘书只有明确信息收集的范围和重点，才能做好信息工作。

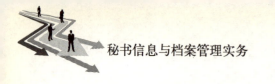

从宏观角度分析，秘书收集信息的范围主要有以下几方面：

（一）企业信息

1. 企业基础资料：包括企业历史、基本状况简介、规章制度、经营业绩、科研成果及各项荣誉等。

2. 企业概况：包括企业名称、性质、地址、电话、传真、网址、业务范围、主要产品及近年业绩情况等。

3. 企业财务状况：包括企业注册资本、负债及盈利状况等。

4. 企业信誉与信用等级情况。

5. 企业背景：包括企业历史、企业组织结构、股东情况、企业领导层及主要领导人情况等。

6. 企业经营活动信息：包括企业开展的各类经营活动的动态信息，如产品研发、生产、上市、销售等环节的信息，生产工艺革新、生产设备更新等方面的信息，公关宣传活动、企业文化建设活动等方面的信息。

（二）合作伙伴信息

企业的合作伙伴主要有：

1. 为公司提供原材料、技术、能源、生产设备的供应商。

2. 从事公司产品或服务代理、批发、零售业务的销售商。

3. 为公司经营管理提供物流、金融、咨询、市场推广、研发等各项服务的服务商。

秘书应收集企业所有合作伙伴的信息，如企业或组织概况、财务状况、信誉与资信情况、企业经营状况、企业背景等。

（三）市场信息

1. 行业信息：包括公司主要业务或产品所处行业的市场消费动态、供需趋势、各种会展情况、技术发展趋势、价格趋势及产品功能发展趋势等。

2. 本公司产品信息：包括公司产品基本情况、生产销售情况、市场占有率、消费者满意情况及与同类产品的比较等。

3. 客户及消费者信息：包括客户的资信、经营方式与范围、经营能力、市场营销特点、市场占有率、客户相关背景、消费群体基本情况、主要特征、消费时尚及消费趋势等。

4. 竞争对手信息：包括竞争对手企业基本信息、产品与技术信息、新产品研发信息、营销战略与特点、重要公关活动等。

（四）法律政策信息

任何一个公司都必须在国家的有关法律和政策下开展经营管理活动。正确理解和执行国家法律政策，充分利用国家法律政策，既能够保障企业利益不受侵害，又能够改善企业与政府的公共关系。秘书不仅要收集我国现有的与企业活动相关的法律政策，还应注意收集与公司有业务往来的公司所在地的法律政策。

（五）宏观经济金融信息

随着我国外向型经济的不断发展，国内企业参与国际商务活动日益频繁，企业经济与世界经济的关系日趋紧密。2008 年美国次贷危机导致的世界金融危机也影响着我国经济的发展。现代企业发展与世界经济局势已经密不可分。因此秘书应收集国内外宏观经济信息和金融信息。经济信息包括宏观经济动态、国家经济政策和经济发展导向等。金融信息包括国内外金融动态、外汇汇率变化、国际国内证券市场行情、贸易对象国利息汇率情况和投资信贷信息等。

（六）交际活动信息

凡是企业领导要参加的各种交际活动，秘书都要及时掌握有关方面的信息。要迅速掌握会见活动的内容、时间、地点、具体要求等情况，

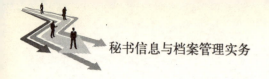
并设法掌握对方背景材料、生活习惯、饮食特点、嗜好、忌讳等情况，明确上司对每次会见的指示或批示。

二、秘书信息收集的重点

秘书信息收集的范围比较广泛，因此在实际工作中，秘书人员必须根据自身所处企业的组织规范程度、规模大小、岗位职责等来确定信息收集的重点。在把握信息收集重点时，必须围绕服务上司这一中心来开展信息收集。

（一）与上司业务有关的信息

秘书应围绕上司的中心业务工作（即上司所分管的工作）收集信息，服务于上司决策。对于组织管理比较规范、结构比较健全的企业，信息收集的任务会分解到具体的部门。比如：发展战略部负责收集与公司发展相关的政策信息、行业信息等；市场部负责收集市场信息、消费者调查等；研发部收集有关新技术的信息等。因此，秘书根据所服务上司的中心工作开展信息收集，能突出重点，提高信息收集的效率和质量。

 情景案例

几年前，山东省有一个电信计费的项目，A公司志在必得，成立了由公司副总周振为组长的项目小组。秘书小李受周总指派，到山东拜访客户并收集信息。她第一次来山东，谁也不认识，就分别拜访局里的每一个部门，有人告诉她局长出差了。她就又问局长去哪儿了，住在哪个宾馆，并马上给那个宾馆打电话说：我有一个非常重要的客户住在你们宾馆里，请帮我订一个果篮，再订一个花篮，写上A公司的名字，送到××房间去。然后又打了一个电话给周总，说这个局长非常重要，已经去北京出差了，最好能在北京把他的工作做通。她自己马上订了机票，中断拜访行程，赶了最早的一班飞机飞回北京，下了飞机直接就去宾馆找局长。等她到宾馆的时候，发现周总已经在跟局长喝咖啡了。在聊天中得知局长会有两天的休息时间，周总就请局长到公司参观，局长对公司的印象非常好。参观结束，周总宴请局长，吃完晚饭小李建议周总请局长看话剧，当时北京正在演《茶馆》。为什么请局长看话剧呢？因为小李在济南的时候问过办公室的工作人员，得知局长很喜欢看话剧。局长当然很高兴。

第二天，小李又找了一辆车把局长送到飞机场，然后对局长说：我们谈得非常愉快，一周之后我们能不能到您那儿做技术交流？局长爽快地答应了这个要求。一周之后，周总带队到山东作了技术交流，小李当时因为有事没去。

周总后来对小李说，局长很给面子，亲自将所有相关部门的工作人员都请来，一起进行了技术交流。在交流的过程中，大家都感到了局长的倾向性，后来这个订单很顺利地拿了下来。

事后，项目组的小王感叹说：“我们可真幸运，刚好局长到北京开会。”

周总却说：“不是什么幸运，是小李工作踏实，不信你们看看她的笔记本。”说着从抽屉里拿出一个小本子，打开一看，密密麻麻地记了很多名字、时间和航班，还包括局长的爱好是什么，家乡是哪里，这一周在哪里，下一周去哪儿出差……所有客户的行程都记在上面。

（二）上司交际活动的信息

秘书信息收集的另一个重点是上司交际活动的信息。为上司安排交际活动是秘书工作的一个重要内容。在“人情即商情”的现代社会，老板的人脉范围将直接影响到其“财脉”的发展，而作为上司左膀右臂的秘书，理所当然地要为老板安排商务宴请、大小活动。在安排上司交际活动的过程中，为上司收集相关信息，能提高交际活动的针对性、有效性。秘书要做好为上司交际活动收集信息的工作，必须在日常生活中做有心人，注意积累诸如各类餐厅位置、特色、环境特点等日常信息。

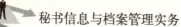
经验分享

　　2007年4月7日中午11点，"咕嘟妈咪e流秘书会所开通典礼——首届秘书试吃暨秘书会员推荐餐厅发布会"在环境优雅、颇具古典欧洲风格的申粤轩正式揭幕。活动现场，几十位来自各行各业、各公司的秘书会员齐聚一堂，亲历这个新兴的秘书会员活动。此外，出席本次活动的嘉宾还有饮食店的经营者。

　　作为秘书，不可避免地要为找餐厅、订位子等琐事而费心。基于这样的情况，咕嘟妈咪网站推出了全新的秘书会员俱乐部——e流秘书会所，吸引沪上优秀企业的秘书以及从事秘书工作的会员，为其提供关于商务宴请的信息收集、餐饮店介绍等服务，为秘书会员的工作带来了诸多便利。可以说，e流秘书会所是专门为从事秘书工作的人员服务的组织。

　　每个秘书原本就对某一家餐厅见仁见智，如今，咕嘟妈咪通过e流秘书会所这个平台将他们汇集到一起，不定期地邀请他们对各家餐厅的菜品进行试吃活动。在试吃会上，秘书们可以畅所欲言，将自己对这家餐饮店的意见表达出来，咕嘟妈咪把这些宝贵的意见进行汇总，提供给这些餐饮店。对于餐饮店来说，这无疑是改善自我、提升自我的最佳意见指南，可以借此不断改进自己的菜品以及经营水平，为自己赢得更多的客源。而对于广大秘书来说，他们也可以从中感受到自己的意见得到了极大的尊重。这样，在秘书会员、餐饮店以及咕嘟妈咪之间产生联动的良性循环：一方面，有效传达了"咕嘟妈咪是餐饮店的支持者"这一服务宗旨；另一方面，也为秘书提供了一个良好的平台，不仅使他们在安排商务宴请、找餐厅、订位子的事务上有了更多可供参考的意见，同时也得到了一个与同行分享经验、交流工作心得的机会。

三、秘书信息收集的方法

秘书在收集信息时，应根据所收集的信息的分布范围、流通渠道以及实际收集过程中人、事、地的不同采用不同的收集方法，主要有以下几种方法：

（一）观察法

观察法是指人们直接用感官或借助其他工具认识客观事物、获取信息的方法。观察法是收集、获取信息的最基本方法。秘书在采用观察法收集信息时，往往要亲自到现场，借助听觉、视觉或录音、摄影、摄像等方法记录客观对象的活动。

1. 观察法的优点

（1）方法简单、灵活；

（2）能获得较为客观的第一手信息材料；

（3）适用于对环境、人、事件等实际状况的了解。

2. 观察法的缺点

（1）不易收集到深层信息；

（2）获得的信息量较为有限；

（3）观察效果受秘书观察能力的影响。

观察法适用于新产品的宣传、促销及跟踪调查，有利于掌握客户对新产品的第一感觉和评价，以便及时回馈相关信息。

（二）阅读法

阅读法是通过阅读书刊等，从中获取信息。书刊等公开出版物是目前人们运用最普遍的信息载体，兼有宏观信息和微观信息，信息周转快。

1. 阅读法的优点

（1）获取信息方便；

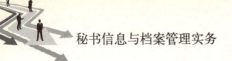
（2）获得信息量大，适用性强；

（3）能全面提供工作需要的参考信息。

2. 阅读法的缺点

（1）书刊的信息来源多，信息可能失真，有杂质；

（2）需要筛选，判断信息的真实性。

经验分享

> 秘书每天都要传送、处理各种类型的文件和信函。一个公司有可能同时订阅多种定期发行的杂志、报纸，因此，秘书在工作中要留心收集信息，一旦发现有用的资料，马上加以标记。
>
> 在浏览杂志的时候，发现里面有感兴趣的东西，就可以用红笔画上波浪线，或者把它剪下来，贴在没有保存价值的旧杂志上。如果剪下来的资料很不规则，也可以贴在 16 开纸上复印，注意一定要把杂志的名称和日期记下来。在这一过程中还要注意：
>
> 1. 不好剪贴就复印
>
> 有些内容比较重要，想把它剪下来却又舍不得，因为这一版都有用，剪下这一篇会破坏整个版面，那么遇到这种不能剪的情况就复印。
>
> 2. 剪报要利于阅读
>
> 比如：日本报纸的排版都习惯竖排，读的时候从右到左。这一段结束后，下一段又是从右到左。如果上一篇的分段处正好接着下一篇的开头，稍不注意，在剪报时很容易就会把一篇文章的结尾处丢掉。另外，还要注意把那些附在旁边而又没有关联的文章剪掉，以便于阅读。

3. 摘记

即利用手册或卡片，将欲保存的信息资料整理摘录下来。采用摘记的方法收集资料要注意摘抄准确、内容简要、妥善保存以及便于查找。

4. 标记重点

秘书从报纸杂志上收集的情报内容相对较多，而上司看时并不一定都会那么仔细，工作忙的时候，甚至用眼睛扫一下标题就过去了。所以秘书的责任就是把重要内容用记号笔画上重点线，以引起上司的注意。

5. 说明和注释

对于那些篇幅较长的文章，特别是国外杂志上与本公司有关的最新报道，一定要在文章旁边加几行提纲挈领的说明文字。遇到一些新名词和英文缩写，要加上必要的注释。

6. 记录

秘书在日常工作中如果意识到上司或有关人士的发言、指示、建议或意见很有代表性，应该将这些东西记录下来，加以分析整理，提炼出有价值的信息。

（三）询问法

询问法是通过提问请对方作答来获取信息的方法，是询问者意图完全公开的一种方式。询问的形式有人员询问、电讯询问和书面询问。人员询问是通过面对面交谈的方式获取信息；电讯询问是借助于电话和传真等信息传递工具收集信息；书面询问是根据信息需求，设计制成有一定结构的大纲或统一格式的问答调查表收集信息。

1. 询问法的优点

（1）应用灵活、实用；

（2）直接交流，互动沟通；

（3）能获得大量有价值的信息；

（4）能获得语言信息和非语言信息。

2. 询问法的缺点

（1）要求秘书具有一定的素质和能力，能很好地运用询问技巧；

（2）书面询问较复杂，难掌握；

（3）费用较高，时间较长，规模较小。

（四）问卷法

问卷法是由信息收集者向被收集对象提供问卷（精心设计的问题及表格），并请其对问卷的问题作答而收集信息的方法。

1. 问卷法的优点

（1）避免主观偏见，减少人为误差；

（2）节省时间、人力和经费，效率较高；

（3）收集的信息便于定量处理和分析。

2. 问卷法的缺点

（1）问卷的回收难以保证；

（2）问卷的质量难以保证；

（3）要求被调查者具有一定的文化水平。

3. 问卷的结构

（1）封面信：说明调查者身份及调查内容、目的、意义，说明选择调查对象的方法和对调查结果的保密措施；

（2）指导语：对填写问卷的要求、方法、注意事项等作总体说明，一般以填写说明的形式出现；

（3）问题和答案：这是问卷的主体，包括一般问题、主要内容、敏感性或复杂性问题以及个人基本状况；

（4）其他信息：调查者姓名，被调查者姓名、地址、电话号码，问卷发放及回收日期等。

4. 问卷的类型

（1）封闭式问卷：又称固定式问卷。它的答案是固定的，只能在规定的几个答案中进行选择，选定的答案打"√"。

例如：您喜欢哪一方面的书籍？

□政治理论　　□科学技术　　□文学艺术　□企业管理

（2）开放式问卷：又称自由式问卷。它没有固定答案，可自由回答问题。

例如：您选购商品时主要考虑的因素是什么？

您对家中使用的洗衣机哪些方面不太满意？

5. 问卷法的步骤

（1）问卷设计：首先要对问卷整体结构进行合理的设计，提出系列有针对性的问题。

（2）试用和修改：问卷设计出来后，可进行小规模试用，从中发现问题，进行修改，以保证收集到高质量的信息。

（3）选定问卷的调查方式：问卷制好后要确定调查形式。

问卷调查的形式主要有：

报刊问卷，在报纸和刊物上公布问卷；

邮政问卷，通过邮局寄出问卷，对方回答后按指定地址寄回；

发送问卷，直接分发问卷，对方立即填写，调查者直接回收问卷。

（4）对信息进行统计分析：认真统计分析问卷调查结果是非常重要的，这是得出正确结论的关键环节。

 **情景案例**

巨州移动通信有限责任公司调查问卷

同志：您好！为了解巨州移动公司服务工作中存在的不足，为客户提供更好的服务，我们拟定了旨在改进服务管理与提高服务质量的调查问卷，希望听取您对移动公司服务改进的意见和建议，敬请您给予配合并认真填写。非常感谢您的支持与合作！

一、被调查者基本情况（请在您对应的方框中打"√"）

居住区域：□城市 □县城 □乡镇 □农村

年龄：□20 岁以下 □21 岁～30 岁 □31 岁～40 岁

　　　□41 岁～50 岁 □51 岁～60 岁 □60 岁以上

性别：□男 □女

文化程度：□高中以下 □高中 □大专 □本科 □本科以上

职业：□行政机关 □事业单位 □企业 □自由职业者

　　　□农民 □学生 □其他

被访者是移动哪一类的用户？

□全球通 VIP 用户　　□全球通普通用户　　□神州行智能网用户

□神州行签约用户　　□动感地带　　　　　□集团用户

被访者平均每个月的话费支出：

□50 元以下　　　　□50 元～100 元　　　□100 元～150 元

□150 元～200 元　　□200 元～300 元　　□300 元以上

二、调查问题

1. 您对移动公司营业厅的服务感到满意吗？

　　A. 非常满意　 B. 比较满意　　C. 不太满意　　D. 不满意

2. 您对移动公司 1860 的服务感到满意吗？

A. 非常满意　　B. 比较满意　　C. 不太满意　　D. 不满意

3. 您对移动公司的投诉受理服务感到满意吗？

　　A. 非常满意　　B. 比较满意　　C. 不太满意　　D. 不满意

4. 您对移动公司的业务宣传资料感到满意吗？

　　A. 非常满意　　B. 比较满意　　C. 不太满意　　D. 不满意

5. 您对移动公司的网络质量感到满意吗？

　　A. 非常满意　　B. 比较满意　　C. 不太满意　　D. 不满意

6. 您对移动公司推出的业务内容感到满意吗？

　　A. 非常满意　　B. 比较满意　　C. 不太满意　　D. 不满意

7. 您对移动公司向您提供的缴费服务方式感到满意吗？

　　A. 非常满意　　B. 比较满意　　C. 不太满意　　D. 不满意

8. 您对移动公司推出的话费优惠措施感到满意吗？

　　A. 非常满意　　B. 比较满意　　C. 不太满意　　D. 不满意

9. 您对移动公司提交给您的话费账单感到满意吗？

　　A. 非常满意　　B. 比较满意　　C. 不太满意　　D. 不满意

10. 您觉得"移动公司给您发短信，提醒您尽快交话费"这种做法对于您
　　及时缴费，保证手机顺畅使用帮助大不大？

　　A. 非常有帮助　B. 比较有帮助　C. 不太有帮助　D. 一点儿帮助也没有

11. 对于移动公司的积分回馈活动，总的来说，您感到满意吗？

　　A. 非常满意　　B. 比较满意　　C. 不太满意　　D. 不满意

12. 若您是 VIP 客户，您对移动的大客户服务感到满意吗？

　　A. 非常满意　　B. 比较满意　　C. 不太满意　　D. 不满意

　　三、您对巨州移动公司的服务工作还有哪些宝贵的建议和意见，请简要予
以陈述。

_____

_____

（五）网络法

网络法是指信息收集者通过网络收集信息的方法。网络主要指以互联网为核心的计算机通信网络，它是以资源共享为目的，使用统一的协议，通过数据通信信道将众多计算机互联而成的系统。网络所提供的信息服务有电子邮件服务、远程登录服务、文件传送服务、信息查询服务、信息研讨和公布服务等。

1. 网络法的优点

（1）信息时效性很强；

（2）最新信息补充及时；

（3）收集信息迅速、广泛；

（4）收集信息不受时间、地域的限制；

（5）能收集文字图表信息和声像信息。

2. 网络法的缺点

（1）信息来源复杂，有大量未经核实的信息和信息垃圾；

（2）需要掌握计算机知识。

（六）交换法

交换法就是将自己拥有的信息材料与其他单位的信息材料进行交换。秘书可通过交换信息的方式获得有关的信息，特别是要与业务往来频繁的企业建立稳定的信息交换网络，在信息上互通有无。

1. 交换法的优点

（1）实现彼此间的信息共享；

（2）获得的信息及时、适用；

（3）节省信息收集时间；

（4）可临时交换各自感兴趣的专题性信息；

（5）可根据需要，商定交换信息的方式、内容，以便长期交换。

2. 交换法的缺点

（1）信息交换建立在自愿、互惠的基础上；

（2）要注意信息保密问题；

（3）交换信息的范围较窄。

（七）购置法

包括订购、限购、邮购和代购等。主要购买与信息收集目标有关的数据、报刊、专利文献、磁带和磁盘等。

1. 购置法的优点

（1）相关信息比较集中；

（2）许多出版机构和书店都有订购业务；

（3）能获得大量系统化、专业化的知识信息。

2. 购置法的缺点

（1）费用高，需花费时间和人力；

（2）要从大量信息中筛选出有价值的信息；

（3）信息要经过真实性鉴别后才可利用。

四、秘书收集信息的技巧

（一）熟悉上司

作为助手，秘书必须熟悉自己的上司，这是做好秘书工作的前提，也是做好信息工作的前提。只有这样，才能做到有的放矢。

在日常工作中，秘书不仅要了解自己的上司主管哪些工作，分管哪些部门，而且要了解上司目前最关心的是哪些问题，工作中有哪些新的打算，等等。只有这样，秘书才能把握自己信息收集的重点，当上司需

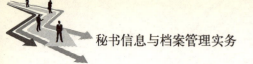

要的时候，就可以及时给上司提供相关信息。

那么，秘书怎样才能知道上司当前工作的重点呢？对于这个问题上司一般都不会有明确的指示，只有靠秘书自己去观察、去琢磨。通过留心观察，大概掌握上司工作的重点，对于一个经验丰富的秘书来说，应该是一种职业本能。

（二）广闻博见

要想做好信息收集工作，归根到底就是要勤奋努力，多听多看。由于秘书所处的地位比较特殊，很容易收集到各种各样的信息。不过，这些信息的可信度如何？有没有实际价值？这就要靠秘书的判断力来识别，而这种判断力实际上就是秘书水平和素质的表现，它扎根于秘书平日的多听多看。做好信息工作的窍门就是平时多看、多听、多问，抱着"三人行，必有我师"的谦虚态度。

（三）取得同事配合

信息收集工作是一项复杂而又庞大的工作，如果光靠秘书一个人，肯定很难做好。单就各种文字信息而言，秘书要将各种报纸杂志从头到尾看一遍都是不可能的，何况还要对它们进行整理。所以，秘书在信息收集工作中，如果不与各部门同事配合，取得他们的帮助，就很难满足上司的需要。

为了取得各部门同事的配合，秘书要有一种诚恳谦虚的态度。不管是谁，只要掌握了信息，秘书就要虚心向其请教。只有这样，才能得到对方的信赖，他们才会知无不言，言无不尽。

当然，在信息收集过程中，光有谦虚的态度还不行。如果不能互通有无，总让对方单方面为你提供"无偿服务"，这种状况就不可能长期维持下去。因此，只要不违反保密规定，秘书就可以将自己收集的信息提供（复印或用电子邮件的方式）给那些为自己提供信息的部门或个人，并且将他们提供信息所产生的作用，特别是上司对这些信息的评价告诉他们，使他们能对自己的工作成绩和工作意义有一个全面的评估。

第二节　信息收集的渠道和原则

一、秘书收集信息的渠道

在信息收集上，要消除两个误解：一种是畏难情绪，认为信息，特别是重要信息，是别人的宝贝，被看管得很严，很难收集到有价值的信息；另一种是间谍意识，认为信息的收集人员要像那些政治或者军事间谍一样，不择手段。这两种想法都是不可取的，合法、正当地收集信息的渠道很多。

根据信息的扩散方式，可将信息的收集渠道分为正式渠道和非正式渠道两种。

（一）正式渠道

1. 公共传播载体

在当代，大量市场情况和动态的信息是通过出版发行系统、广播影视系统和互联网公开传播的。从图书、杂志、报纸、广播、电视、互联网、行业协会出版物、会议文献、技术报告、产品标准和样本以及有关单位赠阅的资料信息中获得信息，是人们收集信息的极其重要的途径。

公共传播物辐射面宽，信息含量大，时效性强。比如：电台、电视台多数都有经济节目，可提供大量的商务信息，还有新闻、科技、广告等节目，通过收听、收看、录音、录像等方式便可从中收集到有价值的信息。

随着越来越多的企业建立网站，或是开展网上营销和促销活动，收集信息工作变得更为方便，更富成本效益。在竞争对手的网站上通常都有着丰富的信息内容，首先值得一读的是其新闻发布稿。一般企业的新闻发布稿内容详尽、丰富，若能接触到原始材料，会有助于秘书从中收集"可操作的信息"，从而得出可靠的结论。利用搜索引擎，借助企业网站，可以轻松获得有关企业的许多最新数据。随着互联网的发展，利用互联网比较完整的信息链收集信息已成为企业信息工作的重要内容。

随着新技术手段的不断发展，企业还可以从数据库，尤其是商情数据库中得到所需要的信息。目前国内外有许多此类数据库，如"中国企业、公司及产品数据库""中国百万商务通讯数据库""中国经济信息数据库""中国科技经济新闻数据库""中国科技成果数据库"及国外的国际联机检索系统、欧洲大型联机检索系统、欧洲航天局情报检索系统等。

 情景案例

夏婷是一家奶制品公司的办公室秘书，她会定期对本市其他牛奶企业的网站进行查询。一天，她在本市另一家大型牛奶企业的网站上看到一则消息，说该公司将在下周举行的本市农业博览会上举行促销活动和新产品发布。她立即将这一消息汇报给总经理。公司立即召集研发中心和市场部开会，决定调整自己的博览会展览方案，并决定把原计划下月初举办的新产品发布会提前到农业博览会前一天晚上举行。这一举措，果然率先争取了大客户，占得了市场的先机。

2. 各种社会活动

参加企业相关的招商会、展览会、交流会、学术会议以及企业举办的技术鉴定会、订货会、新闻发布会等，可能会获得各种会议的资料，企业的广告、产品介绍、产品样本等信息。

3. 向有关单位索取资料

有些信息并非都刊载于大众化的出版物上，需要通过派人磋商或发函联系等方式才能获取，这可以是无偿的，也可以是有偿的，如国内外企业的产品样本、产品说明书、产品介绍、企业内部刊物和实物样品等。有些企业为了宣传、推销产品，扩大企业影响，往往愿意免费赠送有关资料。许多单位之间建立了市场资料的相互交流制度，这样的交换可使双方互通有无。

4. 专利文献

专利技术是一个国家、一个企业在竞争中取得技术优势、立于不败之地的有利武器，同时专利情报也是企业情报竞争中必不可少的一部分。

当前，市场竞争的焦点既是技术和服务的竞争，也是专利的竞争。据统计，世界上发明创造成果的90%以上都能在专利文献中查到。因此，公开出版的专利文献已成为企业获取情报的一个重要来源。

企业既是市场竞争的主体，也是技术创新的主体。市场竞争归根结底是高新技术的竞争，谁拥有高新技术专利，谁就能占据市场竞争的优势，占领并赢得一方市场。而通过查找专利信息，企业可以了解某一项技术的市场前景和潜力，潜在的竞争对手及其市场地位、技术水平等信息，用来预测企业未来的研究方向及市场定位。因此，企业必须制定专利信息战略，借助专利信息，及早发现萌芽技术，尽快开发出优于现有技术产品的新产品、新工艺，抢先投放市场，争取竞争

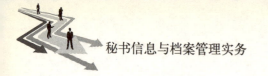

的主动权。同时，应注意分析竞争对手的专利保护范围，绕过或冲破竞争对手的技术垄断，取得自主专利权，从而保持市场竞争优势。

据世界知识产权组织统计，如能充分利用专利文献，首先可以节约40%的研究开发经费，少花60%的研究开发时间。因此，企业在科研立项、新技术和新产品开发前，首先应该进行专利文献的查新检索，这样可以解决科研、生产过程中的技术难题，启迪科技研究和开发人员的创新思路，提高研究开发的起点，避免低水平的重复研究，节约新产品的开发时间和经费。另外，专利文献可以作为技术引进的决策依据，积极开展专利许可贸易，走引进创新之路。在开展对外技术贸易时，可以查清引进技术的法律背景，争取技术判断的主动权，避免技术引进的盲目性，节约技术引进的开支。

 **经验分享**

> 　　由于专利权具有时间性，在专利技术贸易中要特别注意卖方所拥有的专利权的法律状况，以免为过期失效的专利支付冤枉钱，吃亏上当。有时在一份专利许可合同中，可能包括多项专利，而每项专利的有效期又可能不相同，此时支付的使用费数额要根据有效期的长短分别计算，对专利权终止或无效的专利，应随时停止支付专利使用费，在这方面国内已有教训。某汽车企业和A国达成合资经营协议，对方以技术作价入股，其中有专利97项。事后我方人员到国家知识产权局专利文献馆一查，惊呼上当：对方作价入股的97项专利中，有多项已过期，4项当年到期，13项刚申请专利。按法律规定：过期专利可以无偿使用；当年到期的，来年可以无偿使用；刚申请的，还不能作为专利技术。但这时协议已签，木已成舟。

5. 竞争对手的公开资料

竞争对手的许多公开资料，如企业广告、产品说明书、产品报价单、企业简介、企业刊物、企业年报和企业领导讲话等，表面上看没有什么机密可言，但经过认真分析与研究，同样能发现许多有价值的信息。以许多企业铺天盖地的招聘广告为例，这些广告在常人眼中可能一闪而过，但经过信息人员的精心分析、提炼，就有可能发现价值不小的信息。

 情景案例

美国MC通信公司在开展电子邮件业务的前几个月，打出要招聘数名通信工程师和工人的广告。该公司的竞争对手在研究分析这一广告之后，确认MC通信公司招聘专业技术人员正是因为他们有拓展业务的计划，进而采取了先发制人的应对措施。

因此，一些企业信息人员特别注重研究竞争对手的CI手册、员工手册、企业法规、内部刊物、公关文稿、互联网发布的信息、重要领导人的讲话和文章等，以从中收集到有价值的信息。

（二）非正式渠道

1. 建立人际网络，收集人际信息

人际信息指通过人际交往获取的信息。某个销售人员告诉你一家企业可能出售分公司，这是人际信息；你在聚会中听到你的竞争对手换了新经理，这也是人际信息。有人对一些中小企业的经理进行调查，了解他们获取信息的方法，结果显示，绝大部分经理都把人际信息看作信息的重要来源之一。获取人际信息的方法有交谈、询问、采访等方式。

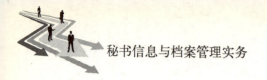

信息的泄露很大程度上是由企业员工无意中透露的，如在接受采访、参加会议、发表著作甚至日常生活中，都有泄露企业敏感信息的可能。因此，建立人际网络，有意识地接触竞争对手的雇员，与竞争对手的经理、技术人员、职员交朋友，便能以非常自然、巧妙和令人舒服的方式从对方口中获取更多的信息。通过人际网络获得的信息，许多细节往往具有重要的价值。

 情景案例

李毓是一家藤器制品公司的总经理。最近几年公司业绩一直下滑，藤器家具的市场空间越来越小，李毓整天为此烦恼。一天，他去看望刚从国外回来探亲的老同学。在老同学家里，他看到一幅在国外拍的照片，照片里四方形的编织篮里铺着垫单和被子，一只狗正在睡觉。与老同学聊天后，他才知道西方一些国家很喜欢养宠物，但是人们却经常为如何在居室里安置宠物而烦恼。李毓突然意识到自己公司的发展出路了：发挥自己生产藤器制品的优势，生产宠物家具，既让宠物舒服，又使居室得到美化，保持整洁。他立即让人制作了几款样品交给老同学带到国外，很快他收到了国外的订单。

2. 通过第三方获取信息

所谓第三方是指与企业发生联系的组织和个人，主要有广告商、供应商、经销商、企业主管部门、银行、咨询机构、证券商和行业协会等。由于业务上的联系，他们了解企业的发展战略、资本结构、产品结构、销售渠道乃至经营状况等各方面的情况。第三方通过发表谈话、参加各种活动、接受采访等方式能透露出大量与企业有关的数据。

客户是不可忽视的第三方。企业之间的竞争就是市场竞争,归根结底是争夺客户。因此,企业往往将一些重要的信息告知客户,如某些产品的技术关键、特性。客户成为了解竞争对手信息的重要渠道。尤其是许多公司的大客户既买该公司的产品也买其竞争对手的产品,随着利益统一体时代的到来,客户与商家之间可谓"肝胆相照,无话不说",客户对厂家的底子了如指掌,尤其是在产品性能、价格、网络等方面更是一清二楚。因此,询问关键客户,建立客户信息交流反馈机制,是获取信息的重要捷径。

3. 收集竞争对手疏忽泄露的信息

要留心收集竞争对手疏忽泄露的信息,比如:竞争对手的图纸、文件、移动存储盘等涉及商业秘密的材料因保管不善而流失在外,含有商业秘密的工业垃圾、文字垃圾未经特别处理被人拣走,竞争对手在向顾客介绍产品或向参观访问者介绍信息时不慎泄露自己的信息等。

4. 人才流动中的信息

从现代企业发展的角度看,企业发展很大程度上是依赖知识、依赖人才的。然而,人才合理流动是市场经济发展的必然结果。因人才流动而发生企业信息丢失事件也是常有的。因此,从竞争对手那里招聘人才是获取信息的一个重要方式。

5. 通过反求工程获取信息

反求工程是指通过对市场上销售的产品或其他合法渠道取得的产品进行解剖分析,从而获得产品技术秘密的一种方法。在商品同质化愈来愈高、品牌模仿能力愈来愈强的今天,"各领风骚三五月"已成为中小品牌企业扎根市场、快速致富的普遍想法。他们通过拆卸、检查、化验、学习竞争品牌的产品来了解其材料、成本、工艺等经济、技术信息。这样的做法事半功倍,大受中小企业青睐。

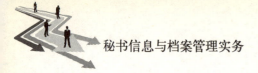
 **情景案例**

　　美国科罗拉多州的先进动力设备公司刚刚宣布一项新的专利产品——一种减速齿轮时，便接到五十多份订单，每份只买一两件，订单大部分来自竞争对手。无独有偶，柯达公司的人员曾开玩笑说至少有两家公司总是要买柯达公司昂贵的复印机，一是施乐，二是 IBM。他们买复印机的目的就是为了进行逆向分析。

　　6. 通过参观或学习获取情报

　　最可靠、最真实的信息来自最贴近的、零距离式的参观或学习，这样可以熟悉并掌握竞争对手的生产规模、制作程序等。参观主要以投资考察或寻求合作的方式进入竞争对手的防范区，获得敏感信息；学习则以技术交流或派驻"实习生"的方式"交流学习"到一些重要技术或秘方。

　　7. 委托收集

　　有些单位或部门的内部资料，通过交换或直接购买都不能得到，这时可以委托一些咨询公司或个人进行收集。

 情景案例

　　"麦氏咖啡"在进入中国市场之前，委托广州市场研究公司对中国的咖啡市场进行调查。调查报告指出：中美两国人喝咖啡的习惯不同，中国人即冲即饮，且喜欢加糖；美国人喜欢煮食，且不加配料。麦氏公司根据调查，迅速推出三合一的速溶咖啡，从而一炮打响。

二、信息收集的原则

信息是企业决策的基础和依据，是竞争的先导，是制胜的法宝。信息收集要有目的、有计划、有组织地进行，并遵循以下五个原则：

（一）针对性原则

在发达的商品经济条件下，信息存在的范围极广、内容复杂、形式多样，而企业在某一时期的信息需要总是特定的、有限的。如果信息收集工作没有明确的方向，毫无边际地漫天撒网，就会白白浪费人力、物力、财力。因此，信息收集工作应当从企业的实际需要出发，针对当前和今后一段时间内的科研、生产、市场经营活动的需要，按照各种不同专业和课题的特点，有目的、有选择地进行。只有这样，才能把有限的人力、物力、财力用在最需要的地方。

（二）及时性原则

市场情况瞬息万变，在市场竞争中开展经营活动的各个企业，耳目是否灵通，对市场的变化反应是否敏捷，能否及时抓住各种有利机会并迅速地采取相应的措施，直接关系到竞争的成败和整个企业的兴衰。因此，开展企业信息收集工作要有高度的时间观念，一旦发现与企业有关的信息线索，就应立即追踪，迅速获取。只有这样，才能及时满足企业的信息需要，使企业能适时地作出各种相应的决策，在竞争中立于不败之地。如果市场信息反应迟钝、行动缓慢，经常提供一些过时的信息，就会使企业因决策落后于市场变化的形势而在竞争中失败，甚至遭遇到破产的命运。因此，日本经济信息专家古场常昭认为，一个准确程度为 100% 的情报，其价值还不如一个准确程度为 50% 但赢得了时间的情报。特别是在激烈竞争之际，企业采取对策慢了一步，就可能遭遇毁灭性的命运。

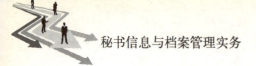
（三）可靠性原则

可靠性是信息收集过程中必须严格遵循的一条基本原则，它要求收集各种数据、图表、描述性资料或是检索文献时，都必须确实有据，要坚决剔除捕风捉影的传闻或假信息，否则这些传闻或假信息将会使用户深受其害。这是因为收集市场信息是为了给企业的决策提供可靠依据，如果信息不准确，就可能导致企业决策失误，在经营中遭到失败。因此，信息收集工作必须力求准确可靠，不应忽视各种道听途说的消息，但也不可把它们都当作可靠的信息，而只能把它们作为线索，顺藤摸瓜地追寻这些信息的确实来源。对于所获得的每一种情报，只有尽可能地弄清楚其出处、产生时间和具体情况，取得必要的旁证，才能较充分地保证市场信息的准确性。

经验分享

有专家建议，对于信息的可靠性，可以从以下几个方面进行考察：

1. 提供信息的人

信息提供者是知名人士还是一般人？是熟人还是陌生人？是内行人还是外行人？在通常情况下，知名人士或权威人士提供的信息较一般人提供的信息准确，熟人比陌生人提供的信息准确，内行人比外行人提供的信息准确。

2. 获取信息的渠道

一般来说，通过正式的信息传递渠道得来的信息可靠性强，一些非正式渠道获得的小道儿信息可靠性较差。

3. 提供信息的单位

一般来说，信誉较高的单位所提供的信息差错率较小，而信誉较低的单位所提供的信息差错率较大。

4. 信息资料的内容

凡是内容翔实有据、证明充分的信息资料，就是可靠的，反之，则是不可靠或可靠性较低的。

5. 信息资料的虚实度

就一般情况而言，各种信息的准确程度可排列为：标准文献＞图纸＞实验报告＞科技论文＞专利文献＞图书＞科普文献＞新闻＞广告＞传闻。

6. 信息反映对象的层次和程度

要区分反映客观过程不同层次的各种情报。一般来说，从可靠程度上看，反映全过程综合结果的最终报告要比中间报告或阶段报告可靠程度高一些。

7. 信息的密级

一般来说，信息的密级与其可靠性和价值是一致的，信息的密级越高，它的可靠性和价值就越高。但这只是相对而言的，更不能反推，不能说公开的信息就不可靠或可靠性必然低。

以上各条都只具有相对的意义，其中任何一条都不能单独作为绝对的衡量依据。只有从这些方面进行综合的考察，才能对各种信息的可靠性作出正确的判断。

在信息活动中，要特别注意坚持及时性与准确性的统一。这是信息自身价值的客观要求。因为在信息诸要素中，价值因素占主导地位，而及时性和准确性是衡量信息价值的两个最基本的条件。信息的及时性和准确性是不可分割的，必须并重兼备，既不能为抢时间而忽视准确性，也不能为求准确而延误时间。只有二者统一，既及时又准确，才能最大限度地发挥信息的效能。当然，及时与准确又是相对的，因为信息的产

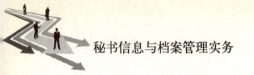

生要受到诸多因素的限制，所以绝对的及时和准确在通常情况下是较难实现的。一般情况下，应快准并重，在准的基础上尽量实现快速及时。

（四）系统性原则

系统性原则是指所收集的情报不能是片面的、支离破碎的，而必须是比较全面的，具有内在联系的。一方面，从信息收集的总体看，决不可孤立地去获取某一方面或片段的信息，而应当系统地收集企业决策所需要的不同方面、不同层次的信息，从而为企业进行各种决策提供比较充分的信息依据。另一方面，就每一种具体问题的信息来说，也应当避免片面性，只有系统地去收集有关这一问题的历史、现状和变化趋势的信息，才能比较全面地把握这一问题的本质和规律。

（五）道德性原则

信息工作是在一定的理论基础上进行的科学创造工作，不是商业间谍活动，在收集信息时应注意不能违反道德准则。

企业信息收集

1. 任务目标

了解信息收集的基本方法，能够根据上司的要求，有针对性地围绕主题进行信息收集，形成信息工作的初步技能。

2. 任务引入

何华是一家服装公司的行政部助理。这天，行政部经理周辉打电话找何华，说公司有计划投资休闲服装产品，要求行政部收集一些休闲服装公司的资料，提供给各位副总了解。放下电话后，何华打开电脑开始寻找资料。

3. 任务分析

根据周经理的要求，需要收集的公司概况主要有：企业名称、地址、电话及传真号码，近年来的营业额及利润，企业的历史、结构、主要行政负责人及股东的情况等。还应重点收集该公司休闲服装产品信息，如服装品牌、市场定位、市场占有率和设计风格等。

在信息收集过程中要运用多种收集方法，如可以通过实地调查收集主要服装品牌、产品价格的信息，利用网络收集企业的地址、电话等。

4. 任务实施

（1）组建团队

把学生分成若干个团队，每个团队以 5 人～ 8 人为宜，选定团队负责人，确定团队任务和内部分工。

（2）走访

走访本地服装市场、商场、商业街等，收集有关休闲服装的品牌、价格、风格等信息。

（3）上网收集

根据走访所收集到的信息，上网收集企业基本资料和概况。

（4）整理

对收集到的资料进行汇总，按照一定的脉络进行整理。

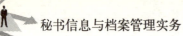
（5）制作汇报 PPT

（6）汇报收集情况

■ 5. 任务评价

自我评价	
学生互评	
教师评价	

研讨与实践

1. 公司产品出现滞销，总经理通知市场部尽快收集相关信息，分析滞销原因。如果你是该公司销售部的秘书，你会如何收集信息，重点收集哪些信息？

2. 保洁公司进入中国市场后，一直把纳爱斯集团作为其重要的竞争对手。请你通过正式渠道为保洁公司收集纳爱斯集团的信息。

3. 某大型集团计划在 A 市投资房地产市场，为了保证投资项目的科学性，减少风险，公司安排秘书小余收集各种信息，但小余不知道从何处得到信息。请你帮帮他。

4. 请你收集近半年来房地产市场发展的动态信息。

第二章
信息整理

 **引入案例**

　　秘书丽娜信息收集的意识特别强，凡是公司工作活动中产生、形成的信息材料，她都收集起来，存放了好几抽屉。一天，市场部经理要查阅一份市场调查报告，丽娜在几个抽屉里翻来翻去，怎么也找不到，急得满头大汗，不知所措。

　　办公室每天都会产生、形成信息，实际上，有些信息在一项工作完成之后就失去了它的价值，可以销毁。秘书应根据工作性质或内容对信息材料进行选择，只有具有价值的、对日后工作活动有凭证参考作用的信息材料才需要保存。此外，还应对信息进行分类，以便查找利用，使

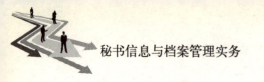

信息发挥更大的作用。秘书丽娜注意了信息的收集，但忽视了对信息的整理。信息的整理包括分类、筛选和校核。

第一节　信息分类

信息分类就是根据信息所反映的内容性质和其他特征的异同，把信息分门别类地组织起来的一种科学方法。信息分类是为了对大量已掌握的信息进行梳理分析，掌握信息资料的总体情况，为信息鉴别、筛选和处理提供条件。

一、信息分类的方法

（一）字母分类法

这种分类法是按照作者姓名、单位名称、信息标题等的字母顺序分类组合信息。

字母分类一般以英文字母顺序进行排列。先按首字字母排列，首字字母相同看第二个字字母，依此类推。

情景案例

下面是秘书丽娜为上司整理的客户名片，她根据客户单位名称的字母进行排列。

A

艾莱衣有限公司总经理　陈荣煌

D

达宏有限责任公司副总经理 陶洁文

H

华杰股份有限公司董事会秘书 周振开

L

利兴咨询机构高级合伙人 郁知非

S

盛隆投资有限公司市场总监 夏佳理

X

协客商贸（浙江）集团 CEO 杨天科

雪利影视传媒公司艺术总监 赖君丽

它们的首字字母顺序是：A–D–H–L–S–X，后两个公司首字字母相同，就按第二个字的字母排列，所以"客"在前，"利"在后。

（二）地区分类法

这种分类法是按信息产生所涉及的省、市、地、县等行政区划为特征，将信息分为各个类别。按地区分类可以使有关地区的所有信息集中存放，如果需要细分，则可再按其他问题分别组合。运输部门和出口业务部门、计划部门和销售部门的信息最适合用这种方法进行分类，如快递公司的价目表就可以用这种分类方法。

以下是中国木材网发布的按照地区分类的木材价格行情信息：

东莞兴业木材市场木材价格行情

鱼珠国际木材市场木材价格行情

绥芬河口岸木材市场木材价格行情

山东德州木材市场木材价格行情

上海福人木材市场木材价格行情

嘉善国际木材市场木材价格行情

这种分类法就是地区分类法。

（三）主题分类法

这是按信息内容进行分类的方法。为了全面、准确地反映主题，便于利用，可以按多级主题分类。将信息最主要的主题名称作为分类的首要因素，次要的主题作为第二个因素，依此类推，如表 2-1 所示。

表 2-1 中国木材网木材价格信息表

（2009 年 5 月 23 日星期六发布）

一级类别	二级类别	三级类别	价格（元／立方）
板材原木	刨光木	黑胡桃	1750
		樱桃	1430
		红橡	2100
		枫木	1560
	科技木	黑胡桃	1850
		樱桃	1530
		红橡	2080
		枫木	1760
	改性木	黑胡桃	1650
		樱桃	1400
		红橡	1980
		枫木	1500
	原木	黑胡桃	1440
		樱桃	1120
		红橡	1650
		枫木	1070

续表

一级类别	二级类别	三级类别	价格（元／立方）
木皮类	实木木皮	红 橡	850
		枫 木	670
	旋切木皮	红 橡	890
		枫 木	760
……	……	……	……

（四）数字分类法

这种分类方法是指将信息以数字排列，每一通讯者或每一专题给定一个数字，用索引卡标出数字所代表的类别。索引卡按所标类目名称的字母顺序排列，用分隔卡片显示每一个字母。索引卡一般用卡片式索引盒存储，占用空间少，能放在桌子上，处理电话查询时容易找到信息。有的单位使用计算机数据库保存索引，当要查找某些信息时，先从索引卡中按字母顺序找出通讯者的姓名或专题名，得到信息的数字，然后在相应的文件柜中找出标有该数字的文档。

（五）时间分类法

这是按信息形成日期先后顺序分类的方法。

 情景案例

随着时间的推移，办公室形成的信息材料越来越多，已有很长时间没有进行整理了。办公室主任吩咐李颖抽时间对信息进行一下分类整理。李颖决定立即着手这项工作。她想：办公室的信息太多，还是采用时间分类法比较简单。于是她将办公室这几年收集的信息，按照信息形成日期的先后顺序分类、排列。过了几天，人力资源部的老张来到办公室，要查一份关于奖惩办法的文件。李颖问："这份文件是什么时间形成的？"老张回答："我也记不清了。"李颖只好按照时间顺序一份一份地查找，费了很长时间才将这份文件找到。

信息分类方法多种多样，在进行信息分类时，秘书一定要考虑利用信息的需求，结合信息形成的特点，采用适宜的信息分类方法，这样才能使信息的查找利用更加便捷。

二、信息分类的程序

（一）熟悉信息内容

翻阅信息，从题目和内容中了解信息的总体构成情况。

（二）选择分类方法

信息分类的方法很多，要根据信息的来源、数量、内容和各种分类方法的特性，考虑单位业务工作的需要，从便于保管和利用的角度出发，选定分类方法。下面将分述各主要分类方法的优缺点，如表 2-2 所示。

表 2-2　信息分类法比较

分类法	优点	缺点
字母分类法	1. 分类规则容易掌握，操作简单，不需要索引卡。 2. 能与地区分类法或主题分类法结合使用。	1. 查找信息时，需知道姓名、单位名称或标题。 2. 某个字母下排列的信息较多时，查找费时。 3. 供大型系统使用时，很难估计每一个字母需要的存储空间。

续表

分类法	优点	缺点
地区分类法	1. 便于查找具有地区特性的信息。 2. 分类方法容易掌握。	1. 需要一定的地理知识。 2. 适用范围小，仅适用于某些单位或部门。
主题分类法	1. 能集中存放内容相关的信息。 2. 信息按逻辑顺序排列，方便检索。	1. 分类标准不好掌握。 2. 当标题不能很好地反映主题时，归类不易准确。
数字分类法	1. 信息按数字从低到高的顺序排列，规则简单。 2. 可通过在后面添加号码进行存储扩展，适宜电脑存储，适合于大型信息系统。	1. 查找信息需要参照索引卡，花费时间。 2. 如果分类号码有误，查找信息麻烦。
时间分类法	1. 可用作大型信息系统的细分，如一个案卷内部的信息可按时间排序。 2. 适合与其他分类方法结合运用。	1. 需与索引系统配合使用。 2. 仅适用于时间性较强的信息。

（三）分类

分类是指对各种信息按照一定的标准进行类别划分，分类的依据是信息的特征。特征相同的信息归为一类，成为母类。母类下再划分为不同的类别，叫子类。子类下还可根据具体情况细分，形成有秩序、有层次的分类体系。信息分类的关键在于辨类，即对信息资料进行主题分析，分辨其所属类别。

（四）归类

归类就是遵循特定的原则和方法，按照信息的不同内容、来源、时间、性质和作用，根据一定的规范、要求，把收集的信息分门别类地组织起来，使信息条理化。

三、信息分类应注意的事项

（一）遵循一定的原则

1. 在分类中要注意科学性、系统性、逻辑性和实用性。

2. 要确定分类体系，确定分类层次和各层次的分类标准。

3. 要把信息归入最符合其实际内容的类别。

4. 子类之间界限要清楚，不要互相交叉或包容。

（二）利用颜色、标签区分类别

根据分类结果，对不同字母、地区、主题等的文档使用不同颜色的文件夹，或在文件夹外边加彩色标签，给索引卡涂上不同颜色，以便于检索。

（三）建立交叉参照卡

有的信息能归类到两个位置，如公司更名信息、多主题信息。为了便于查找，可建立交叉参照卡。填写交叉参照卡片存储在归档系统的相关位置。查找到该位置，查看卡片就知道另一个查找线索，如图2—1所示。

```
┌─────────────────────────────────────────────┐
│                交叉参照卡                       │
│                                               │
│   名称/主题                                    │
│                                               │
│       文远不锈钢有限公司更名为文远集团公司            │
│                                               │
│                                               │
│   详见                                         │
│                                               │
│       文远集团公司信息/竞争对手信息                 │
│                                               │
└─────────────────────────────────────────────┘
```

图 2-1 交叉参照卡

第二节　信息筛选

秘书每天都要收到大量的信函、传真、电子邮件等，这些都是信息。但这些信息内容五花八门，有的是给上司的请柬，有的是上司的私人信件，也有的是推销产品的广告。秘书负责处理这些信息，就是要对它们进行筛选并分类：哪些要马上送交上司，哪些可以暂缓，哪些可以直接转给有关业务部门，等等。

筛选是对信息的再选择，表现为对收集到的大量信息进行鉴别和选择，去粗取精，去伪存真，摒弃虚假、无效的信息，提取真实、有价值的信息。

一、信息筛选的主要内容

信息筛选包括信息鉴定和信息选择两个方面。

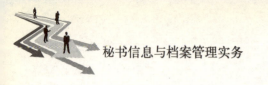
（一）信息鉴定

信息鉴定就是对收集来的原始信息进行质量上的评价和核实。在信息鉴别过程中有两点需要注意：

首先，要鉴别信息的真伪。因为信息不一定完全真实，而信息是否真实，直接关系到根据信息所作出的决策是否科学。如果用不真实的信息进行决策，那么很可能会给企业发展带来不利影响，甚至带来灭顶之灾。要想鉴别真伪，就要鉴别信息的客观实在性和本质真实性，也就是弄清楚它是否真的发生、存在，是否在有条件的情况下才能发生，事物是偶然还是必然，是个别还是一般，是现象还是本质，是主流还是支流。秘书人员要从事物的总体本质及其联系上挖掘事物本质的真实性，还要结合各方面的材料综合思考，进行比较分析，以分清真伪，不被局部现象或暂时现象迷惑。

其次，要鉴别程度。同是真实信息，必定有深浅程度的区别。刚开始鉴定时，也可能难于一眼看透，但只要认真鉴别，多熟悉信息，就能学会如何对信息的质量进行鉴别。常用的鉴别方法是比较法。比较法是对同一信息进行对比，以确定正误和优劣，例如：把信息本身的论点和论据相比较，把正在阅读的信息和已经确认的可靠的信息相比较，把宣传性广告和产品目录相比较，等等。

（二）信息选择

经过鉴别的信息材料，要严格进行选择，以决定哪些可以采用，哪些可以储备。在对信息进行选择时，要围绕当前企业的中心工作，围绕上司负责的某一项工作进行，要选择那些新颖、突出的信息。

二、信息筛选的方法

（一）复印、剪裁

对能满足需求的相关信息进行阅读，将阅读到的有价值的信息做记号、复印或剪裁。

（二）摘记

将有保存价值的信息摘录到手册或卡片上。

（三）标记说明

对筛选后的信息进行标注、注释或说明，注明已被剪裁的信息的日期、出处。

三、信息筛选的程序

（一）看来源

不同来源的信息，重要性不尽相同。上级形成的信息带有全局性、综合性和权威性，而同级和下级形成的信息主要起参考作用。秘书要从多种信息来源中把握重点单位、部门和人员的信息。

（二）看标题

信息的标题一般可以反映信息的内容和价值，秘书要认真分析标题，把握信息的主题，根据信息的标题确定信息价值的大小。

（三）看正文

浏览正文，了解其主要内容，初步确定是全部选用，还是部分选用，甚至不用，即初选。

初选后，对拟用信息再认真阅读，判断是否有价值。如果可用，再看有无内容不准确、不完整和表述不清楚的问题。

最后，对经过筛选的信息分别处理：选中的，分轻重缓急进行信息的加工处理；暂时不用但可以备查的信息，进行暂存；不用的信息，按有关规定进行移交或销毁。

（四）决定取舍

对信息进行严格的选择，从中挑出能满足需求的信息。最终决定取

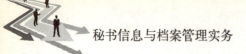

舍的时候要注意三个方面：

1. 要突出主题思想；

2. 要注意典型性；

3. 要富有新意。

 情景案例

林泽是一家生态研究机构的科研秘书，最近他根据主任的要求收集"世界濒临灭绝的生物物种的数量"的相关信息。以下是他收集到的信息：

1. 新华网2002年3月21日报道："世界濒临灭绝的生物物种有4万多种。"

2. 人民教育出版社网站2002年12月30日报道："世界濒临灭绝的生物种类有1.1万种。"

林泽还上网收集了一些信息：

信源	信息	信道	信度
科学家统计	全世界有9400多种动植物正濒临灭绝。	某网站	信息可靠
植物学家	全世界生存受威胁的植物物种占所有植物种类的比率可能高达47%，远高于先前估计的13%。	某网站	信息可靠

续表

信源	信息	信道	信度
美密苏里植物园研究员彼得	数字偏差的主要原因是没将厄瓜多尔等很多热带国家的濒危植物物种计算在内。	《科学》杂志 2002 年 11 月	信息可靠
世界自然保护基金会	如把濒危程度分为九级，目前全世界约 12250 种动物濒临灭绝，且都处于最危险的三个级别以上。	2003年12月30日《科技日报》	信息可靠
世界自然保护联盟	世界自然保护联盟 IUCN 公布官方年度世界濒危物种有 12000 个。	某网站	信息可靠

林泽对网络收集的信息进行了判断筛选：

1. 世界自然保护基金会和世界自然保护联盟都提出了濒危动物就有 12000 多种，意味着濒危动植物的物种应远大于这个数据，所以人民教育出版社网站 2002 年 12 月 30 日报道"世界濒临灭绝的生物物种有 1.1 万种"不可信。

2. 《科学》杂志阐述了数据产生偏差的原因，所以新华网 2002 年 3 月 21 日报道"世界濒临灭绝的生物物种有 4 万多种"可信。

四、筛选应注意的事项

（一）剔除虚假、过时、重复雷同、缺少实际内容的信息；

（二）注意挑选对工作有指导意义、与业务活动密切相关的信息；

（三）注意挑选带有倾向性、动向性或突发性的重要信息；

（四）分析信息需求，根据中心工作或解决特定问题的需要筛选信息；

（五）注意挑选能预见未来发展变化趋势、为决策提供超前服务的信息；

（六）坚持信息数量和质量的统一。

　　求职者都需要收集和利用招聘信息，而现在各类媒体上的人才招聘信息铺天盖地，但其中有不少是无用的。因此，求职者必须对大量的招聘信息进行筛选，择其有用的报名应聘，以取得求职的成功。

　　求职者在对招聘信息进行筛选时，应注意选择保留以下几种招聘信息：

　　一是真实有效的招聘信息。这类招聘信息一般都是经劳动部门、人事部门核准，通过人才市场电子信息屏、招聘信息橱窗公开发布，或者是在正规报刊、广播、电视、网站等媒体上发布的。收集时应注意其是否公布具体的招聘日期，应聘应在招聘时效内。

　　二是与自己条件对口或相近的招聘信息。真实有效的信息虽然很多，但不一定都对自己求职有用。如某用人单位要招一名本科以上学历、具有三年工作经验的财会人才，这个岗位对一个财会专业的应届大专毕业生来说显然不合适。只有选择用人单位招聘的职位和要求与自己的条件相一致或相近的，应聘求职才有较大希望。

三是要注意招聘人数。有的用人单位发布的招聘信息，只招录一两个人，特别是有的单位名义上招一两个人，实际上在公开招聘之前早已名花有主，应聘者对这种情况应鉴别并予以回避。为提高求职的成功率，求职者应选择招聘人数较多的用人单位。特别是外商投资企业，招聘工作人员只看应聘者的素质，不认关系，求职者只要自己的素质高、条件符合，被录用的可能性就较大。

四是选择有利于自己发展的招聘信息。对于一些夕阳产业，尤其是在我国加入世贸组织后，对一些受冲击较大行业的用人单位发布的招聘信息，应谨慎对待，不宜轻易应聘。因为应聘就业后，受到行业发展的限制，很可能会对自己的前途不利。而一些属于新经济领域的新材料、新能源、生物工程和电子通信以及软件、芯片、多媒体、网络信息技术产业的用人单位，正处于成长发展期，前景看好，对这类用人单位发布的招聘信息，应予以特别重视，积极报名应聘。[①]

第三节　信息校核

秘书通过各种渠道收集的信息中包含各种数据和事实，这些数据和事实如果不真实，就会丧失其自身的使用价值，甚至给工作带来损失。因此，秘书要对收集到的信息进行校验核实，证明信息的真实性，剔除不真实的信息，更改已经变化的信息。

---

① 引自：河北搜才网，http://news.hbsc.cn/article/5722. html，2008 年 12 月 9 日

**情景案例**

　　圣龙公司为给员工的晋升、工资级别调整、进修、培训等提供更多的服务，进行了一次面向全体员工的个人基本信息登记，以全面了解员工的基本信息。丽娜和办公室的其他几名工作人员负责登记表的收集、汇总和处理。丽娜将自己所负责部门的登记表收集齐全，根据以往的登记材料进行核对时，发现有些信息，如工龄、学历、进修情况等，与以往的记载有出入。丽娜与有关部门及人员就相关内容和数据进行了校核，对经过校核确实有误的信息进行了修改，特别注明了修改的时间，确保了信息的真实、准确。

　　校核是对经过初步甄别的信息作进一步的校验核实。由于信息的来源、信息传播渠道中难免有主客观因素的干扰，秘书人员就要对信息进行校核，对信息是否失真加以认定，要分析考评原始信息的可靠性和准确性，从而剔除虚伪和失真的信息。

一、信息校核的范围

　　信息校核的范围主要有事实、观点、数据、图表、符号、时间、地点和人物等。有些信息要核对、查证，有些信息要实验、计算，有些信息则要比较。对有关政策、法规、重要计划、主要数据、典型事例的信息，秘书要认真查对出处，核实原件，地名、人名、时间、事实、数据等要准确无误。

二、信息校核的方法

（一）溯源法

　　对收集到的信息所涉及的有关问题进行审核查对时，首先要溯本求源。如：尽量找到具有第一手信息的现场和掌握第一手信息的人；核对原书、原件等原始信息，并查对其主要参考文献；按信息内容叙述的方法、步骤，自己重复实验或演算，这样可以从本质上找到错误所在。

（二）比较法

比较就是对照事物，比勘材料，即对反映某一事实的各方面的信息材料进行比较，判断说法、结论是否一致。

（三）核对法

核对法是依据直接的、最新的权威性材料，进行对照分析，发现并纠正信息中的某些差错。

（四）逻辑法

逻辑法是对信息中表达的事实和叙述方法进行逻辑分析，发现问题和疑点，从而辨别真伪。

（五）调查法

调查法是对信息中所表达的事物的运动变化情况，通过现场调查来验证它的真实性和准确性。

（六）数理统计法

数理统计法是对原始信息中的数据和定性分析，运用数理模式进行计算鉴定，看数据计算是否准确，分类是否合理，是否和结论一致。

三、信息校核的程序

（一）确定校核的内容

收集到的信息材料并非都要进行校核，主要是对信息材料中的时间、地点、人名、事实和数据等进行校核。要根据信息材料的用途决定校核的具体内容。

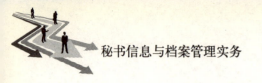

（二）选择校核的方法

信息材料校核的方法很多，可以多种方法综合运用。根据工作实际的需要，选择最恰当的方式。

（三）核实、分析信息

其方法是：利用掌握的第一手信息和权威性材料，进行实地调查，对收集的信息材料的某些事实进行核实，分析信息材料的内容。

（四）作出判断

其方法是：通过核对、计算、定性定量分析和逻辑推理，判断信息的真实性、可靠性，对信息是否失真加以认定，剔除虚伪和失真的信息。

四、校核时应注意的事项

（一）各种校核方法可以互相补充，结合使用；

（二）要综合运用自己的知识和经验，提高校核信息的能力，透过现象看本质，保证信息的真实、可靠。

名片信息整理

1. 任务目标

了解信息分类的基本方法，能够对收集到的各类信息进行有效分类，具备科学进行信息分类的能力，形成信息工作的初步技能。

2. 任务引入

夏婷是一家秘书事务所运营总监的秘书。为了进一步拓展秘书服务业务，公司策划了秘书节庆祝活动以推广相关业务。为了确保秘书节活动顺利举行，提高活动效果，根据总监的要求，夏婷利用各种渠道收集了近五十位公司秘书的名片。她根据名片，对这些秘书的信息进行整理后送给总监审阅。

3. 任务分析

管理上司的名片是秘书的一项重要工作。名片负载着重要的客户信息，选择合理的分类方法进行名片管理对工作有很大的帮助。

4. 任务实施

（1）组建团队

把学生分成若干个团队，每个团队以 5 人～8 人为宜，选定团队负责人，确定团队任务和内部分工。

（2）走访

走访本地商业机构，收集至少五十张秘书名片。

（3）信息录入

制作名片管理文档，把名片上的个人信息输入文档。

（4）选择分类方法

根据名片信息特点，选择一种或两种合适的分类方法。

（5）整理

根据分类方法的基本原则，对所收集的名片进行整理。

（6）形成文本

完成《秘书信息一览表》，打印并请教师审阅，提出意见。

5. 任务评价

自我评价	
学生互评	
教师评价	

研讨与实践

1. 在玩具公司当秘书的小李信息意识较强，平时经常收集国内外玩具市场的信息及时传递给总经理。不过，她每次给老总的信息都是没有分类的，这就给老总造成了不少麻烦，小李不知道该如何对信息进行分类，请你给她一些建议。

2. 常用的信息分类方法有哪些？找一家公司进行调研，看看他们是用什么方法对信息进行分类的。

3. 怎样甄别信息的真假和价值？

4. 有人说，信息筛选就是把信息按照其有用程度区分开来。你觉得这种说法对吗？为什么？

第三章
信息传递与反馈

知识目标
◆熟悉信息传递的方式、方法
◆熟悉信息反馈的形式、内容、方法

能力目标
◆能够根据不同信息、不同要求正确地选择
　传递的方式、方法
◆能够及时反馈信息，提供给上司作决策

引入案例

　　有一次，西林陶瓷制品公司总裁秘书刘娜接待了一位有业务往来的客户。在交谈中，客人提到，他刚从国外回来，该国的商店里摆放着不少中国陶瓷制品，当地人很喜欢，而且对中国文化非常感兴趣。刘娜敏锐地感到，这是很有用的信息，于是向对方详细了解了有关具体情况。送走客人，刘娜立即将此信息汇报给了上司，并建议企业生产反映中国民俗的陶瓷制品，到国外开辟市场。事实证明，刘娜的建议是正确的。

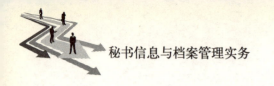

第一节　信息传递

秘书要有较强的信息意识，有目的地捕捉各种有价值的信息，并及时准确地传递信息，使信息产生积极的社会效益和经济效益。也就是说，既要注意接收外界传递的信息，又要将获得的有用信息迅速传递出去。语言传递具有传递直接和及时的特点。秘书每天都进行着成百上千次的语言信息交流，从最简单的打招呼到交谈，再到各种会议发言，传递着大量的信息，可见语言信息是信息构成中的一个重要方面。秘书应在接待来访、汇报工作、会议讨论、联谊会等社交场合，加强语言交流，从各种交谈中、从零碎的话语中获得有用的信息，利用各种信息传递方式实现信息的交流和利用。

一、信息传递的基本方式

信息的传递是双向的，有内向传递和外向传递两种。

（一）内向传递

内向传递是指为了协调与合作，企业内部之间进行信息交流。通常用于传递本单位当前工作的进展情况、重要安排和部署，了解员工对本单位工作的看法，了解公众对企业产品质量、销售情况和售后服务等方面的意见及社会各方面发展情况的信息，并将这些信息或意见进行传递。信息内向传递的目的是达到单位内部、单位与公众之间的相互理解及单位与社会发展的协调一致。

内向传递的形式有信件、备忘录、通知或告示、传阅单、企业内部刊物等。

1. 信件

信件是正式的书面交流信息，可用于外向传递（如给客户、供应商的信件）和内向传递（如晋升或提高工资的信件）。信件的内容通常包括目的、主题、结束语三部分。

由于文化差异，要特别注意商务信件格式的区别。一般来说，国内企业商务信件的格式主要采用中文书信格式。但是随着我国对外经济贸易往来的日益频繁，也有许多企业采用英文书信格式。秘书人员要根据对象的文化背景来合理选择相应的书信格式。

（1）优点

① 是书面的，具有凭证作用；

② 便于阅读和参考；

③ 能发送至相应的地址。

（2）缺点

① 信件邮寄花费时间；

② 不便于交换看法。

2. 备忘录

备忘录是通信的简化书面表格，用来通知有关工作事项。它主要用于内向传递，即企业内部之间进行信息交流。备忘录表格最好预先打印或准备好，如图 3-1 所示。

（1）优点

① 是书面的，便于查阅和参考；

② 文字不必像商业信件那样正规；

③ 使用方便。

（2）缺点

① 沟通较慢；

② 不便于交换看法。

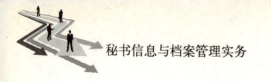

××市××秘书事务所

备 忘 录

发给：财务部

抄送：行政部

发自：人力资源部

日期：2009 年 3 月 14 日

事由：办理卢×× 等三人离职工资结算事宜

财务部：

　　网络部卢××、吴××、周 ×× 三人提出辞职申请，已经公司总经理办公会同意，请按照公司相关规章制度为其办理离职工资结算事宜。

图 3—1　备忘录格式

3. 通知或告示

两者贴在布告栏上，通知公司的内部事项或征求员工对某事项的意见。写通知或告示应尽量避免生硬的语气。通知或告示要醒目，让人们在一定距离外就能阅读。要做到文本信息简单短小，图片和色彩具有吸引力。

4. 传阅单

需要传阅内容多的信息时可利用传阅单，上面列出所有应阅读该信息的工作人员的姓名和部门，读完信息后应签字，如表 3—1 所示。

表 3-1 ××水电港航公司信息传阅单

信息名称	公司组织机构调整通知		
传阅人员 / 部门	送达时间	返回时间	签字
童××	月 日 时	月 日 时	
赵××	月 日 时	月 日 时	
李××	月 日 时	月 日 时	
党工部	月 日 时	月 日 时	
财务部	月 日 时	月 日 时	
经营部	月 日 时	月 日 时	
工程部	月 日 时	月 日 时	
营销事业部	月 日 时	月 日 时	

5. 企业内部刊物

企业内部刊物主要介绍公司动态和业务进展情况，是沟通上下、联系员工的桥梁。内部刊物的内容一般有：公司内部信息、职务升迁信息、员工信息、员工嘉奖榜、业务往来信息等，如图 3-2 所示。

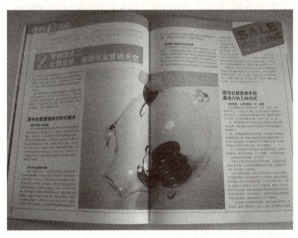

图 3-2 公司内部刊物

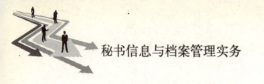

（二）外向传递

外向传递是指秘书在日常工作中有效地利用各种媒介传递信息。如，通过印刷媒介类的报刊、书籍、宣传材料和电子媒介类的广播、电视等向公众传递信息，宣传企业的经营政策、业务进展、产品销售情况，树立企业的形象，增进社会公众对企业产品及服务的了解和认可。

信息外向传递一般通过新闻稿、新闻发布会、报刊简短声明、直接邮件等方式进行。

1. 新闻稿

公司公布决定或政策时，可采用发布新闻稿的方式。新闻稿要简明扼要，直入主题，客观反映事实，不作评论说明。

2. 新闻发布会

主要是公布重要的信息。产品展览会前或展览期间，公司展示最新产品，演示技术上的最新成果，都可举行新闻发布会。面对面的交流能产生良好的效果。

3. 报刊简短声明

在报刊上宣布新的任命或电话、地址的变更等，声明要简短，引人注目。

4. 直接邮件

直接邮件是将公司的信息材料通过邮局寄出。

（1）优点

收到的纸面信息可归档供参考。

（2）缺点

① 邮件要封装、贴邮票、送到邮局，花费精力多；

② 发送速度比电子邮件慢；

③ 邮件可能丢失或错投。

二、信息传递的方法

秘书应根据信息的形式、类型、使用目的及信息接收者的不同，选择有效的信息传递方法。

（一）语言传递

秘书将信息转化成语言传递给信息接收者，多用于企业内部的信息传递。具体形式有对话、座谈、讲座、会议、录音和技术交流等。

1. 优点

（1）简洁、直接、快速；

（2）较少受场合地点的限制；

（3）信息反馈及时。

2. 缺点

（1）获得的信息较为零乱；

（2）对信息接受者来说信息较难储存。

（二）文字传递

秘书通常会将信息转换成文字、符号、图像传递给信息接收者。这种方式可以避免信息失真变形，实现远距离多次传递，便于利用和存储。企业信息文字传递的主要表现形式是文本、表格、图表等。秘书可利用这几种形式编发各种信息简报、报告、统计报表及市场信息快报等传递信息。

1. 文本

文本是大多数信息的传递形式。为了增强文本的影响力和清晰度，可以运用一些文字处理技巧：

（1）对标题和重点内容加粗字体或画重点线；

（2）对各要点加上序号和符号；

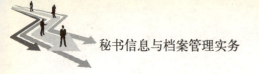
（3）使用艺术字；

（4）使用文本框，突出部分文本；

（5）使用不同字体和字号显示信息。

2. 表格

表格用于对特定的、标准的信息进行展示。在表格中系统地排列信息，更加直观。运用表格传递信息要做到：有完整的标题，信息简明，标明信息来源。

表格应体现一定的目的，按逻辑顺序布局，易于填写，做到尽量精简文字，留出足够的填写空间。

3. 图表

统计信息以图表的形式传递，更易表达和理解。基本的图表有柱状图、饼状图、折线图，使用何种图表取决于传递信息的类型。

（1）柱状图

柱状图中的信息用坚实的柱子标示，多用于统计数字的比较，容易使人理解，如每季度的产品销量、每月的电话费、一年来的销售量比较，如图 3—3 所示。

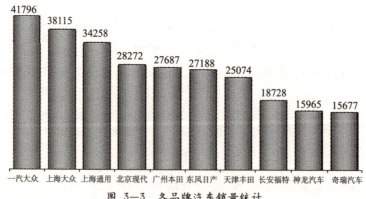

图 3—3 各品牌汽车销量统计

（2）饼状图

饼状图是用环开的形式来展示信息，其中的圆环被分成几个区域，每个区域的信息在整体中占一定的百分比。饼状图传递信息应做到：标题完整，每一区域用不同的颜色或阴影表示，按比例划分每一区域，注明信息来源。饼状图可用于表示内部各部分之间的比较，如图 3—4 所示。

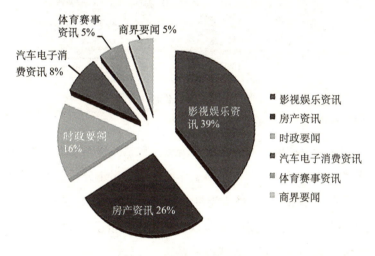

图 3—4　某网站信息资讯类型

（3）折线图

折线图是用直线将各数据点连接起来而组成的图形，以折线方式显示数据的变化趋势。折线图可以显示随时间（根据常用比例设置）而变化的连续数据，因此非常适用于显示在相等时间间隔下数据的趋势，可用于表示趋势及比较性信息，如某个时期的产品销售量、产品价格，如图 3—5 所示。

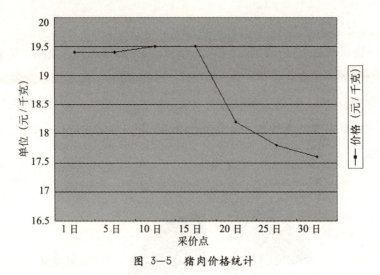

图 3—5 猪肉价格统计

（4）框图

框图是指用图解的形式来表示信息，包括流程图和组织图。流程图用简单直观的图解表示做某项工作的程序，用于分析任务的逻辑进程。用方框表示任务，用箭头连接方框，箭头表示信息或任务的流向，如图 3-6 所示。组织图是用来反映组织结构和相互关系的框图，如图 3-7 所示，组织图显示一种线性关系。

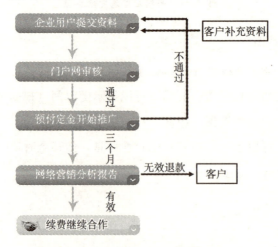

图 3—6 网站推广合作流程

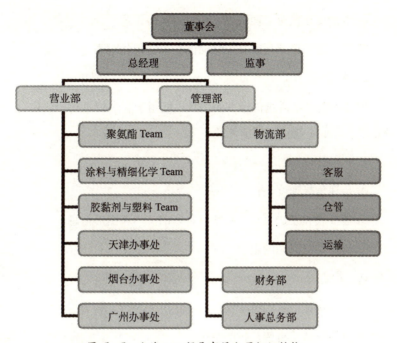

图 3—7 上海××贸易有限公司组织结构

（三）电讯传递

即利用现代化的通讯手段传递信息的一种方式。这种方式传递信息量大、速度快、效果好，抗干扰力强、不易失真。电讯传递的途径主要有电话、传真、电子邮件、可视化辅助物传递和企业博客。

1. 电话

电话主要用来交换口头信息。

（1）优点

① 传递信息快捷；

② 双方能沟通交换信息；

③ 从电话中的语调能判断对方的态度和反应。

（2）缺点

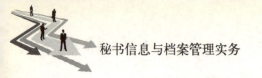

① 电话传递没有书面证据，信息可能被误解；

② 如果是长途电话或打电话时间长，费用相对高。

2. 传真

传真是通过电话线传送书面信息，能用于客户信息、会议信息、紧急信息、订购货物信息等的传递。

（1）优点

① 传递信息速度快；

② 能接收和发送手写、打字、打印的文本和图形信息；

③ 传递不受时间的限制。

（2）缺点

① 难以保证信息的机密性；

② 只能发送给有传真机的单位。

3. 电子邮件

电子邮件是计算机之间发送信息的系统。信息可以键入或扫描录入，通过邮箱系统发送。

（1）优点

① 传递信息迅速；

② 可减少用纸及发送纸面邮件的费用；

③ 信息能同时发送给多个邮箱；

④ 能发送图表、照片等各种类型的信息；

⑤ 使用密码能维护信息的安全和机密。

（2）缺点

① 发送信息容易，信息量大，易使人们淹没在电子邮件中；

② 收件人必须有兼容的设备；

③ 需经过简单学习才能有效地发送电子邮件。

4. 可视化辅助物传递

可视化辅助物传递用来帮助理解工作任务和信息。可用于消防、安全布告及出口标志等。主要有以下几类：

（1）影像

利用摄影和录像技术传递信息，能形象地表示信息，具有真实性、直观性和感染力，能收到其他信息传递方法达不到的效果，如制作录像带介绍产品性能、推销产品、宣传企业的服务以及进行安全培训等。

（2）投影

投影用于演示信息，将信息投影到屏幕上，引起人们对信息内容的关注。投影能体现专业化的演示水平，文字要大，字数要少，显示要清晰。

（3）展示架

包括展板和架子，用于展示信息。随着科技的进步，人们现在也经常使用电脑展台来展示信息。

（4）展示或示范

主要用于展示产品实物，演示实际操作。一般是在各类展销会上使用。

（5）布告栏

布告栏用于张贴通知或布告等，通常将信息用图片和大号字体记载于大纸张上展示，如图3-8所示。现在很多单位也使用各种喷绘来布置布告栏。

图 3—8 布告栏

5. 企业博客

博客也称为网络日志、网络日记，或简称为网志，英文单词为Blog（Web 和 Log 的组合词 Weblog 的缩写），指一种特别的网络出版和发表文章的方式，倡导思想的交流和共享。一个 Blog 就是一个网页，通常由简短且经常更新的张贴文章构成，这些文章按年份和日期排列，通过网络传达实时信息。博客比电子邮件、新闻群组更加简单且方便易用，是继 E-mail、BBS、ICQ 之后的第四种颇受网络用户喜爱的网络信息组织与交流方式，有着广阔的发展前景，如图 3—9所示。

博客具有的知识性、自主性、共享性等基本特征决定了博客营销是一种基于个人知识资源（包括思想、体验等表现形式）的网络信息传递形式。现在很多企业都采用博客的形式来传递公司信息、产品信息，开展企业营销。

图 3—9 ××净水企业博客

秘书在选择信息传递方法时要注意：一是要从不同内容和不同的接收对象出发，比如：密级程度高的就要采用电讯传递或文书传递，系统内部的信息传递可召开会议，系统外的信息又可公开的就可以采取新闻传送，等等。二是要考虑传递的时间和距离要求，如果时间性强、距离又远，就必须采用电讯手段。三是要考虑传递的经济效益，用最节约的办法达到传送的目的。

三、信息传递注意事项

（一）区别对象，按需传递信息

信息传递要区别对象，高层次决策者需要综合性和预测性的信息，基层管理者则主要需要具体的业务信息。秘书要针对不同对象的不同需求提供信息，因人、因事而异，提高信息的利用效率。

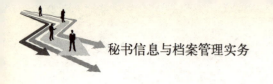

（二）做好例行信息的传递工作

信息工作是秘书日常工作的重要组成部分，信息的上传下达都要经过秘书。秘书应做好以下信息的传输和接收工作：每天转交当天的邮件、信函；汇报前一天交办事项的执行情况；定期编写内部资料，发布有关信息；在例行会议上沟通情况，传递信息。

（三）加强非例行信息的传递工作

决策者及有关人员、部门在工作中急需某些信息时，秘书要及时收集有关信息进行传递。比如：经理要出国与一家公司进行商业谈判之前，秘书应提供有关这家公司的背景材料以及所属国家的社会文化习俗等信息。

秘书从收集到的信息中发现重要情况时要立即传递，如本企业所用原料的国际价格即将上涨，公司发行的股票突然被人大量收购，由本公司独占的产品市场突然出现某境外公司企图涉足的迹象等。秘书一旦接收到这类信息，必须迅速向决策者或有关部门传递。

（四）运用现代化信息传递方式

秘书应当发挥现代化的信息技术在信息传递中的作用，利用全球联网的电话、电视、数据传递网络、光盘和新的多媒体技术等传递信息，弥补目前在获得信息方面存在的地理的、社会的和经济的差距，使信息产生更大的社会效益和经济效益。

第二节　信息反馈

信息反馈是秘书信息工作的重要环节。在各项工作活动中，秘书要及时了解来自各方面的反映，收集公众对已推行政策、实施措施的意见，把各种指令执行情况的偏差信息反馈给决策者，以便发现问题，纠正偏差，修正或完善政策与措施，作出新的布置，发出新的信息。秘书编写简报、送阅文件等，是向上反馈信息的必要途径。

一、信息反馈的形式

（一）正反馈和负反馈

1. 正反馈

在管理工作中，正反馈是指能够增强管理者原定信念的反馈。

比如，根据市场上家用微波炉畅销的信息，某企业决定上一条微波炉生产线。当他们将微波炉投入市场后，得到的反馈信息有两种：一种是微波炉继续畅销的信息，另一种是所谓继续畅销不过是一种虚假的暂时的现象。结果该企业的管理者依据第一种信息作出进一步强化这条生产线的决策。这是继续增强原来管理信念的反馈，属于正反馈。

管理工作中的正反馈并不一定就是好的。如果原来的管理信念是正确的，形成的正反馈增强了原来的信念，自然是好的反馈；如果原来的管理信念有一定的缺陷，比如决策已经失误，形成的正反馈却又增强了原来的信念，那当然是不好的反馈。

不过，原有的管理信念一点儿毛病都没有的情况比较少，大部分情况下，总有一些不足，通过反馈信息可以了解到这些不足。如果得到的只是正反馈，一味增强原来的信念，就会适得其反。在实际管理中，有的管理者自以为是，主观武断，官僚主义作风严重，完全听不进不同意见。他的信息反馈总是正反馈，管理中产生的偏差也无法察觉，这种正反馈只会使偏差加剧，以致形成恶性循环，给工作带来极大的损失。

2. 负反馈

在管理工作中，负反馈是指能够减弱管理者原定信念的反馈，一般为反映执行中的问题、失误方面的信息，可以及时发现和纠正系统中的

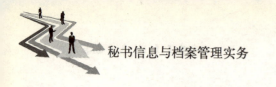

偏差，改变已有的工作方向和状态，保证工作达到预期目的。

管理者通过负反馈可以及时地了解管理工作中的各种信息，并根据反馈的信息及时地修正原来的管理计划，调整管理措施，使出现的偏差得到纠正，保证管理目标的实现。

事实上，任何一个企业或组织，总是要受到内部条件和外部环境的制约、影响和干扰，以致管理工作的具体情况经常会出现一些偏差。只有通过负反馈，才可能使企业或组织的管理工作得以完善，保持良好的状态。

不过，要搞好负反馈并不是一件容易的事。在管理活动中，负反馈在信息的内容上一般都属于报忧的性质，比如：原来的决策与实际情况不符，缺少使用价值；原来的决策目标要求太高，无法实现；原来的预测不当，客观环境变化太大，计划的实施遇到严重的障碍。

要搞好负反馈，要求管理者必须善于调查研究，善于发现问题，而且能够虚怀若谷，闻过则喜，主动征求意见，敢于面对现实，勇于客观地反映问题。

（二）纵向反馈和横向反馈

1. 纵向反馈

纵向反馈，又叫上行反馈，是反馈信息自下而上流动的反馈。比如：上级管理者发出指示、命令后，随时都要收集下级管理者和员工对指示与命令认识、执行的情况以及存在的问题。

其实，纵向反馈中还应该包括下行反馈，即反馈信息自上而下流动的反馈。比如：下级管理者或员工要向上级管理者请示工作，当请示发出之后，请示者非常需要知道上级管理者对请示的看法、批准的可能、请示中存在的问题等。这对于下级管理者或员工来说也是反馈，即下行反馈。从一定的意义上来说，纵向反馈的质量和时效，决定着管理工作的效率。

2. 横向反馈

横向反馈，指企业或组织同外部系统之间的反馈、企业或组织内部的同级部门之间的反馈。

在现代管理系统中，任何企业或组织都不可能是孤立的，总是处在一定的国际、国内环境之中，总会不同程度地受到外部系统的制约和影响。管理者除了重视内部信息的反馈之外，还应该具有开放意识，变封闭式的思维方式为开放式的思维方式，通过收集来自系统之外的反馈信息，加强与外部的交流，修正管理行为，提高管理质量。

（三）前反馈和后反馈

1. 前反馈

前反馈是在信息发出通知之前，信息的接收对象向信息发出者表示的要求和愿望，希望将要发出的信息能满足自己的需求，如来自基层和群众中的建议和呼声等。

2. 后反馈

后反馈是在信息发出后，信息接收者对信息作出的反应。

二、信息反馈的主要内容

秘书要通过不断的信息反馈，将信息使用过程中产生的效应及活动中不断产生的大量信息进行再收集、再处理和再传递。信息反馈的主要内容有：

1. 有关方针、政策和重大工作部署执行情况的信息；

2. 工作中的新事物、新做法，有推广意义的经验型信息以及一些新思想、新观点和独到见解；

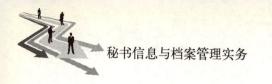
3. 工作中存在的矛盾和问题，特别是政策问题的逆向性信息；

4. 对全局有一定影响的带倾向性、苗头性的信息；

5. 意见、建议、呼声、心态方面的信息；

6. 重大事件、突发事件的信息。

三、信息反馈的方法

（一）系列型信息反馈

即将工作活动的全过程情况，按不同的发展阶段连续反映。

（二）广角型信息反馈

即对工作活动的某个过程，从不同角度、不同侧面进行反映。

（三）连续型信息反馈

即对工作活动中的某个关键问题，在短期内连续不断地进行反映，这种信息有利于对关键问题的深入认识。

四、信息反馈注意事项

（一）既报喜也报忧

喜忧兼报是科学决策的要求。科学决策必须建立在真实、准确、全面的信息基础上，要做到这一点，既报喜又报忧是最基本的要求。报喜信息是反映成果、正确做法的信息，可以帮助人们总结经验、树立典型、制定政策；而报忧信息则是反映工作失误、突发事件或问题的信息，有利于分析工作中带有倾向性的问题，修正错误，有针对性地采取策略，把问题解决在萌芽状态，完善工作，化忧为喜。秘书要明确信息工作的职责，提供全面、真实、准确的信息，既报喜又报忧，科学地反馈信息。

（二）做到快准结合

这是指信息反馈既要讲究时效性又要把握准确性。

（三）做到深浅结合

这是指信息反馈既要重视初级反馈，也要重视综合加工深层次反馈信息。

（四）做到冷热结合

这是指信息反馈既要提供当前正在执行的指令的反馈信息，又要提供过去或即将进行的工作的反馈信息。

信息传递

■ 1. 任务目标

了解信息传递的途径和方式，掌握信息传递的方法，能够根据信息的形式、类型、使用目的及信息接收者的不同，选择有效的信息传递方法，形成信息工作的初步技能。

■ 2. 任务引入

金鑫集团是一家坐落于 A 市的以生产方便面为主的食品加工企业。近几年，公司加大产品研发力度，推出了多款适合白领饮食习惯和口味的方便面产品，迅速占领了华东市场。琳达是公司市场总监李明的秘书。

一天晚上，琳达在家上网，登录国内一著名社区论坛，看到一则帖子，大致意思如下：

现在的企业极其没有社会责任感，对消费者的安全丝毫不管，丧尽天良。前几天才发生牛奶的"三聚氰胺事件"，我今天又听说了一个关于方便面的事情。我叔叔在 A 市一家大型公司上班，这个公司方便面的酱包车间里，一位女工曾经掉进肉锅被绞死，后来搅锅只作了一下简单的卫生处理就运转了……

琳达感到惊奇，因为 A 市生产方便面的企业只有金鑫集团一家。假如公司发生这样的事情，自己怎么一点儿消息都不知道？她又登录几家论坛，发现也有同样的帖子。她打开一个搜索网站，输入"方便面酱包绞死"几个字，结果出现了一百多篇文章，内容和她所见的相同。她马上意识到事情的严重性——这很有可能是竞争对手搞的鬼。于是，琳达马上拿起电话向市场总监李明汇报了这一信息。李明指示琳达马上起草一份情况报告送给总裁，并通过局域网向公司各部门通报此事件，统一宣传口径。

3. 任务分析

该任务中秘书琳达所收集到的信息对公司而言属于突发事件信息，处理得当与否直接关系到公司的生存和发展，所以应该及时传递给上司，以促使公司尽早确定危机应对方案。

琳达在向上司进行电话汇报时，要尽可能做到简洁、快速，以便及时得到李总的反馈指示。但由于电话汇报所传递的信息相对较为零乱，对信息接收者来说也难以储存，还必须起草情况报告，更加翔实、准确、具体地把信息传递给公司管理层，以便作出科学决策。

4. 任务实施

(1) 组建团队

把学生分成若干个团队，每个团队以 3 人～5 人为宜，选定团队负责人，确定团队任务和内部分工。

(2) 上网收集信息

利用搜索引擎收集有关该事件的信息，搜索关键词"方便面酱包绞死"。

(3) 模拟扮演

分别扮演市场总监李明、秘书琳达、各部门经理。秘书琳达向市场总监李明电话汇报该情况。

(4) 拟写情况汇报

根据收集的信息，拟写情况汇报，并通过电子邮件发到总裁信箱。

(5) 电邮传递

利用电子邮件，向各部门经理传递这一情况，并要求统一宣传口径。

(6) 电话通知

电话通知各部门经理查阅邮件。

5. 任务评价

自我评价	
学生互评	
教师评价	

研讨与实践

1. 请你联系一家企业，为其开设一个企业博客来传递企业信息。

2. 怎样加强企业信息传递中的保密工作？你有什么好的主意？

3. 小朱是一家打印机企业的文员，为了更好地为客户服务，经理要求她设计一份《客户信息反馈表》，请你帮她设计该表。

4. 某家电企业拟在全公司建立信息管理系统，作为售后服务部，其信息反馈的主要内容应该包括哪些？

第四章
信息存储

知识目标

◆了解信息存储的程序、方式和信息存储管理系统

◆熟悉信息存储装具与设备

◆掌握信息存储的方法

能力目标

◆能够熟练地使用各种信息存储装具和设备

◆能够正确使用相应的方法存储信息

引入案例

　　张健是有着五十年历史的北京时代文化出版公司的总经理秘书，该公司的业务领域广涉社科、财经、文化等大众出版领域。

　　张健作为总经理秘书，平时非常注重出版领域内出版政策、读者审美变化、市场需求量等方面资料的收集，并把通过各种渠道收集来的资料妥善地存放在各种装具内。等到总经理需要的时候，他总能够及时地提供，帮助总经理作出正确的决策，为此总经理逢人便夸赞张健是个细心的秘书。

　　有些参考资料用完之后，张健及时向总经理申请是否毁弃，对于无保存价值的资料进行毁弃，而对于具有保存价值的资料以及其他档案，张健和档案管理人员一起精心保管在企业档案馆内。他随时关注资料与

档案的流动管理，有效地避免了资料与档案可能受到的损坏。出版公司历年来的资料和企业档案馆内五十年共六千七百多卷档案向来管理得井井有条。在出版企业的交流参观活动中，他们的资料与档案保管工作被其他出版公司津津乐道。

秘书张健凭借着丰富的资料与档案管理的知识和保管经验，为出版公司的发展作出了很大的贡献，每一位秘书工作人员都应该对资料与档案管理这一秘书工作核心内容仔细研究，认真实践，才能像张健一样在工作中做好上司的参谋。[①]

第一节　信息存储程序

一、信息存储的程序

信息存储主要由登记、编码、存放排列、保管等工作环节构成。在信息存储工作中要注重严格按照规范化、科学化的过程进行。

（一）登记

登记即对收集的信息进行全面记录，只有对信息的各个特征进行详细记录，后期利用信息时才能便于查找和利用。

信息资料的登记形式有总括登记和个别登记两种。总括登记是将每批信息的种数、册数等登入总括登记账。个别登记是对每条信息进行逐一详细登记，一般以册、条、份为单位，每册占一个登记号。一般来说，总括登记便于反映存储信息资料的整体情况，个别登记便于掌握各类信息资料的具体情况，如图4-1和图4-2所示。登记的形式有簿册式、卡片式，可视具体情况灵活运用。

---

① 引自：陈祖芬.职业秘书资料与档案管理教程.北京：清华大学出版社，2008

第 页

日期	信息来源	信息编号	总计			信息分类											个别登记号起止	备注
			种数	册数	总量	市场销售信息		人力资源信息		财务管理信息		竞争对手信息		技术研发信息		其他			
						种	册	种	册	种	册	种	册	种	册	种	册		

图 4-1 信息总括登记簿

第 页

登记日期	总登记号	信息名称	信息作者	信息来源	信息日期	单价	信息编号	去向	注销日期、原因

图 4-2 信息个别登记簿

（二）编码

编码是指用预先规定的方法将文字、数字或其他对象编成数码，或将信息数据转换成规定的电脉冲信号。具体来说，就是指将已经登记的信息按照排序时所确定的体系结构分别归入各类，并在信息载体上标明这种体系结构的序列号。档案管理中的件号等都属于编码。编码在计算机信息管理阶段非常便于信息资料的管理和使用。这种方式通过对已经登记的储存信息资料进行科学的编码，以实现信息的有序管理。

信息资料的编码结构应表示出信息资料的组成方式及其相互关系，一般由字符（字母或数字）组成基本数码，再由基本数码结合成为组合

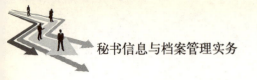

数据。秘书人员在对信息进行编码时，首先要对所有需编码的信息进行分析，总结归纳出不同的属性特点，从而选择最佳的编码方法以及确定数码的位数。

常见的信息资料编码的方法包括顺序编码法和分组编号法两种。顺序编码法就是对信息进行"1. 2. 3……"或是"A. B. C……"等进行编码。一般来说，要按照信息发生的先后顺序或是规定的统一标准编码。这种编码法主要用于不很重要或无需分类的信息资料的储存。

分组编号法是利用十进位阿拉伯数字，按后续数字来分别信息的大、小类，进行单独的编码。运用这种方法，所有项目都要有同样多的数码个数，左边数码表示大类，而向右排列的每一个数码则标志着更细的小类。

例如：

2000—木业市场信息资料

2100—原料市场信息资料

2110—华东地区原料市场信息资料

2111—华东地区硬木原料市场销售信息

2200—板材市场信息资料

2210—华东地区板材市场信息资料

2211—华东地区硬木板材市场销售信息

（三）存放排列

经过科学编码的信息资料还需有序地存放排列。常用的排列方法有：

1. 时序排列法

这种排列法是按照接收信息的时间先后顺序排列，即按信息登记号的先后顺序排列。这类排序方法适合信息资料不多、服务对象比较单一的企业采用，尤其适合处于创业阶段或是成长初期的企业使用。

2. 来源排列法

这种排列法是按信息来源的地区或部门，结合时间顺序依次排列，以便于查找信息源。

3. 内容排列法

这种排列法是按信息资料所反映的内容分类排列，可依据信息资料分类号码的大小排列。

4. 字顺排列法

这种排列法是按信息资料的名称字顺排列。

（四）保管

信息保管工作的主要职责一是对信息进行有效的保护，防止因信息泄密给公司带来损失；二是对信息进行有效管理，包括自然保存、借阅、复制、提供利用、销毁等。

二、信息存储装具与设备

信息存储装具与设备有多种，应根据需要和客观条件进行选择，以便于保管和利用。

（一）文件夹（如图4-3所示）

文件夹为折叠式的，在它的脊背及封面可写上信息资料的名称及类别。文件夹被绝大多数公司用来保存文件材料，是最常见的信息存储装具。文件夹也有不同的类型，秘书人员应该熟悉每种类型文件夹的特点，以便在工作中合理选用。

1. 扁平方形文件夹

优点：使用简单，费用低。

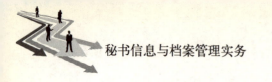

缺点：纸页不固定，不能保持一定的顺序。

适用范围：存储临时使用的几页纸。

2. 普通文件夹

优点：存储纸张、文档的规格不固定，易于使用。

缺点：纸张松散，容易变得没有秩序。

适用范围：可存储散页、传单、各种规格纸张、不同厚度的文档、临时使用的文件。

3. 扁平文件夹

带有金属叉形物和压缩条，采用不同类型的金属固定方式。纸先穿孔，然后放置在金属叉中，压缩条放置在纸上面保持纸张固定。

优点：保持纸张按正确的顺序排列、固定，宜存储厚度较薄的文档。

缺点：存储费事，存储文件不宜太厚，取出纸页不方便。

适用范围：存储不太厚的文档。

4. 展示文件夹

高质量文件夹，往往预先在文件夹上打印公司标志和信息，这样有利于品牌宣传。

优点：高质量展示信息，体现公司良好形象。

缺点：费用高，文件不固定，容易无序，不适宜日常信息的存储。

适用范围：企业内部会议上用于展示信息材料，或向客户展示信息材料等。

5. 环形文件夹

带有圆环的文件夹，可存储穿孔的文件。

优点：文件固定，能保持文档的顺序，单个文件容易取出。

缺点：存储前纸张要打孔。

适用范围：存储常用的文档。

6. 拉杆拱形文件夹

带有金属拱形物和夹子。

优点：结实，存储量大，信息固定。

缺点：体积大，占空间。

适用范围：存储量大的文档，如订购单等。

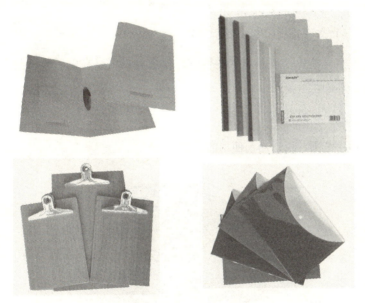

图 4—3　几种常用文件夹

（二）文件盒（如图4—4所示）

优点：结实，可保持信息材料的清洁。

缺点：体积大，占用空间，不宜存储传单、手册等。

适用范围：存储需长期保存的信息材料。

图 4-4　文件盒

（三）文件袋（如图 4-5 所示）

优点：能保持信息材料的清洁，信息材料可以在以后转移到文件盒或文件夹中。

缺点：信息容易无序。

适用范围：用于当前使用的文档。

图 4-5　文件袋

（四）文件柜、架

1. 直式文件柜（如图 4-6 所示）

直式文件柜由一至多个抽屉叠放组成。每个抽屉要贴标签，指示其中文件的内容；要有目录卡，以利于迅速查阅。有的单位在直式文件柜中，使用悬挂式文件夹。悬挂式文件夹有较大的伸展性，有指引卡，可以容纳更多数量的文件。悬挂式文件夹的两侧有挂钩，可以挂在文件柜上，指引卡一般放在方便且明显的地方。

图 4-6　直式文件柜

2. 横式文件柜（如图4-7所示）

横式文件柜一般抽屉较少，规格较大，其性质和功能与直式文件柜相同。它长的一边沿墙排，抽屉能向操作者伸出大约二十五厘米。放在横式文件柜里的文件夹，其正面朝着抽屉的左侧，侧面正对着使用者。横式文件柜的后架可以向前、向后移动，操作灵活方便。

图 4-7　横式文件柜

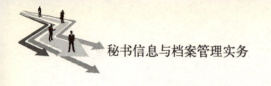

3. 敞开式资料架（如图 4-8 所示）

用敞开式资料架存放信息，能够节省存储空间，便于迅速查阅信息，但敞口大，案卷容易堆积灰尘，查找放在高处的案卷不太方便。这种储存方式适用于有空调、空气过滤器的办公场所，要加强对温湿度的控制，保持清洁，防止灰尘堆积，以保证储存设备的正常使用。

图 4-8 敞开式资料架

4. 卡片式储存柜

有些文件信息可以保存在各种尺寸的卡片式储存柜内。卡片式储存柜可以放置各种规格的卡片，也可隔成不同的宽度，存放若干排卡片。新式的卡片式储存柜装有自动检索装置，能进行信息的自动检索。

5. 显露式文件柜

显露式文件柜配有小抽屉，用以放置打印得十分详细的资料目录卡，目录卡仅露出每张卡片的识别端。这些文件柜通常叠层放置，每个抽屉由一个金属盖盖住一部分，这个金属盖有助于使资料平置。通过查阅每一张卡片，人们可以很容易地找到所需要的资料。这种文件柜可以用作索引储存器，用以指明其他资料的存放位置。

三、信息存储管理模式

随着时代的发展，信息工作已经涉及企业经营发展的方方面面，任何一项工作的顺利完成都离不开信息的作用。企业必须建立起适合自己工作特性的信息管理系统，以更好地发挥信息的作用。对于企业信息既可以分散管理，也可以集中管理，还可以依托计算机技术研发信息管理软件。但无论采用何种管理方式，企业在建立信息管理系统时，要尽量实现方便查询利用、方便保存管理以及适合企业实际。

（一）信息集中管理模式

信息集中管理就是将所有类型的信息都集中在一起存放管理，在公司或企业中建立一个完整的、标准的信息资源库，建立高效率的信息资料服务。例如：许多企业建立信息档案室，用于存放公司各类档案、图书、信息资料等，并安排专人管理。

1. 优点

（1）便于实现科学化、现代化管理，使用起来具有整体性；

（2）能有效利用存储空间；

（3）有专人负责和检索，可以减少各部门内信息的重复存储，保证质量；

（4）能使用标准化的分类系统，实施有序的存储检索。

2. 缺点

（1）具有庞大的分类和编目系统，在归档和查阅时会带来一定的麻烦，利用信息不如在自己办公室里方便；

（2）标准化的分类体系不便于满足各部门的特殊需求。

（二）信息分散管理模式

信息分散管理模式是指所有信息都由单位内各个部门自行保管。分散管理使得各部门信息管理方式有了很大的灵活性和专门性，可根据实际情况采用最适合本部门信息特点的存储分类方式。

1. 优点

（1）部门信息可自行分类编目；

（2）内容相对单一，使用起来简洁方便；

（3）规模不太大，易于管理；

（4）适于保管机密文件；

（5）能根据各部门的名称建立一套字母编号，供各部门在来往文件和案卷标题中使用。

2. 缺点

（1）不利于建立统一的分类体系；

（2）不利于信息的综合管理与利用。

（三）信息计算机管理模式

信息计算机管理模式就是以计算机为工具，收集、存储、分析和处理信息数据。随着社会信息化和办公自动化技术的普遍应用，企业采用各类计算机信息管理软件十分普遍。这些管理软件涉及企业人、财、物、产、供、销、预测、决策等诸方面的管理工作，包括企业资源计划（ERP）、客户关系管理（CRM）、供应链管理（SCM）、产品生命周期管理（PLM）、制造执行管理（MES）、产品数据管理（PDM）等多个子系统，可以将各子系统信息进行集中，通过数据分析处理，得出管理人员需要的信息，从而帮助企业各类管理人员进行质量分析、市场预测、库存控制等工作。

采用信息计算机管理模式不仅能实现信息资源共享，还能大大提高信息利用效率，是今后信息管理的主要模式。但要注意的是，该模式依赖于计算机软件，成本相对较高，且对企业内部员工素质、企业规范管理程度都有一定的要求。

第二节　信息存储方法

一、信息储存的形式

（一）手工存储

手工存储就是将企业纸面信息记录以手工方式保存在办公室的文件夹或文件柜中。手工存储也可用于存储计算机信息，如磁盘、光盘。手工存储包括信息原件存储和目录、索引存储。原件存储就是对文字材料、录音带、录像带、胶卷底片等一手信息资料进行存储。目录、索引存储就是指秘书另外编制目录或索引卡，与信息原件一并存储，以便检索利用。

1. 优点

（1）信息便于利用；

（2）一旦找到信息就能直接阅读；

（3）存储设备便宜。

2. 缺点

（1）文件夹、文件柜占用空间大；

（2）文件可能受到火、潮湿、蛀虫的破坏；

（3）一旦信息存放排列有误，会给信息查找带来麻烦。

（二）计算机存储

随着计算机技术的广泛应用，秘书可将信息资料制成软件，存储在硬盘、光盘或其他电子介质中。经数据库、电子表格、文字处理或其他应用程序的形式形成的信息能以计算机存储保存，例如通过 U 盘、硬盘、网络位置、CD–ROM 等存储。无论使用哪一种方法，都应定期备份，并将备份另行存放。

1. 优点

（1）计算机存储的信息量大；

（2）可以节省存储空间；

（3）信息容易编辑或更新；

（4）保存在网络系统中的信息能迅速找到。

2. 缺点

（1）要懂得计算机操作；

（2）需要昂贵的设备；

（3）信息可能被病毒破坏；

（4）由于软件和系统的提高和升级，长期存储可能成为问题。

经验分享

计算机存储应采取必要的保护措施，比如：制作备份，重要信息尤其要制作书面备份；磁盘存放在磁盘盒中；给磁盘贴上标签以识别内容；保证磁盘不放在任何磁性物旁边；保证访问磁盘信息时，需要密码；不使用外来的磁盘，防止带来病毒。

（三）电子化存储

电子化存储就是电子文档管理系统，目前在企业文书工作中普遍应用。电子化存储的关键是将纸面信息通过扫描技术形成 PDF 等格式的图片文件，存储于 CD-ROM 光盘上。经电子化存储的信息一般都能由计算机系统索引，并能以各种方式查找。

1. 优点

（1）电子化存储节省空间；

（2）容易制作备份；

（3）保存在网络系统上的信息能直接由用户从自己的计算机上访问；

（4）查找文件更容易。

2. 缺点

（1）设备昂贵；

（2）查找的质量和使用的程度取决于系统初始设置；

（3）要懂得电子化存储的操作知识。

（四）缩微胶片存储

缩微胶片存储是用照相的方法把信息资料保存在缩微胶片上的一种存储方式。但是由于缩微胶片存储依赖缩微照相机、阅读机、打印机等特殊设备，成本较高，在企业实际工作中应用较少。一般只有对那些涉及企业重大核心机密的信息资料才会采用缩微胶片存储。

1. 优点

（1）节省空间；

（2）减少对纸面文档的需求，节省储存设备费用；

（3）没有必要保留书面备份。

2. 缺点

（1）照相和阅读胶片需要昂贵的设备；

（2）缩微胶片需要加标签、制作索引并排序；

（3）缩微胶片图像的质量会随时间的推移而下降。

经验分享

<h3 align="center">信息存储的载体</h3>

1. 纸张

目前，大部分信息是以纸质形态出现的。因为纸张是人类有悠久使用历史的记录材料，具有记载和阅读方便的特点，纸质文件比磁性或者其他媒体的存档程序相对更具标准化。纸质文件信息依然是办公室的主角，是目前使用最多的存储载体。

2. 软盘

软盘是一种很薄的磁性盘片，由聚酯膜制成，其上有氧化物涂层。它能随存随取信息，可根据使用需要随时插入计算机，用以记录机器中的信息或调用原来存储的信息，使用完毕后取出单独保管。软盘具有的优点是：（1）成本低，体积小，重量轻，便于携带；（2）可脱机存放，随时存取信息；（3）适用于日常存储电子文件。但软盘也存在记录的信息难以长久保存、数据容易丢失、必须有针对性地采取保护措施等缺点，目前已基本为其他载体所替代。

3. U 盘

U 盘，全称"USB 接口移动硬盘"。它使用 USB 接口与电脑主机进行连接，U 盘中的资料就可存到电脑上了。电脑上的数据也可以存到 U 盘上，很方便。其最大的特点是小巧便携、存

储容量大、价格便宜。但U盘也很容易感染病毒，继而传染到计算机上，给使用者带来不便。

4. 硬盘

硬盘是计算机系统中最常用的外存储器，是典型的磁表面存储器。它存储容量大，存取速度快，传输率高，可靠性高，不易受周围环境影响，工作稳定性好。

5. 磁带

磁带是最早出现的磁存储载体。磁带是一种磁性带状存储介质，一般绕于轴上放入盒中，称为盒式磁带。目前采用较少。

6. 光盘

光盘已成为世界范围内十分普及的一种信息载体。光盘既可以用来记录图像和声音，又可以用来记录文字，甚至可以将不同形式的信息同时记录在一张光盘上，因此成为目前最理想的多媒体存储介质。从记录信息的性能上分，光盘有只读式光盘、一次写入式光盘和可擦式光盘三种。

光盘具有存储容量大、可靠性高、保存信息时间长、存储速度快、单位成本低和应用范围广的特点。光盘可以将文字、图像、声音等信息融为一体，使得客观世界的记录与再现更加接近人们的直接感受。因此，光盘研究在人工模拟、多媒体信息存储与检索、多媒体电子图书领域显示出了广阔的应用前景。

7. 缩微胶卷和缩微胶片

缩微胶卷和缩微胶片也是两种信息存储的形式。它们是利用专门的光电摄录装置，把以纸张为载体的信息或机读文件按照一定的比例缩小拍摄在感光材料上，制成缩微复制品。目前，信息缩微化的形式有缩微摄影、激光全息超缩微摄影等。信息经过缩微化处理后，信息存储的密度会大大提高。

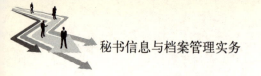

二、信息存储的方法

文字存储是最主要的、使用最多的存储媒介。秘书在信息工作中以文字为媒介存储其所采集的信息，常用的方法有笔记法、剪报法和卡片法。

（一）笔记法

笔记法就是秘书在工作中随时将有用的信息记在工作笔记本上的方法。秘书工作内容决定了秘书需要经常作记录，例如上司交代的工作、某一次谈话的记录、重要文件的主要内容、会议发言等。笔记法是秘书最常用的信息存储方法，但这种方法要求秘书有一定的记录技巧以及记录速度。

秘书在实际工作中采用笔记法也会遇到一些问题。有些秘书习惯于把不同的信息记录在同一本笔记本上，但在信息存储时笔记本又不能拆开，不便于分类，最终导致本子记得多了之后就记不清楚需要的信息记在哪个本子里了，不便于查找利用。但要分类记录，就势必要同时携带好几个笔记本，也不符合秘书工作实际。因此，秘书人员应该经常整理个人的工作记录本，对其中的重要信息进行整理、复制。

（二）剪报法

剪报法是指对报纸杂志上与企业经营管理相关的信息资料进行圈选、阅读，把有用的信息资料剪下来或是复印，粘贴在专门的记录本上。要注意的是用来粘贴剪报的笔记本纸张要略微厚点，同时还要记录剪报日期及其来源，以免日后使用时无法了解其出处。

秘书人员完成剪报后，还应按其价值大小和保存期长短进行鉴定，对于具有长期存放价值的，可按主题法进行标目，分类分级存放，做到"相同属性的不可分散，不同属性的不可混淆"，以保持其时间上的连续性和内容上的完整性。

剪报法相对于笔记法而言，更便于分类，方便查找利用。但在实际工作中任何一家企业所订购的报刊数量都是有限的，而且秘书工作相对繁忙，阅读的时间也相对有限。

（三）卡片法

卡片法就是将有价值的信息记录在专门的信息卡片上的一种存储方法。卡片是单张独立分开的，方便秘书人员对所记录的信息进行分类保管。卡片法能够有效地弥补笔记法的不足，秘书可以把笔记中的信息重新记录在卡片上，也可以把报刊上剪取的信息粘贴在卡片上。要注意的是一定要在卡片上记录清楚信息的来源和时间。

用于记录信息的卡片可根据不同的使用目的分为索引卡、摘录卡、提要卡和专题卡，如表4-1所示。

表4-1 卡片的种类及其内容、适用范围

卡片名	卡片内容	卡片适用范围
索引卡	文献标题，作者，出版者，出版时间	1. 标题反映了采集者对该文献的需求 2. 无法用摘录卡、提要卡存储的文献
摘录卡	摘录内容，标题，作者，出版者，出版时间	1. 文献中的某段原文是采集者需要的 2. 某些常用的名言名句，以备引用
提要卡	提要内容，出处（文献标题，作者，出版事项，信息发生的时间、地点）	1. 文献中某段论述对采集者有用，但该文标题反映不了该用处 2. 现场的第一手信息
专题卡	专题内容	公知公用的符号

信息存储

1. 任务目标

了解信息存储的各个环节，掌握信息存储的方法，能用各种装具和设备系统存储信息，保证可以及时、迅速地检索信息，形成信息工作的初步技能。

2. 任务引入

李虹在广州易达贸易有限公司担任办公室秘书，该公司主要从事家用电器的营销。她在整理公司以往保存的信息时，发现公司以往对信息资料是有一份保存一份的，没有任何次序，查找起来很不方便。为此，她将信息资料进行了有序存储。

下面是经有序存储的信息材料：

（1）市场活动信息；

（2）市场情报；

（3）目标完成情况分析；

（4）市场统计分析；

（5）订单统计分析；

（6）客户验收报告；

（7）客户服务通知；

（8）客户服务统计；

（9）客户投诉报告；

（10）客户反馈信息；

（11）退货清单；

（12）客户联系人；

（13）客户统计分析；

（14）经销商资料；

（15）科研机构资料；

（16）最新动态。

① 请将上述信息资料进行分类存储；

② 请将上述信息资料进行手工存储；

③ 请将上述信息资料进行计算机存储；

④ 请将上述信息资料进行电子化存储。

■ 3．任务分析

要做好信息存储工作，必须熟悉存储的程序、方法和方式。学生将上述信息资料通过分类存储后，以书面形式交给教师批改；计算机存储、电子化存储的结果存储在计算机上，供教师批改。

■ 4．任务实施

（1）登记

对每份信息进行个别登记，建立完整的信息记录。

（2）分类

将信息资料分类编码（上述信息可分为三类：市场信息、销售信息、客户信息，此三类信息均可采用分组编码法进行编码）。

（3）排列

按信息分类结果进行有序的存放排列。

（4）编目

对信息资料按类别编制目录及索引卡，以便日后检索。

（5）录入

将上述信息资料录入计算机中，并在计算机中编排存储，作好备份。

（6）刻录

利用电脑刻录功能，将分类的信息分别存储在光盘上。

5. 任务评价

自我评价	
学生互评	
教师评价	

研讨与实践

1. 联系当地企业进行调研，了解各企业办公室信息存储装具的使用情况。

2. 自己确定主题，采用剪报法存储信息。

3. 小周所在公司近几年发展得不错，为了在管理上提高水平，公司最近对办公设备进行了更换，采用了计算机网络办公，这给做文秘信息工作的小周带来了新的烦恼：计算机信息该怎么存储？你有什么好的点子帮帮小周吗？

4. 计算机的三种存储模式，你觉得哪种模式比较好？为什么？

第五章
信息开发与利用

知识目标
◆熟悉信息开发的形式、途径和方法
◆理解信息利用服务的含义，熟悉服务的途径和程序

能力目标
◆能够根据特定需要，确定信息开发的主题，围绕主题进行信息的开发
◆能够利用各种途径提供信息利用服务

引入案例

　　兴华制衣公司秘书苏珊经常翻阅各种国内外经济报刊，广泛涉猎公开出版物的信息，专门从报刊上收集消费市场的信息并进行分类剪贴，汇集成册，供自己或他人使用。最近，通过对剪报的分析研究，苏珊发掘出了有价值的信息，得出了服装市场消费者需求变化情况和发展趋势。在此基础上，苏珊深入市场进行调查研究，取得了大量的第一手材料，验证了自己的判断，并向上司提供了信息调研报告、调研资料和有关信息材料，为上司把握市场行情、进行产品决策提供了依据。

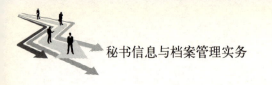

第一节　信息开发

信息开发是在掌握大量信息的基础上，根据决策、管理、经营等需要，利用科学的研究方法，对信息进行全面挖掘、综合分析和概括提炼，以获得事物发生、发展、变化的高层次信息，从而对事物的发展趋势作出判断和预测，提供全面性、高层次的信息，为工作活动服务。

信息开发的要求是扩展信息的涵盖面，增加信息容量，提高信息质量，创造最佳服务。通过各种信息渠道收集的原始信息，丰富而庞杂，如果不进行深入开发整理，"一揽子"提供给领导，领导者的精力、时间和关注点就会被纷繁的原始信息所淹没，不利于决策和提高工作效率。这就要求秘书对大量的、零散的、随机的、个别的信息进行加工、提炼和概括，开发出全面的、系统的高层次信息。

一、信息开发的主要形式

（一）剪报

剪报是将繁杂的报刊资料专题化、集中化的一种信息产品。制作剪报要根据市场的需求，选择不同的专题，确定时间周期，对报刊资料中有用的信息进行选取、组合、编辑、制作和传递等工作。制作剪报是目前开发信息的既普遍又有效的方法，属于一次信息开发，具有实用性强、使用方便的特点。

用剪报的方法开发信息成本相对较低，获得的信息量也较多。但剪报的许多信息是零散的、缺乏针对性的，有些信息还缺乏时效性、可靠性。

剪报的操作步骤如下：

1. 确定专题；

2. 确定圈选报刊；

3. 准备剪刀、胶水、储存架、计算机及相关软件用具；

4. 进行标准化工作。

（二）索引

索引用途广泛，形式多样，编制简便，是秘书快速准确地查找信息、提供咨询、开展信息利用服务的必要手段。

信息资料索引可分为篇目索引和内容索引。篇目索引用来指明信息资料的出处。内容索引将信息资料中的事件、人名、地名等——摘录出来，分别按顺序排列，并指明它们的出处。

（三）目录

目录是一系列相关信息的系统化记载及内容的揭示。它依据信息资料的题名编制而成，可供人们了解信息的主题、分类、作者、题名等，进而鉴别和选择信息资料。根据具体情况，可以编制分类目录、专题目录、行业目录、产品目录等。目录编制属于二次信息开发。

（四）文摘

信息资料文摘一方面可以直接向人们提供信息资料的要点和主题，另一方面还可以使人们根据此线索，找到原始资料和完整的信息。

1. 文摘的类型

（1）指示性文摘

这是一种篇幅短小的摘要，以向利用者指示信息源的主题范围、使用对象为目的，以只向利用者提供信息源中涉及的内容纲要，从而使利用者正确了解信息源为原则。适用于篇幅较长、内容复杂的信息资料。

（2）报道性文摘

这是原文要点较详细的摘要，以向利用者提供信息的实质性内容为主要目的，是信息源的浓缩。适用于主题比较单一集中、内容新颖的

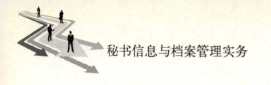

信息资料。

2. 文摘的特点

(1) 篇幅短小；

(2) 主要内容语义上相同；

(3) 对信息进行准确简化；

(4) 不加评论和补充解释。

3. 编写文摘的步骤

(1) 浏览信息，初步确定编写哪种文摘较合适；

(2) 分析信息内容，将有用信息分解为要素，理清主次；

(3) 选择并确定内容要素；

(4) 综合概括并书写成文；

(5) 进行内容准确性检查与文字的推敲润色。

（五）信息资料册

信息资料册既有历史资料又有近期资料。人们通过它可以对有关行业、产品的历史与现状有所了解，使用价值很大。

（六）简讯

简讯是一种以简明扼要的语言报道最新动态信息的三次信息产品，通常用"××快报""××动态""××快讯"等冠名。三次信息的开发工作是根据特定需要，在充分收集有关一次、二次信息资料以及必要的实地调查基础上，运用科学的研究方法进行信息整理排序，从而使处于分散或无序状态的信息有效利用的一项工作。

（七）调研报告

调研报告是在通过实地调查获得数据、事实的基础上，经过分析研究后得出的能真实反映有关事件本质特征信息的三次信息产品。

二、信息开发的基本途径

编写是信息开发的基本途径。所谓的编写就是以书面形式，利用文字对信息进行整理、提炼，形成信息材料的过程。不可否认，编写水平的高低直接影响信息工作的质量和信息本身的价值的发挥。秘书人员通常在工作中编写的信息材料包括摘要、图表、简报、快讯、可行性方案、调查报告等。要做好信息编写工作，一方面在编写信息时要做到主题鲜明、角度新颖、言语精炼、结构严谨、标题确切和内容客观，另一方面还必须掌握信息编写的基本步骤和方法。

（一）信息编写的步骤

信息编写过程从本质上而言就是文章的写作过程，通常有以下几个步骤：

1. 确定主题

任何信息在编写之前都要确定主题，主题是核心，直接关系到材料的选择和取舍。秘书人员在确定主题时必须紧紧围绕上司的工作重心，围绕着企业当前的经营管理现状，围绕着公司的经营业务范围，有针对性地选择主题，组织材料。只有这样，编写出来的信息才能对企业或上司的工作有辅助作用。

2. 分析材料

确定主题后，要围绕主题对调查或通过其他渠道获得的原始信息材料进行分析、梳理，决定取舍。一定要选择那些能够表现主题的、富有典型性的材料。秘书人员对信息材料进行分析的过程中要特别注意鉴定信息材料的真伪，如果把错误的信息材料提供给上司作决策参考，很可能会给企业带来损失。另外，还要注重信息的时效性。市场经济时代，信息稍纵即逝，没有时效性的信息本质上是伪信息。

3. 组合材料

材料组合就是根据主题对已经选定的材料按照逻辑顺序进行组织，使之成为完整的整体。在材料组合过程中，秘书人员特别要注意根据材料的特点、性质、形态、作用及相互关系，将它们合理组织、搭配起来。材料要互相支持，防止矛盾、排斥，如同建筑材料一样，水泥、钢筋、砖木要合理搭配，才能建好高楼大厦。同时，材料也要互相联系，防止简单罗列、拼凑。

（二）信息编写的类型

1. 经验型信息

经验型信息是反映一个地区、一个单位、一个部门某方面经验的信息，侧重于对事物发展规律的认识和探索，以提示事物的本质。

经验型信息的编写可采用顺叙法，即先写做法和经验，后写效果；也可采用倒叙法，即先写效果，再写做法和经验。经验型信息的编写必须做到：内容具体、观点明确、分析透彻和数据充分。经验型信息应典型，具有实际指导意义。秘书要通过调查总结经验，善于借鉴和浓缩有关的调研成果。

2. 问题型信息

问题型信息即负面信息，分为已经发生、正在发生和将要发生三种。问题型信息由标题、背景和问题三部分构成。背景指问题发生的时间、地点、条件、原因等。问题部分事实要准确，表述要清楚。在提示问题的同时，应提出解决问题的方法。

3. 建议型信息

建议型信息一般由标题、背景、建议内容及理由组成。建议型信息的编写要有针对性，既要反映问题，又要提出解决问题的措施办法。建议要有理有据，切实可行。

4. 动态型信息

动态型信息反映某项工作、活动或事件的发生、发展和变化，说明客观情况，可以使领导从大量动态现象中看到问题的本质，预测未来。

动态型信息的编写必须做到：标题简洁新颖；内容准确无误；材料重点突出，全面反映客观过程；适当使用背景材料，增强信息的价值作用。

5. 预测型信息

预测型信息由标题、预测内容和预测根据三部分组成。预测内容包括工作情况、社会动态、经济动态、市场前景等。预测根据必须充分，叙述情况必须真实，数据准确。

三、信息开发的方法

信息开发的常见方法主要有归纳法、汇集法、浓缩法、连横法、纵深法、转换法和图表法。

（一）归纳法

传统的归纳法指的是通过对个别的经验事实和感性材料进行概括和总结，从而获得普遍的结论、原理、公式和原则的一种推理方法，是发现新规律的一种思维方法。在信息开发中的归纳法，是指秘书人员将所收集到的主题大致相同的各类信息材料集中在一起进行分析总结，以获得企业在某一方面的工作动态。归纳法要求分类合理、线条清楚以及综合准确。

（二）汇集法

汇集法是按照信息材料所反映的主题，把主题相同的原始信息材料汇集在一起进行编写的方法。汇集法适宜于反映一个地区或一个部门某方面的状况，在信息资料较多的时候较为适用。

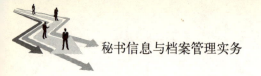

（三）浓缩法

浓缩法是以突出主题、简洁行文为目的，对信息材料进行压缩结构、减少段落层次等处理，以减少信息材料文字篇幅的信息编写方法。对于信息材料数量较大、篇幅较长的情况推荐使用浓缩法，以有效缩短信息阅读时间。在使用浓缩法的过程中要做到一篇信息资料只表达一个中心思想、阐明一个观点。语言上要做到精炼、简明地表达含义。

（四）连横法

连横法是相对于纵深法而言的。它与纵深法不同，是对信息进行横向的分析比较，从而编写出新的信息资料。采用连横法时应特别注意，所选择用于比较的信息一定要有同质性，也就是可比性。材料来源、年代、地域特征等区别较大的信息是不适宜进行连横比较的。

（五）纵深法

纵深法又称为层进法，是指秘书人员在进行信息开发时，根据主题要求把相关信息进行纵向的比较分析。纵深法中所使用的各类信息材料之间是存在内在的某种联系的，并且这种联系是层层递进的关系。采用纵深法使得所开发的信息具有一定的深度，也符合人们认识事物的逻辑顺序。

（六）转换法

原始信息中若有数据出现，应把不易理解的数字转换为容易理解的数字。

（七）图表法

如果原始信息资料中的数据有一定的规律性，可以将数据制成图表，使人一目了然，以便于传递与利用。

经验分享

秘书信息开发时的注意事项

　　1. 拓宽信息渠道，广泛及时收集信息，重视信息的积累与升华；

　　2. 加强对信息的分析综合，提高信息的广度和深度；

　　3. 注重概括提炼，提高信息的精度和纯度，从大量原始信息中提取高层次信息；

　　4. 加强调查研究，提高信息的可信度和可用性；

　　5. 建立人机配套的信息网络开发系统；

　　6. 讲究信息开发技巧，围绕中心开发，抓住热点开发，针对难点开发，找准亮点开发，超前预测开发，突出特色开发。

第二节　信息利用服务

　　信息利用服务就是通过各种有效的方式和方法，将收集、处理、储存的信息资源提供给利用者，以发挥信息的效用。利用是信息工作的出发点和归宿。它有利于实现信息的价值，促进管理水平的提高；有利于信息的增值和信息资源共享；有利于提高各级组织决策的成功率。

情景案例

　　天地公司拟召开一年一度的职工大会，大会上上司要作工作报告，进行上一年度的工作总结，部署本年度的工作任务。上司责成秘书马云收集报告所需的信息。为了使报告切实反映工作实际，马云深入到各部门了解情况，听取意见和建议，收集能体现工作实绩的信息，并将各部门的总结和计划进行编辑，以及时提供信息利用。马云的信息定题服务和信息加工服务使报告的拟写建立在充分了解信息的基础上。

从秘书工作角度而言，信息工作的全部意义在于充分利用信息，以发挥秘书的参谋助手作用。因此，秘书人员要围绕工作中心，积极开发信息，主动服务，提高工作水平。

一、信息利用服务的途径

（一）信息检索服务

信息检索服务是从信息集合中迅速、准确地查找出所需信息的程序和方法。这里所说的信息集合指的是有组织的信息整体。它可以是数据库的全部记录，也可以是某种检索工具，还可以是某个图书馆的全部馆藏。信息检索也就是从数据库、检索工具以及馆藏中查找所需信息的活动。

企业管理中的信息检索服务，是指秘书根据上司或相关职能部门的利用要求，在企业信息资料室、计算机信息系统或是其他检索工具中有选择地查找和提供相关信息资料的服务工作。信息检索服务常见的形式有信息复制、信息发布、信息借阅和档案开放等。

秘书在实际工作中应积极主动地为上司提供各类信息检索服务。根据上司的工作中心，及时地提供工作中所需的各类信息资料。如企业研究制订产品开发计划时，秘书应提供有关科学技术论文、专利调查、生产技术转让服务、国内外同行业同类产品生产和发展趋势的资料，有关国内外市场变化、顾客消费习惯、购买力水平的资料，有关本行业同类产品的品种、质量、专业化协作程度、经营管理状况、职工技术水平、原材料自给率的资料，有关国内外竞争对手的社会信誉、产品开发的标准文件、技术进步等的资料。只有在这些信息资料的基础上进行决策，才能保障决策的正确性。[①]

（二）信息加工服务

即对信息内容进行分析研究、选择、加工、编辑后，利用信息成果的方式。这种利用方式建立在对信息进行加工的基础上。

（三）信息定题、查询利用服务

即针对特定的主题和内容向利用者提供所需要的信息的服务方式。在日常工作中，上司、内部机构经常会提出一些需要查询的问题，涉及各方面的内容，如查找报刊文献资料、核查具体数据、了解国内外某些重大事件等。查询、解答这些问题，必须记录、存储足够的信息资料，通过查找信息资料，回答问题的全部或部分。

（四）信息咨询服务

这是改变所收集或储存信息的形态而产生的新信息服务。其表现形式有：问题解答，书目服务，报刊索引服务，信息线索咨询服务，数据、统计资料的咨询服务，利用者教育服务等。

（五）网络信息服务

网络信息服务是建立在现代信息技术的基础上，以计算机硬件和通信设备为依托，以应用软件为手段，以数据库信息资源为对象开展的利用服务。它可将信息提供服务和信息咨询服务统一起来，有助于最大限度地实现个别化服务。主要表现形式有：电子信息的发布服务、电子函件服务、电子公告板服务、联机公共目录查询服务、光盘远程检索服务、远程电话会议服务、用户电子论坛服务和用户定题服务等。

---

① 引自：刘萌.商务秘书信息与档案工作.北京：中国劳动社会保障出版社，2005

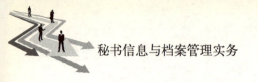

二、信息利用服务的程序

秘书要作好信息利用服务，必须掌握相应的工作程序。无论信息提供利用服务工作的方式如何变化，其基本工作程序大致相同，一般包括熟悉、预测、咨询、提供信息四个关键环节。

（一）熟悉

信息利用服务与利用信息是完全不同的。信息利用服务的主体是秘书，利用信息的主体是利用者。因此，秘书要作好服务，首先必须对自己管理的信息了如指掌，透彻地了解收藏信息的内容、成分以及各种信息检索工具的使用方法。

（二）预测

作为一项服务工作，信息提供利用必须先搞清楚服务对象的性质、范围，并根据服务对象的特点，科学预测他们所需要的信息服务的内容。只有把握信息利用需求的发展规律，把握服务对象的信息需求，秘书才能有的放矢，服务工作才会高效。

（三）咨询

咨询是指秘书通过咨询服务向利用者介绍相关主题的信息情况。它既是信息利用的重要形式，也是信息利用服务程序的主要环节。秘书应想方设法提供咨询服务的质量。这一方面依赖于秘书个人素质的提高，尤其是树立信息服务意识，另一方面要加强业务能力。

（四）提供信息

秘书在回答利用者的相关咨询时，还应根据实际情况向利用者提供所需的信息及信息加工品。

信息开发

1. 任务目标

了解信息开发的类型，熟悉信息开发的主要形式，掌握信息开发的工作程序；能根据特定需要，确定信息开发的主题，围绕主题进行信息的开发；形成信息工作的初步技能。

2. 任务引入

王达是某投资公司总经理杨昌的秘书，为了进一步扩大公司规模、开拓市场，公司拟与相关职业技术学院文秘专业合作，建立秘书事务所。经过初步的接触，公司打算与 A 市职业技术学院合作。公司计划下月初提交策划案交董事会讨论决定。为了确保该策划案的顺利通过，杨总交代王达收集有关秘书行业和职业化发展的信息，为公司董事会把握市场行情、进行市场开拓决策提供参考。

王达根据杨总的指示，收集了市场相关信息，编制了一份秘书服务企业名录和秘书服务市场信息汇编，并完成了秘书服务市场的调研报告。

3. 任务分析

本任务以团队形式完成，通过收集秘书服务市场相关信息，帮助学生了解秘书职业和秘书产业的发展，以促进专业教学。

4. 任务实施

（1）组建团队

把学生分成若干个团队，每个团队以 5 人～8 人为宜，选定团队

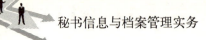
负责人，确定团队任务和内部分工。团队内成员结构要合理，具有互补性。

（2）收集信息

通过网络、报纸、电视等渠道收集秘书事务所及秘书服务市场的相关信息。

（3）整理信息

对收集到的信息进行整理。

（4）编制信息目录

根据所收集到的秘书服务企业的相关信息，编制企业目录，目录应包括每个企业的名称、地点、成立日期、主要业务等企业基本资料。

（5）编制信息汇编

对收集到的秘书服务市场信息进行汇总，编辑制作市场信息汇编。

（6）撰写调研报告

完成秘书服务市场调研报告。

（7）汇报

制作汇报 PPT，并试作专题汇报。

5. 任务评价

自我评价	
学生互评	
教师评价	

研讨与实践

1. 秘书如何处理好信息利用与信息保密两者之间的关系？

2. 请你收集秘书职业资格鉴定的相关信息，编写一份《秘书职业资格鉴定指南》。

3. 信息编写包括各种类型，请你对每种类型的信息各收集一则。

4. 选一个公司，收集该公司的员工手册，并分析其结构和写法。

第六章
信息辅助决策

知识目标

◆ 了解决策信息来源、秘书信息辅助决策的内容及工作方法

◆ 熟悉信息资源管理的工作内容

能力目标

◆ 能够为决策提供信息保障，在决策的各个阶段有针对性地实施信息开发利用服务，运用有效的信息工作方法辅助决策

◆ 能够基本适应现代企业信息资源管理工作

 引入案例

张明是汇丰鞋业有限公司（西安）总经理秘书。汇丰鞋业近年来发展势头良好，业务和利润增长很快。一天，张明在浏览新闻时，发现很多农村鞋市场缺口很大，农民买鞋的苦恼不少。他默默记下了这一信息，并查找了相关资料。他找到合适的机会向上司提出开拓农村鞋市场的建议。上司正为拓展市场的事情苦恼，城市市场汇丰鞋业已经做得非常好了，其他大品牌也虎视眈眈。上司对张明的建议非常赞同，马上派相关部门作了深入的市场调查。

就在众多商家为争夺城市市场而"杀"得不可开交之际，汇丰鞋业旗下的部分企业已调整产销策略，悄然把目光投向农村市场，独辟蹊径，

走出了一条"城市包围农村"的新路子。在保留省一级销售点的基础上，设立了二百多家县、镇（乡）销售点，将过去的分级管理转为扁平化管理模式，进一步增加了国内市场胜算的把握。

第一节　信息辅助决策

决策是指对未来事件作出决定，而信息是决策的基础，它帮助决策者在大量的现象面前作出正确的抉择，消除或减少不确定性因素，做到去粗取精、去伪存真，从而提高决策的科学性。为上司的决策提供信息是秘书的本职工作，也是秘书工作价值体现的重要方面。秘书应树立信息决策意识，为决策作好服务。

一、决策信息的来源

为了保证决策活动的顺利进行，秘书要从各种渠道获得大量有效的决策信息。决策信息主要有：

（一）政策、法律、法令及相关规定；

（二）媒体信息，如报纸、杂志、广播、电视、互联网等提供的信息；

（三）信息咨询机构的信息；

（四）决策部门的决策、计划、控制等信息；

（五）参观、访问、学习、交流等信息；

（六）实地调查信息；

（七）决策后的反馈信息；

（八）其他相关信息。

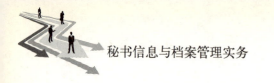

二、秘书辅助决策的信息服务

决策包括多个环节，秘书辅助决策信息服务贯穿整个决策过程。在不同阶段，信息辅助决策的重点应有所不同。

（一）决策前作好信息超前服务

决策需要预测，需要远见卓识，但任何预测都必须与实际工作结合，依赖于现实状况产生的决策才具有科学性。因此，秘书人员在上司进行决策前就应积极主动提供信息，以帮助上司发现问题，形成决策意图。决策前的信息服务既要注重时间上的超前服务，又要保证信息内容的超前性。秘书超前信息服务的主要工作有：

1. 广泛涉猎信息，调查了解情况，借助情况、信息发现问题；

2. 尽可能把全面、真实、准确的信息及时提供给上司，供其在形成决策意图时参考；

3. 随时把客观实践中涌现出来的新动向、新趋势、新经验、新问题迅速提供给上司；

4. 对所提供的信息进行必要的深加工与综合处理，使提供的信息有利于帮助上司明确决策意图。

（二）决策中作好信息跟踪服务

决策中，秘书应跟踪上司信息利用的需要，及时提供相关信息服务。重点要作好决策目标确定、决策方案设计、决策方案选择三个阶段的跟踪服务。

1. 确定决策目标中的信息服务

决策目标是指在一定的外部环境和内部环境条件下，在市场调查和研究的基础上所预测达到的结果。确定决策目标最关键的工作在于：一是认真分析企业内、外部环境，二是深入进行市场调查研究。因此，秘书人员应该紧紧围绕这两方面，积极收集相关的详细资料，并对这些信息进行核对分析，为决策提供信息，供上司参考。只有提供了全面、准确、客观、真实的信息，上司才能明确决策目标，进而避免决策的失误。

2. 设计决策方案中的信息服务

决策目标一旦确定，下一步的工作就是拟订决策方案。秘书要根据目标收集信息，包括有利因素和不利因素、确定因素和不确定因素，协助上司制订出各种达到目标的方案。此外，还需要收集方案可能出现的效果信息，以帮助上司解决遇到的决策难题。

3. 选定决策方案中的信息服务

决策方案拟订后，需对方案进行评估、论证，选取其一或综合处理，以实现优化。在上司对拟订的决策方案进行讨论和选择之际，秘书人员通过信息服务发挥参谋作用是十分必要的。在企业管理活动中，秘书人员是不具备决策权的，但上司选定决策方案却需要秘书提供信息服务。在选择方案阶段，秘书要采用一定的方式、方法，对拟订的决策方案进行经济、技术及可行性等方面的分析论证，及时地将信息反馈给上司，以便对决策进行修订补充。

 经验分享

秘书辅助决策的信息工作内容

1. 为领导准备好论证所需的翔实的信息资料，并将这些信息资料系统整理；

2. 为参与方案论证的专家准备好所需的全部信息资料；

3. 对各次论证会发言的要点进行综合，并将主要倾向性意见和建议列出，以供上司抉择；

4. 对决策对象及其所处环境条件变化的信息及时分析综合，以供上司参考；

5. 在选择过程中的任何一个层次上发现问题时，都必须根据问题产生的原因与性质，及时地将信息反馈到相应层次中去，以便对决策修订补充；

6. 提供论证依据、评价标准等信息；

7. 对各种决策方案提出综合评价，为抉择提供科学依据；

8. 及时提供决策的背景、条件、目标、策略等信息。

（三）决策后作好信息反馈服务

虽然决策经过了科学严密的论证、对比、优化等过程，但在决策实施过程中不可避免地会产生这样或那样的问题，需要上司去协调或是进行一定的调整。作为上司参谋助手的秘书人员，在此阶段必须做好决策执行信息的收集、反馈工作。秘书人员要通过各种信息渠道，及时收集反馈信息，敏锐地发现各种偏离决策的错误倾向，为上司或是决策层实现有效指挥和控制提供信息服务，以利于决策的调整、补充与修正。要通过信息调研及时总结经验，并将经验信息传递，使经验得以推广。

三、秘书信息辅助决策的工作方法

信息贯穿于决策的整个过程，是作好决策的基础工作。秘书通过信息工作辅助上司决策关键是要掌握好信息的收集、加工和开发的方法。

（一）通过调查收集决策对象信息

调查是指通过交谈、问卷等形式获得原始信息资料的方法。秘书应通过开展与决策目标相关的调查活动，收集决策对象现实情况的相关信息资料，并对所得信息进行分析、讨论，及时发现问题，避免出现决策失误。调查是实现科学决策的基本方法和途径。

(二) 通过比较分析发现规律

比较是通过对不同的信息资料进行观察、分析，找出两者之间的相同点和不同点。通过比较可以发现和提出问题，达到了解过去、预测未来的目的，进而研究工作活动的情况及其规律。秘书人员在向上司提供比较结果时既要用文字表述，又要尽可能用统计图表等方法精确地表达。

(三) 通过演绎科学预测未来

演绎是根据原理和经验进行逻辑推理和数学演算得出结论的方法。在信息辅助决策的过程中，秘书人员根据以往的信息和经验演绎推断事物发展变化的趋势，得出结论，指导未来的行动。在决策时对预测结果经过进一步验证、评价之后，才能将其列为作决策的依据。

(四) 通过归纳实现信息综合

归纳是指通过对收集的信息进行系统的归纳、分析和判断，确定信息之间的相互联系，提高信息的真实性和准确度，并将分析得到的结果加以整合，为决策提供深层次的信息。它是分析法与统筹法、数学法与逻辑法的统一。

(五) 通过优选审慎作出决策

决策最终需要从不同的可行方案和意见中选优，最后作出决断。这个过程中选优显得十分重要，秘书要运用精确的数字、严谨的逻辑以及科学的方法，全面评价决策的社会价值，权衡决策执行后可能带来的社会效果，帮助上司作出审慎的决策。

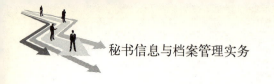

第二节　信息资源管理

企业信息资源是企业在信息活动中积累起来的以信息为核心的各类信息活动要素（信息技术、设备、信息生产者等）的集合。这种信息资源的最大价值是为企业的生产、经营、销售服务，以提高企业的经济效益，而要实现这一目标的关键是管理。管理是企业信息资源利用成败的前提与基础。

一、秘书信息资源管理的内容

信息资源管理分为宏观层次管理和微观层次管理。企业信息资源管理属于微观层次的信息资源管理的范畴，是指企业为达到预定的目标运用现代的管理方法和手段对与企业相关的信息资源和信息活动进行组织、规划、协调和控制，以实现对企业信息资源的合理开发和有效利用。

秘书主要实施微观信息资源管理，任务是有效地收集、获取和处理企业内外信息，最大限度地提高企业信息资源的质量、可用性和价值，并使企业各部门能够共享这些信息资源。

二、秘书信息资源管理工作

一般而言，企业信息资源管理工作的内容主要包括对信息资源的管理、对人的管理和对相关信息工作的管理。秘书应具体做好如下信息资源管理工作：

（一）为信息工作建章立制

无规矩，则难成方圆。任何工作都必须有相应的规章制度保证其顺利进行。为信息工作建章立制的任务自然由秘书人员承担。秘书人员在从事信息资源管理工作时，要着手建立一系列规范化的工作程序、标准和要求，规范业务流程，确立信息管理基础标准，建立健全包括信息工作组织制度、信息传递制度、信息专报制度、信息专题分析制度、信息存储制度、信息编辑制度、信息审批制度和信息反馈催办制度等的制度管理体系，使信息工作规范化、标准化。

（二）制订信息工作计划

为了使信息工作能有效地满足单位和社会的需要，要制订信息工作的计划，进行信息工作的总体部署和具体安排，提高信息利用率。信息工作计划的主要内容和工作重点是：

1. 确定目标与任务

根据工作活动的目标和意图，确定信息工作目标，制定具体可行的信息工作任务，为某个时期或某项工作的决策和运行服务，为企业经济活动目标、任务的制定和实施提供信息材料。

2. 明确信息来源

根据信息工作的目标和任务，确定所需要信息的类型和来源。针对信息的内容和现有工作条件，设计处理信息和传递信息的最有效的方法和途径。

3. 规定工作流程和进度

为了控制工作时间，保证如期完成信息工作的总体部署和具体安排，必须规定各项工作的流程和进度，编制工作进度表，绘制出各项工作计划的网络图，以便于控制工作进展，尤其是控制关键工作的进展。

工作进度表一般包括的项目有：每项工作的名称和编号、所需要的时间、开始的日期和终止的日期。

工作计划网络图根据工作进度表绘制，是按工作的先后顺序绘制表明各工作之间关系的图形。在信息工作中，要控制好各项工作的时间，保证整个工作按时完成。

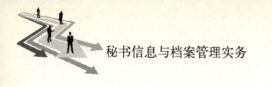

4. 进行工作分工

根据信息工作的目标与任务，确定信息工作人员及组织机构，明确职责分工。

（三）开展信息工作组织协调

信息资源管理的过程就是对信息的产生、形成、利用进行合理组织和有效协调的过程。在这一过程中，一是要合理配置安排信息、人员等各种资源要素，实现信息工作的最大效益；二是要对整个信息资源的开发和利用活动进行协调；三是要做好日常管理工作，加快信息的流转速度，使各部门、各环节及时、准确地把握信息。

（四）实现信息的上传下达

为了保证信息资源的共享，秘书还应做好信息的上传下达工作。秘书要把高层管理者的意图、策略和实施方案传递给员工；把信息资源管理的成果、现状和发展方向等情况传递给高层管理者，特别是在工作活动发展、战略规划、提升竞争实力等带有全局性的问题上，能够及时、有效地向高层管理者提供可供决策参考的信息；要在系统、行业、单位内部进行信息传递流转。

（五）宣传信息工作的意义

"控制信息就是控制企业的命运，失去信息就失去一切"，信息在企业管理中有着至关重要的作用。但在实际工作中依然有部分企业人员没有认识到信息工作的重要价值。秘书人员应该在企业内部加强信息工作意义的宣传，帮助人们树立信息资源管理的观念，让人们认识到信息资源在工作发展中的重要作用，指导人们更好地应用信息资源，为人们提供信息或信息技术的咨询服务。

信息辅助决策

1. 任务目标

通过本项目的实训，要全面掌握信息收集、分类、筛选、开发等一系列工作方法，能够系统地完成信息工作任务。

2. 任务引入

选择一种家电产品在当地进行市场调研，内容包括生产该产品的不同品牌公司的经营理念、技术发展，同类产品的功能和市场售价等。要求：

（1）按照时间、字母两种分类法对所收集的信息分别进行分类整理；

（2）建立信息目录，形成该种家电产品的信息库；

（3）完成该种家电产品的市场调研报告。

3. 任务分析

要完成该任务，首先要确定所要调研的家电产品，上网收集相关信息，对所调查的产品具有初步认识，其次要熟悉当地的商业环境，尤其是要对家电卖场比较熟悉。

4. 任务实施

（1）组建团队

把学生分成若干个团队，每个团队以 5～8 人为宜，选定团队负责人，确定团队内部分工。团队内成员结构要合理，具有互补性。

（2）选择调查对象

选择所要调查的家电产品以及计划调查的品牌。

（3）走访调查

走出校园，到当地主要家电商业街针对家电产品进行市场信息的收集，收集一手信息，包括简短的技术介绍、功能介绍和市场售价等。

（4）网络调查

在秘书实训室进行网络信息收集，收集相关的二手信息，包括企业的经营理念与该类家电产品的技术发展历程等。

（5）整理

对已收集到的信息进行整理，按照时间、字母两种分类方法进行分类。

（6）建立信息目录

（7）完成市场调研报告

5. 任务评价

自我评价	
学生互评	
教师评价	

研讨与实践

1. 秘书如何辅助信息决策服务？

2. 在实施决策中，秘书应做好哪些方面的信息辅助与服务工作？

3. 请你收集一则案例，并用案例说明秘书信息工作在企业经营决策中的地位或作用。

4. 联系当地一家企业，收集该企业信息工作相关制度，并协助其完善信息工作制度，制作信息工作制度汇编。

第七章
文书归档工作

知识目标
◆熟悉国有企业、民营企业文书归档的范围
◆掌握文书归档的基本要求
能力目标
◆能够及时、规范、全面地完成文书的归档工作

引入案例

　　张华大学期间学的是金融专业，毕业后他到沿海一家家族企业当了秘书。一天早上，行政部经理打来电话，叫他赶紧把近两年公司的财务月度报表找出来，给董事长送去。原来，金融危机之后，公司资金吃紧，董事长想办法联系几家银行贷款都没有成功，最终有一家投资担保公司愿意给他们担保贷款，但是要先审核一下公司的财务状况。张华不敢耽误，马上打开归档文件目录，找了半天也没有找到，他赶紧联系原来负责档案整理工作的小孙。但是，小孙告诉他，财务报表一般只保存年度的，月度报表都没有归档。张华只好如实地向董事长汇报，董事长无奈地摇了摇头。

第一节　文书归档的范围

归档文件是指立档单位在其职能活动中形成的、办理完毕应作为文书档案保存的各种纸质文件材料。这并不是说所有的文书都需要归档，只有那些有保存价值的文书才需要归档。到底哪些文件必须归档，哪些文件不需要归档呢？这就要求秘书人员必须明确企业文书归档的范围。

在企业生产经营活动中，形成的文书很多。凡是对企业今后工作发展有参考利用价值的文书都应归档，但重点需要归档的文件主要是与企业各方面活动有关的文件。

由于企业类型与经营行业的不同，文书的形式、内容也相应不同，归档范围也就有所差异。

一、国有企业的文书归档范围

（一）党群工作形成的文件材料

1. 党务综合性工作、党员代表大会或党组织其他有关会议的文件材料；

2. 党组织建设、党员和党员干部管理、党纪监察工作、重要政治活动或事件的文件材料；

3. 宣传及思想政治工作、企业文化和精神文明建设、统战工作的文件材料；

4. 职工代表大会、工会工作、共青团工作和女工工作的文件材料；

5. 专业学会、协会工作，群众团体活动的文件材料。

（二）行政管理工作形成的文件材料

1. 企业筹备期的可行性研究报告、申请、批准，企业章程；

2. 企业领导班子（包括董事会、股东会、监事会和经理层，下同）

的构成及变更、企业内部机构及变更的文件材料；

3. 企业领导班子活动的文件材料；

4. 综合性行政事务，企业事务公开，文秘、机要、保密、信访工作，印鉴管理方面的文件材料；

5. 法律事务、纪检监察、公证工作方面的文件材料；

6. 审计工作文件材料；

7. 职工人事管理、劳动合同管理、劳动工资和社会保险、职务任免、职称评聘方面的文件材料；

8. 职工教育与培训工作方面的文件材料；

9. 医疗卫生工作方面的文件材料；

10. 后勤福利、住房管理方面的文件材料；

11. 公安保卫、综合治理、防范自然灾害方面的文件材料；

12. 外事工作文件材料。

（三）经营管理工作形成的文件材料

1. 企业改革、经营战略决策方面的文件材料；

2. 计划管理、责任制管理、各种统计报表、企业综合性统计分析方面的文件材料；

3. 资产管理、房地产管理、资本运作、对外投资、股权管理、多种经营管理、产权变动、清产核资方面的文件材料；

4. 属企业所有的知识产权和商业秘密及其管理方面的文件材料；

5. 企业信用管理、形象宣传方面的文件材料；

6. 商务合同正本及与合同有关的补充材料、有关的资信调查方面的文件材料；

7. 财务管理、资金管理、成本价格管理、会计管理方面的文件材料；

8. 物资采购、保存、供应和流通方面的文件材料；

9. 经营业务管理、服务质量管理方面的文件材料；

10. 境外项目管理方面的文件材料；

11. 招投标项目管理方面的文件材料。

（四）生产技术管理工作形成的文件材料

1. 生产准备、生产组织、调度工作方面的文件材料；

2. 质量管理、质量检测和质量控制工作方面的文件材料；

3. 能源管理方面的文件材料；

4. 企业管理现代化和信息化建设、科技管理方面的文件材料；

5. 生产安全、消防工作、交通管理方面的文件材料；

6. 环境保护、检测与控制方面的文件材料；

7. 计量工作方面的文件材料；

8. 标准化工作方面的文件材料；

9. 档案、图书、情报工作方面的文件材料。

（五）产品生产或业务开发工作形成的文件材料

1. 工业企业

(1) 产品的市场调研、立项论证、设计方面的文件材料；

(2) 产品的工艺、工装、试制、加工制造方面的文件材料；

(3) 产品的检验、包装方面的文件材料；

(4) 产品的销售与售后服务方面的文件材料；

(5) 产品的鉴定、评优方面的文件材料；

(6) 产品质量事故分析及处理方面的文件材料。

2. 非工业企业

（1）业务项目的研发与形成方面的文件材料；

（2）业务项目的经营方面的文件材料；

（3）业务项目的保障与监督方面的文件材料。

（六）科学技术研究工作形成的文件材料

1. 科研项目调研、申报立项方面的文件材料；

2. 科研项目研究、试验方面的文件材料；

3. 科研项目总结、鉴定方面的文件材料；

4. 科研项目报奖、推广应用方面的文件材料。

（七）基本建设和技术改造工作形成的文件材料

1. 基建项目和技术改造项目的可行性研究报告、立项、勘探、测绘、招标、投标、征迁工作以及建设单位项目管理工作方面的文件材料；

2. 基建项目和技术改造项目设计方面的文件材料；

3. 基建项目和技术改造项目施工方面的文件材料；

4. 基建项目和技术改造项目监理方面的文件材料；

5. 基建项目和技术改造项目竣工、验收方面的文件材料；

6. 基建项目和技术改造项目评奖、创优方面的文件材料；

7. 基建项目使用、维修、改建、扩建方面的文件材料；

8. 事故分析和处理方面的文件材料。

（八）设备仪器管理形成的文件材料

1. 购置设备仪器的立项审批文件，购置合同；

2. 设备仪器开箱验收或接收方面的文件材料；

3. 设备仪器安装调试方面的文件材料；

4. 设备仪器使用、维护、改造、报废方面的文件材料；

5. 事故分析和处理方面的文件材料。

（九）会计工作形成的文件材料

1. 会计凭证；

2. 会计账簿；

3. 财务报告及报表；

4. 其他文件材料。

（十）职工个人管理形成的文件材料

1. 职工（包括离退休职工、死亡职工）的履历材料；

2. 职工鉴定、考核方面的文件材料；

3. 职工专业技术职务评聘方面的文件材料；

4. 职工奖励与处分方面的文件材料；

5. 职工工资、保险、福利待遇等方面的文件材料；

6. 职工培训与岗位技能评定等方面的文件材料；

7. 其他记载个人重要社会活动的文件材料。

（十一）其他对国家、社会和企业有保存价值的文件材料

二、民营企业的文书归档范围

（一）党群工作类文件材料

1. 党的组织、宣传、纪检方面的文件材料；

2. 共青团、妇联、职代会、妇委会、协会、学会等群众团体在工作活动中形成的各种文件材料。

（二）行政工作类文件材料

行政管理、劳动人事、后勤、外事工作、员工聘用、解聘、人事管理、

安全保卫、社会保障、劳动者维权以及法律、法规、规章制度、章程等方面的文件材料。

（三）经营管理类文件材料

1. 企业设立、变更、撤销的请示、批复、注册、登记、申报、评审、验证等文件材料；

2. 企业规划、经营决策、物资供应、产品销售、物业管理、外汇管理、经济责任制和承包、考核、奖惩文件，市场信息预测，股份、合同、协议、租赁、广告、商标和用户反馈意见等文字材料；

3. 材料采购、产品成本、市场销售、售后服务、宣传广告方面的合同、协议等文件材料。

（四）生产技术管理类文件材料

1. 生产计划及实施记录、安全操作规程、事故报告及改进意见等方面的文件材料；

2. 质检报告、质量事故分析、获奖证书等方面的文件材料；

3. 计量管理、能源管理等方面的文件材料；

4. 工业卫生和环境保护方面的文件材料。

（五）产品类文件材料

1. 产品设计协议书、任务书、合同、设计方案、实验数据、产品鉴定书、产品照片、说明书和全套底图、蓝图等方面的文件材料；

2. 各种配方、技术诀窍、工艺流程、操作规程、工时计算、材料定额等方面的文件材料；

3. 产品检验、受理过程中形成的文件材料及名优特产品和获奖产品的有关文件、证书等。

（六）科研类文件材料

1. 新开发项目的建议书、计划任务书、可行性研究方案、调查记录、成果申报、总结、鉴定、推广应用、奖励证明、专利、技术转让等文件材料；

2. 技术改造和革新方面的文件、图纸；

3. 中断和取得负结果项目的各种有参考价值的科研总结、报告；

4. 经审定或在学会上发表的学术论文或著作。

（七）经营信誉类

纳税记录、获得县级以上政府表彰、媒体报道、客户往来记载等方面的文件材料。

（八）知识产权类

1. 商标注册、专利、商业秘密以及县级以上科研项目立项、审批、成果鉴定等方面的文件材料；

2. 科研活动中的立项、实验、鉴定、应用等阶段的请示、批复、报告、合同、数据、图纸、认定、鉴定等方面的文件材料。

（九）基本建设工程类

1. 工程项目的可行性研究报告、计划任务书、审批、勘测设计、施工、竣工验收、工程管理以及维修、改建、扩建等方面的文件、图纸；

2. 土地、房屋证明，基本建设规划，工程勘探、测绘、设计、施工、竣工验收等形成的文件材料、图纸等；

3. 新建、改建工程的规划、设计、建设、施工、监理等方面的请示、批复、任务书、许可证、协议、合同、洽商、图纸、评审、验收、总结等文件材料。

（十）设备仪器类

1. 购进设备仪器的全套随机文件及开箱记录，安装调试、检查维

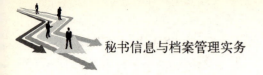
修记录以及改装报废的文件材料；

2. 自制设备仪器的设计图纸、计算书、测定数据、性能鉴定材料，工艺安装图纸、使用说明书及检查维修记录等；

3. 购进设备仪器的全套随机文件，安装、调试、运行、检查、维修、验收过程的记录，设备台账等。

（十一）财务管理类

1. 原始凭证、记账凭证、汇总凭证、银行存款、余额调节表等；

2. 日记账、明细账、总账、固定财产卡片、辅助账簿、移交清单、保管清册、销毁清册、涉外账簿等；

3. 财务指标快报，月、季度会计报表、年底会计报表（决算）等。

（十二）特种载体类

具有法律凭证和查找利用价值的照片、录音、录像、磁带、光盘等声像、磁性载体，电子文件。

经验分享

　　企业根据需要还可以建立客户资信档案和企业信用档案等。

　　客户资信档案指的是在客户资信管理过程中形成的有参考价值的原始记录。客户资信档案主要有六个方面的内容：

　　1. 客户基本情况

　　主要内容包括注册名称、地址、企业类别或性质、经营范围和期限、执照的有效期限、发证机关、制造许可证、注册资本、法人代表、生产管理认证和产品质量认证等。

2. 销售人员信息记录

指企业销售人员通过实地访问和电话信函了解到的许多客户的内部信息，包括该客户对待各交易环节的习惯态度和做法，特别是对于偿付货款的一般做法，同时要记录客户的付款情况，并随着每次交易进行动态管理的情况。

3. 同行对客户的资信评价

4. 公共管理资信记录

主要指通过司法部门、行政部门和媒体部门得到的客户资信方面的内容。具体包括在法院、工商、税务、公安、许可证发放主管部门等国家机关和报纸、电视、网络等新闻媒体上形成的资信记录。

5. 商业资信证明书和客户开户银行的资信证明书

6. 企业资信综合调查报告

企业信用档案主要指政府机关为企业建立的和企业自身在政治、经济、法律、道德等社会实践活动中形成的有关信誉和行为规范等的文件材料，它主要有以下几方面的内容：

(1) 证明企业法人资格的各类登记、注册、验审、年检文件，资质等级、管理体系、标准达标文件，资产、资金、资本运营评估确认文件，商标注册、评价确认、检验、产品质量认证、专利申报与确认、评优等方面的文件。

(2) 银行、税务、会计信用等级与商业信用等级的申报与确定的文件及证件。

(3) 记录市场行为的各类合同、协议履约状况的文件。

(4) 企业获得的各类荣誉证书。

(5) 企业内部审计和社会审计得出的结论性的文件材料。

(6) 社会舆论、新闻媒体对企业评价报道的文章、照片和其他音像材料。

(7) 其他记录和反映企业信用状况的文件材料等。

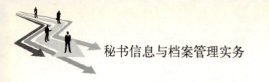

三、无需归档的文件材料

无论是国有企业还是民营企业，有些文件是不需要归档的，它们主要有：

（一）未定稿的文件和一般性文件的历次修改稿

文件起草人在构思撰稿过程中起草的、未成文的、未经审批的一些提纲、素材、废稿等不需要整理归档。一般性文件写作过程中的修改稿通常不需要整理归档，只有非常重要的、有查考利用价值的文件的历次草稿才需要保存，以反映出讨论修改的过程。

（二）仅供工作参考的文件

与企业主要业务无关的文件或是政府有关部门、行业协会、合作伙伴送来的参考性文件，一般不需要企业具体执行或办理，不需要归档。

（三）无查考利用价值的事务性、临时性文件

公司一般会议的通知，接洽业务的介绍信，随手做的记录、摘录材料，事务性的通知等，这些在企业的发展过程中参考利用的价值比较小，不需要归档。

（四）重份文件

同一份文件有时会有几份甚至许多份，包括一式多份的收文及本公司印制、复印的材料。整理时只需由主办部门保存一份，多余的份数应当拣选处理。拣选时注意保留上面有领导批示或有其他承办标记、说明的文件。同一份文件的草稿、定稿和存本，不能作为重份文件处理。

（五）无特殊保存价值的信封

信封通常不需要保存，如果需要记录发文机关的地址，可以另行登记。有特殊意义的作者、需要保存来文的信封可以归档。

（六）企业内部互相抄送的文件

企业内部互相抄送的文件，一般只需由发文的相关部门整理归档，其他部门保留的抄送件不需要归档。

第二节　文书归档的基本要求

　　企业档案是记录和反映企业各项活动和历史面貌的第一手材料，是生产、经营、管理和科研等各项工作的依据和参考，也是企业的宝贵财富。良好的档案管理，有助于企业增加技术和知识储备，促进企业保护好知识产权和商业秘密，为企业的可持续发展提供强有力的保障；有助于企业在国际国内市场竞争中增强抵御风险的能力，并在关键时刻发挥档案的依据和凭证作用，维护企业的经济利益和合法权益；有助于构筑企业信用体系，提高企业诚信度，树立企业形象；有助于企业加强自身文化建设，利用丰富生动的档案素材，展示企业创业发展的历程，培养员工的认同感和归属感，创新企业经营理念，提升企业文化品位。

一、文书归档的时间要求

　　归档时间是指办理企业文件材料归档交接手续等的时间。归档时间是归档制度的重要内容之一，具体可按以下方法进行：

　　（一）按年度归档

　　对一般管理类文件通常按年度接收归档，即在第二年的上半年，将上一年形成的文件整理后办理交接归档手续。

　　（二）按活动结束时间归档

　　通常在一项科技、生产活动结束后归档。对一些重大专项活动中形成的管理类文件也常采用这种方法。

　　（三）按工作阶段归档

　　对于形成周期过长、程序明显的企业文件，主要是科技文件，比如跨年度、需几年或几十年完成的产品、科技或工程项目，因文件数量庞大，通常可按各项活动的工作阶段将其接收归档。

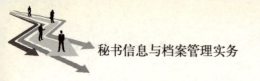

（四）随时归档

对于一些机密性较强的文件，如人事、调查研究或从其他单位收集来的文件等，为避免丢失和泄密，通常采取随时归档的方法。

二、文书归档的整理要求

（一）归档的文书必须是办理完毕的

所谓办理完毕，并不是说文书内容所涉及的事情已经全部办完，而是指文书处理程序上已经办理完毕。

（二）归档的文书必须要有一定的查考利用价值

文书归档不能有文必归，没有查考利用价值的文书材料是不需要进行整理的。

（三）归档的文书必须以"件"为单位

按照 2000 年国家档案局颁布的《归档文件整理规则》，文书归档是以"件"为单位进行的，一方面便于查找利用，另一方面可大大减轻文书档案工作者的工作量。以"件"为单位是指内容大致相同的一份或一组文件，包括自然件和组件（或称"大件"）。

（四）归档的文书必须使用案盒进行保管

归档的文书经过整理后，应放入案盒进行保管。

三、文书归档的质量要求

（一）归档的文书材料必须齐全完整

齐全完整一方面是指所收集的文书材料应齐全、完整，没有缺漏，特别是有关重要文书的材料要尽力收集齐全，否则就会造成损失；另一方面是指收集到的文书材料没有漏页及破损等情况。漏页的应找齐全，破损的应予以修整，字迹模糊或是易褪变的应予以复制。

经验分享

如何保证归档文件材料的齐全完整？

应从制度上对归档要求予以明确，并注意以下具体环节：

1. 产品试制定型、科研成果鉴定，基建、技改项目竣工验收，引进设备开箱验收等活动，必须有专（兼）职档案员参加，文件材料不完整、不准确、不系统的，不能进行鉴定、验收。

2. 工作人员外出参观、学习、考察和参加各种会议收集获得的文件材料，要按照归档范围的规定，及时送交相关部门立卷。

3. 员工人事档案归人事部门收集保管，但必须按档案管理规范进行保管。

4. 企业档案室要加强对本单位文件材料的形成、积累、整理、归档和移交工作的指导、监督和检查。

（二）归档的文书材料必须是原件（定稿）

归档的文书材料必须是原件（定稿），特别重要的文件应同时保存历次修改稿，重要的或利用频率高的文件材料根据需要可复制若干份归档。

（三）归档的文书材料必须系统整理

归档的文书材料必须经过系统整理，准确地反映生产、基建、科研、技术、经营管理各项活动的真实内容和历史过程，符合自然形成规律。

（四）归档的文书材料要符合档案保护要求

归档文书材料的制成材料必须易于耐久保存，同时要保证图像清晰、字迹工整、审查签字手续完备，禁用铅笔、圆珠笔、纯蓝墨水、红墨水和复写纸。

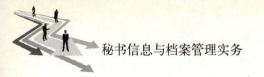

总体来讲，归档的档案质量要符合国家标准《科学技术档案案卷构成的一般要求》和《文书档案案卷格式》的要求。

文书整理归档

1. 任务目标

通过本项目实训，进一步熟悉企业文书归档的范围，能够及时、规范、全面地完成文书的归档工作。

2. 任务引入

以下是××电器有限公司上一年度形成的部分文件，请根据民营企业文书归档范围确定哪些需要归档，哪些不需要归档。

（1）关于开展第二届职工技术竞赛活动的通知

（2）关于表彰 2008 年度劳动模范、模范集体、先进班组、先进生产（工作）者的决定

（3）关于成立小电器事业部的通知

（4）关于小电器事业部职务任命的通知

（5）关于启用"××省××电器公司小电器事业部"印章的通知

（6）关于印发《××电器公司招聘管理规定》的通知

（7）关于印发《××电器公司薪酬管理规定（试行）》的通知

（8）关于印发《××电器公司劳动合同管理规定》的通知

（9）关于印发《××电器公司绩效考核管理规定》的通知

（10）关于印发《××电器公司出差管理制度》的通知

（11）关于印发《××电器公司财务报销制度》的通知

（12）关于印发《××电器公司移动通信工具及费用管理办法》的通知

（13）关于印发《××电器公司考勤管理规定》的通知

（14）关于编制 2008 年～2012 年公司生产经营规划的通知

（15）关于建立公司安全生产委员会的通知

（16）关于加强春节放假期间安全管理工作的通知

（17）关于开展 2008 年质量月活动的通知

（18）关于喷漆车间火灾事故处理情况的通报

（19）关于做好 2008 年工作总结及 2009 年工作安排的通知

（20）××电器公司 2008 年工作总结

（21）××电器公司 2009 年工作计划

（22）销售部 2008 年工作总结

（23）销售部 2009 年工作计划

（24）人事部 2008 年工作总结

（25）人事部 2009 年工作计划

（26）办公室 2008 年工作总结

（27）办公室 2009 年工作计划

（28）公司经理办公会会议记录

（29）关于召开 ×× 电器有限公司第一届职工代表大会第一次会议的通知

（30）第一届职工代表大会第一次会议开幕词

（31）工业协会会长××在××电器公司第一届职工代表大会上的讲话

（32）第一届职工代表大会第一次会议闭幕词

（33）第一届职工代表大会第一次会议纪要

（34）2008 年度质量工作实施意见

（35）《××之声》行政工作简报（第 1 期）

（36）《××之声》质检工作简报（第 2 期）

（37）《××之声》销售工作简报（第 1 期）

（38）《××之声》后勤工作简报（第 1 期）

（39）××省关于切实解决拖欠农民工工资问题的意见

（40）关于在××市设立办事处的函；另加××方面复函

（41）关于××公司人事档案管理问题的请示

（42）市人事劳动社会保障局关于××电器有限公司人事档案管理问题的批复

（43）转发××市安监局关于做好 2009 年安全生产工作的通知（含被转文件）

（44）关于成立中国共产党××省××电器公司委员会的请示

（45）中共××市经贸委关于同意成立××省××电器公司党委的批复

（46）转发××省安全生产委员会办公室关于继续深化安全生产专项整治工作的通知（含被转文件）

（47）关于喷漆车间火灾事故的报告

（48）关于开除方××等三人的决定

（49）关于下发《原材料采购询价管理办法的补充规定》的通知

（50）关于清查固定资产及上报 2009 年固定资产添置计划的通知

（51）关于调整公司领导班子分工的通知

（52）关于 2008 年度职工民主管理活动评奖结果的通报

（53）转发市人事劳动社会保障局关于开展 2009 年职业技能鉴定工作的通知

（54）厂区出入人员管理规定

（55）厂区出入车辆管理规定

（56）中国白色家电行业协会关于邀请参加"首届白色家电发展论坛"的函

（57）关于加强企业成本管理的通知

（58）关于切实加强办公用房和办公设备使用管理的通知

（59）关于发布节约用电的若干规定的通知

（60）关于开展立功竞赛活动的通知

3．任务分析

要完成该任务，必须清楚民营企业文书档案归档范围，严格按照归档范围来开展文件收集工作。

4．任务实施

（1）熟悉民营企业文书归档的范围

（2）对各类文书进行甄别

（3）完成归档文件目录和不归档文件目录

5. 任务评价

自我评价	
学生互评	
教师评价	

研讨与实践

1. 参观某企业的档案室，根据企业文书归档范围来判定其具体文件的归档是否正确。

2. 秘书如何使文书归档达到质量要求？

3. 联系当地一家企业，比较该企业的文书归档范围与本教材提供的范围，看是否有新的内容。

4. 联系企业调研，从形式上列举出企业档案的归档范围。

第八章
档案整理规则

知识目标
◆熟悉常见的档案分类法
◆熟悉档案整理的步骤与方法

能力目标
◆能够根据企业单位的实际,制订档案分类方案
◆能够完成档案整理任务

引入案例

　　海潮公司随着实力的不断壮大,将同行业的天诚公司、润通公司收购过来,合并为"海潮集团"。天诚公司和润通公司原来的档案就由新组建的海潮集团档案室接收。海潮集团档案室管理员王洁在接收档案的过程中遇到两个方面的问题:一是合并前后三个公司以及新成立的集团的档案如何管理的问题;是打破界限合并在一起呢,还是按照原来的组织界限分开管理呢? 二是原来三个公司的档案管理状况较差,档案比较零乱,缺乏系统性。在这种情况下,王洁还需要对档案进行分类、立卷等工作,将其组成有秩序的整体。那么,王洁究竟应该如何完成这些工作呢?①

① 引自:陈祖芬.职业秘书资料与档案管理教程.北京:清华大学出版社,2008

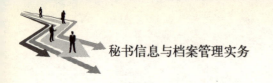

档案整理的程序主要包括编制分类方案、初步整理、系统整理和归档四个环节，如图8-1所示。

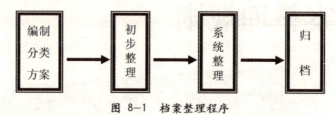

图 8-1　档案整理程序

编制分类方案是指在实际文书没有形成之前，档案业务部门根据企业活动的规律，在研究企业性质、主要业务活动、组织结构及分工情况的基础上，预测企业可能形成文书的内容及形式等，按照一定的原则，拟订出来的文书类别设置方案。

初步整理是工作人员依据档案整理分类方案将已经处理完毕的文书材料，以"件"为单位进行装订，并装入案盒，等待系统整理。

系统整理阶段按照国家档案局2000年12月6日颁布的《归档文件整理规则》（以下简称《规则》）进行，对归档文件进行排序、编写件号、填写归档文件目录、装盒、填写案盒等工作。

归档就是把整理好的档案移交公司档案室或是存入公司档案库房。

第一节　档案分类方案的编制

档案分类就是把档案按照一定的标准划分为若干类别，使其进一步条理化、秩序化。这是档案管理行之有效的方法，也是档案整理工作的基础。一个企业在开展档案工作之前，必须事先确定档案分类的方案。档案分类方案包括企业所采用的档案的分类方法、分类的级次、每一级类目的名称。

一、档案常用分类方法

(一) 保管期限分类法

保管期限分类法根据划定的不同保管期限对归档文件进行分类。采用保管期限分类法，能够将不同保管价值的归档文件从实体上区分开来，使档案部门能够有针对性地采取整理和保护措施，同时为库房排架管理、档案移交进馆和到期档案鉴定等工作提供便利。按照我国的档案整理规则，保管期限一般分为永久、长期和短期三类。保管的期限在 1 年～15 年的为短期，期限在 16 年～ 50 年的为长期。2006 年国家档案局发布新的规定，将我国档案保管期限重新界定为永久、定期两个期限，定期又分为 30 年、10 年。

(二) 组织机构 (问题) 分类法

1. 组织机构分类法

组织机构分类法是按照立档单位的内部组织结构设置对档案进行分类，每一个具体的内部组织机构就是一个具体的类别。组织机构分类法适合企业内部组织结构较为健全且稳定的企业。

采用组织机构分类法，能较好地保持文件来源方面的联系，客观地反映企业内部各组织机构的工作职责和状况，能较好地反映出企业的历史面貌。同时，由于每个机构都承担某方面的职能和任务，按机构分类的文件在一定程度上集中反映了某一方面的工作内容，便于按照一定的专题查找和利用档案。此外，机构名称就是类目名称，这也方便档案工作人员掌握。

按机构分类应当注意以下几个问题：

(1) 机构的排列顺序问题

机构的排列顺序有两种方法：企业内部对组织机构的排列有固定顺序的就按原固定顺序进行排列；如果企业原先没有固定顺序，档案室应该按照各内部机构的重要程度、组织分工、结构性质、档案数量等进行排序，把那些重要程度高、机构庞大、档案数量多的机构排在前列。一般来说，文秘部门应排在首位。

（2）文件归类问题

文件归类，原则上以哪个机构名义发文的文件就归入哪个机构；几个机构联合办文的，应归入主要承办机构；以机关名义或办公室发的文件，应归入有关机构类中，即根据文件内容和机构的职能来确定。

（3）临时机构问题

立档单位内设立的临时机构，应当设置一个类别，和其他内设机构一样看待。形成的文件应当归入临时机构类保存。临时机构与某一机构合署办公的，应以该机构为常设机构，形成的文件应归入该内部机构类中；如果临时机构涉及两个以上的内部机构，则应根据其主要职能以及文件材料的多少，由这些机构协商解决。

2. 问题分类法

问题分类法是按照文件材料内容所说明的问题对归档文件进行分类。

问题分类法适用于小型企业，因为这类企业往往存在档案数量少、形成年度少、年度界限不清、内部组织机构经常变动或是机构不健全等问题。

采用问题分类法，可以避免或减少同类问题文件分散的现象，便于查找和利用。这类分类方法的标准不像年度分类法和机构分类法那样清晰可见，而且档案人员的知识结构和认识能力也存在差异，在类目的设置和归类上不好把握，所以一般只有在不可能或不适宜采用组织机构分类法的情况下才使用问题分类法。

在实际工作中，使用问题分类法的企业，大多参照本单位内部组织机构的职能性质来设置类别。如：党委、工会、共青团等机构形成的文件划为党群类，业务部门形成的文件划为业务类，行政后勤部门形成的文件划为行政类，等等。

（三）年度分类法

年度分类法，就是根据形成和处理的年度对归档文件进行分类。年度分类法是运用最广泛的分类方法。

归档文件按年度特征分类，可以反映出一个机关单位每年工作的特点和逐年发展变化的情况，并且同现行机关以年度为单位将文件整理归档的制度相吻合，类目设置准确、清楚。

运用年度分类法时，正确地判定文件的日期并归入相应的年度，是决定分类质量的关键。这里有几种情况应当注意：

1. 文件有多个时间特征

一份文件往往有多个时间特征，包括成文日期、签发日期、批准日期、会议通过日期、公布日期、发文和收文日期等。这时一般以文件的签发日期为准。

比如：2005 年形成的《浙江 ×× 集团公司 2006 年～2010 年的"十一五"发展规划》，应当归入 2005 年度；2007 年形成的《2008 年公司销售工作计划》，应当归入 2007 年度；2007 年制定、2008 年生效的公司规章制度文件，应当归入 2007 年度。

2. 跨年度形成的文件

企业的某些具体经营活动，如召开年度会议、营销活动等，可能会跨年度形成文件。对这类文件的处理往往统一在办结年度归档。

比如：跨 2006 年、2007 年两个年度召开的公司会议形成的文件材料，统一归在会议闭幕年度 2007 年归档；跨 2004 年、2005 年、2006 年三个年度办理的活动文件材料，统一归入活动办结年度归档，即 2006 年度；子公司 2007 年年底的请示，总公司 2008 年 1 月收到并办结，应连同下级请示和本级批复一同归入 2008 年度。

3. 几份文件作为一件时，"件"的日期应只有一个

按照档案整理规则，为了保持文件之间的有机联系，可以将若干份文件作为一件进行归档，如：文件的正本与定稿、来文与复文、转发文与被转发文都可作为一件，这时"件"的日期应以装订在前的那份文件日期为准。即正本与定稿，应以正本的日期为准；转发与被转发文，应以转发文日期为准；来文与复文，应以复文时间为准。

4. 文件没有标注日期时应当考证

由于各种原因，归档文件可能存在没有标明时间或是时间不具体的情况，这就需要分析文件的内容、制成材料、格式、字体以及各种标识等对照手段来考证和推断文件的形成日期。根据考证推断出的年度，归入应归的年度。

5. 有专门年度的文件分类方法

有些单位和部门的工作是按专门年度进行的。专门年度是指企业在工作中使用的与自然年度起止时间不一致的年度，如学校的教学年。企业可以根据自身生产经营活动的特点设置自身的专门年度，如设置自身的财年等。采取年度分类时，对这部分形成的文件，就应按照专门年度进行整理归档。

二、档案复式分类法

在企业实际档案工作中，当归档文件数量较多时，分类工作需要分层次进行，单纯采用一种分类方法的情况比较少见，多是几种分类方法结合使用，称为复式分类法。根据《规则》提供的年度、保管期限、机构（问题）三种分类方法，可以组合成多种复式分类法。

在复式分类法中，年度、保管期限是必备项，必须选择，而机构（问题）为选择项。至于年度、保管期限、机构（问题）组合时的先后顺序，《规则》未加限制，各单位可根据工作实际需要进行组合。规模较小、形成文件材料少的企业可不选择机构（问题）作为分类方法。经过组合形成的复式分类法，常用的方法有：年度—期限分类法、期限—年度分类法、期限—年度—机构分类法、期限—年度—问题分类法、问题—年度—期限分类法、年度—机构—期限分类法、年度—问题—期限分类法。以下列举三种分类方法：

（一）期限—年度—机构分类法

先将归档文件按保管期限分类，再在每个保管期限下按年度分类，最后在年度下按机构分类。例如：

永久　2004 年

　　　　行政部　销售部　人力资源部　财务部　市场部　公关部

　　　2005 年

　　　　行政部　销售部　人力资源部　财务部　市场部　公关部

　　　2006 年

　　　　……

30 年　2004 年

　　　　行政部　销售部　人力资源部　财务部　市场部　公关部

　　　2005 年

　　　　行政部　销售部　人力资源部　财务部　市场部　公关部

　　　　　　2006 年

　　　　　　　……

10 年　　2004 年

　　　　　　行政部　销售部　人力资源部　财务部　市场部　公关部

　　　　2005 年

　　　　　　行政部　销售部　人力资源部　财务部　市场部　公关部

　　　　2006 年

　　　　　　　……

这种方法适用于内部机构虽有变化但并不复杂的企业。

（二）期限—年度—问题分类法

先将归档文件按保管期限分类，再在每个保管期限下按年度分类，最后在年度下按问题分类。例如：

永久　　2004 年

　　　　　　党群类　业务类　行政类　经营管理类

　　　　2005 年

　　　　　　党群类　业务类　行政类　经营管理类

　　　　2006 年

　　　　　　　……

30 年　　2004 年

　　　　　　党群类　业务类　行政类　经营管理类

　　　　2005 年

　　　　　　党群类　业务类　行政类　经营管理类

　　　　　　2006 年

　　　　　　　　……

10 年　2004 年

　　　　　　　党群类　业务类　行政类　经营管理类

　　　　　　2005 年

　　　　　　　　党群类　业务类　行政类　经营管理类

　　　　　　2006 年

　　　　　　　　……

这种分类方法适用于不宜按机构分类的企业。

（三）年度—机构—保管期限分类法

这种分类方法先将归档文件按年度分类，再在每个年度下按机构分类，最后在组织机构下按保管期限分类。例如：

2004 年　　行政部

　　　　　　　　永久　　30 年　　10 年

　　　　　　销售部

　　　　　　　　永久　　30 年　　10 年

　　　　　　人力资源部

　　　　　　　　永久　　30 年　　10 年

　　　　　　　　……

2005 年　　行政部

　　　　　　　　永久　　30 年　　10 年

　　　　　　销售部

　　　　　　　　永久　　30 年　　10 年

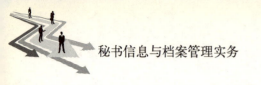

人力资源部

永久　30 年　10 年

……

2006 年　行政部

永久　30 年　10 年

销售部

永久　30 年　10 年

人力资源部

永久　30 年　10 年

……

三、档案分类方案的编制

（一）分类原则

档案分类以立档单位的职能分类为基础。职能是指每个立档单位承担的社会功能及其基本工作任务。建立档案分类体系，应以职能作为划分档案类别的依据。档案职能分类法适用于所有立档单位。

任何一个单位都有国家和社会赋予的特定职能，这种职能具体表现为区别于其他单位的专门性的管理或业务技术工作。另外，也有为顺利行使特定职能而进行的一系列辅助性管理活动，如人事、财务、后勤管理等，这些活动一般在所有单位都具有共同性。立档单位根据这两种类型的活动形成两种类型的档案。特定职能活动形成职能类型档案，辅助性管理活动形成通用类型档案。

以一个单位的全部档案为对象，依据特定职能和辅助管理为立类、划类的标准，建立起完整的档案分类体系，就能全面系统地反映立档单位的职能活动和历史面貌，也便于档案的收集、整理和科学管理。

（二）分类方法

首先把全部档案划分为通用类型和职能类型两大部分，然后分别在每一部分内进行档案的分类，即全宗＝通用类型＋职能类型。

1. 通用类型档案的一级类目，一般包括党群工作类、行政管理类、业务管理类、基本建设类、设备仪器类、会计类、声像类、干部职工档案类等。其中声像类不是按职能标准，而是为保管方便按载体特征划分出的类。这类档案各单位都存在，所以列入通用类。上述各类档案按顺序统一给定类号，由于各单位的建制、规模不同，有些单位可能不完全具备这些类的档案，可以从实际出发不设有关类目。但是给定的类号应予保留，不可被其他类占用。

2. 职能类型档案的一级类目，依基本职能的分工标准设立。主要依据是本单位"三定方案"规定的基本职责任务。单位内部组织机构是以现职能划分为基础设立的，可参考内部机构设置进行职能分类。但在实际工作中，每个内部机构的具体职能任务可能不止一项，且组织机构变化频繁，具有不稳定性，因此机构设置不能作为分类的主要依据。只有按立档单位的基本职能项目来划分档案的类别，才具有客观的准确性和相对的稳定性。

（三）档案分类方案的结构

档案分类方案由编制说明、分类表、使用说明三部分组成。

1. 编制说明

编制说明是对分类方案的编制目的、分类的依据、规则、体系结构、类目设置以及若干重要问题的说明，是使用方案的指南。

2. 分类表

分类表是分类方案的主体部分，该表是将一个立档单位各职能活动中所形成的全部档案按类目进行划分排序，以图表的形式表示出来。档案类目排序一般先通用类型后职能类型。

分类表有三种形式：分类体系表、分类类目细分表和分类主题词表。

（1）分类体系表

该表将立档单位职能活动形成的档案按一级、二级类目排序，形成一个分类体系表，简洁明了，能较直观地揭示一个立档单位职能活动所形成的各类档案情况，如表8-1所示。

表8-1　分类体系表

01	02	03	04	05	06	07	08	09	10	N
党群工作	行政管理	业务管理	基本建设	设备仪器	会计档案	人事档案	声像档案	职能档案	职能档案	职能档案

二级类目：

- 01 党群工作：01 党务综合、02 组织宣传、03 纪检监察、04 工青妇
- 02 行政管理：01 政务综合、02 人事管理、03 物业后勤、04 安全保卫
- 03 业务管理：01 政策法规、02 业务建设
- 04 基本建设：按建设项目
- 05 设备仪器：按设备类型
- 06 会计档案：01 会计凭证、02 会计账簿、03 会计报表、04 其他
- 07 人事档案：01 干部档案、02 工人档案
- 08 声像档案：01 照片档案、02 录音档案、03 录像档案
- 09、10、N 职能档案：按项种设……

其中第一行01～08为通用类型的类目，09之后为职能类型的类目。任何立档单位的档案全宗都是由上述两大类型档案组成的，不同的单位可能有不同的通用类，可能编到09、10……其职能类序号也相应顺延。其中职能类型档案是一个单位档案的主要类别，要根据立档单位的主要职能活动的实际来设置。

（2）分类类目细分表

该表能详尽地反映立档单位职能活动形成的所有应归档的文件材料、分类排序、保管期限划分情况，集分类、归档范围、保管期限三者为一体，能较好地指导立档单位实行部门立卷及文件材料价值鉴定工作，如表8-2所示。

表8-2　分类类目细分表

一级类目	二级类目	序号	三级类目	保管期限
党群工作(01)	党务综合(01)	001	党委会议决议、纪要、记录	永久
		002	党委工作计划、工作总结（年度的）	永久
			党委工作计划、工作总结（半年的）	30年

①　一级类目是立档单位档案实体分类的最高层位。根据立档单位的职能分工，结合档案记述的内容性质，可设立若干个一级类目。

②　二级类目是对一级类目职能的分解，按照单位工作职能、性质，结合档案特点设置。

③　三级类目是对二级类目的细分，一般表现为归档范围的条款，可以用概括的方法揭示问题或用文件内容的主题词作为类目名称。

④　保管期限

按照国家对保管期限划分的有关规定，对三级类目归档范围条款逐一确定其保管期限。

（3）分类主题词表

为了计算机管理档案的需要，每个立档单位应在已编制以上图表的基础上，依据本单位职能并结合形成的档案内容，编制适用于本单位的档案分类主题词表，形成集分类、主题词为一体的词表。该表分类类目与主题词互相参照，能形成规范化的检索标识，从而正确指出档案文件主题，提高标引的准确性和一致率，是实现通过计算机管理档案进行档案文件标引检索的重要基础。

编制档案分类主题词表的方法为：以本单位已编制的分类类目细分表为主体构架，将类目细分表中的一部分非主题词性的类名转换为规范化的主题词或使它具有主题词功能，使主题词能够找到相应的类目，按照分类类目细分表的结构体系排列成分类号与主题词互相对应的词表。该表既集分类、主题词为一体，又是实现档案实体分类与信息检索一体化的重要途径，是文档单位档案分类的重要配套材料，如表 8-3 所示。

表 8-3　分类主题词表

一级类（职能名称）		二级类（类别词）		三级类（类属词）
序号	类目名称	序号	类目名称	主题词范畴
01	党群工作	0101	党务工作	党员代表大会

在档案分类主题词表中，采用的排列方法为：职能名称（一级类）+ 类别词（二级类）+ 类属词（三级类），其中类别词为分类表中的二级类目，将其用主题词来规范，既有分类表中的类目作用，又是一个具有上位概念的主题词。主题词范畴中主题词的选定要根据词表的使用范围，选择那些在职能工作中经常出现的，具有检索意义且使用频率适中的最基本的名词术语。

3. 使用说明

说明档号标识和案卷排列方法。

 **情景案例**

×× 集团档案分类方案

第一章 编制说明

一、编制目的

为了满足集团档案工作发展的需要，更好地为集团生产经营管理服务，实现集团档案分类、编号、排架、检索的标准化和规范化，特编制本方案。

二、编制原则

1. 本方案以 1992 年国家档案局颁发的《工业企业档案分类试行规则》为依据，结合集团档案工作的实际情况，立足集团档案业务的长远发展和科学架构的确立，维护集团档案的完整性、系统性，力求保持所设类目的稳定，同时具有可容性和可扩展性。

2. 类目名称、标识符号，力求准确、简明，便于掌握使用。

三、体系结构

本方案由编制说明、主表和各种门类档号的编制三部分组成。

编制说明是对本方案的编制目的、编制原则、体系结构、类目设置、档号编制和档案实体的排架方式等若干重要问题的总说明。

主表由类目、标识符号组成。

各门类档号编制由各门类档号模式组成。

四、类目划分与标识

1. 一级类目的划分和标识

一级类目是集团档案实体分类的最高层位，根据集团产业架构和发展战略的要求，我们将集团档案一级类目设定为集团总部、建筑业产业集团、房地产业集团、机械产业集团和多元化产业集团等门类，结合集团人事、财务、工程由集团统管的具体情况，并参考特殊载体类保管和

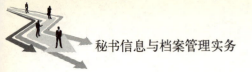

利用实际，并随着企业的扩张或整合作适当调整。其名称、标识符号
如下：

ZK　　　　××控股集团

JJ　　　　建筑产业集团

FD　　　　房地产业集团

JX　　　　机械产业集团

DY　　　　多元化产业集团

TY　　　　体育产业公司

MY　　　　××诚达贸易发展有限公司

SZ　　　　北京××市政工程有限公司

ZNRH　　××集团人力资源档案

ZNCW　　××集团财务档案

ZNGC　　××集团工程档案

ZNHT　　××集团合同档案

TSZT　　××集团特殊载体档案

2. 二级以下类目划分和标识

二级类目的划分控股集团是根据各个中心或业务部门的职能进行划
分的，各产业集团类是根据各产业集团设立分（子）公司的实际情况分
别确定的。其名称、标识符号如下：

2. 1. ZK ××控股集团类档案二级类目的设置

01. 董事长办公类

02. 人力资源类

03. 行政管理类

04. 财务审计类

05. 战略企划类

06. 监察考核类

07. 财务管理类

08. 信息管理类

09. 资金管理类

10. 法务管理类

11. 工程审计类

12. 体育运营类

13. 招商类

14. 投资类

15. 工会类

2. 2. JJ 建筑产业集团类档案二级类目的设置

……

3. 三级以下类目划分和标识

三级类目划分是在二级类目下依据档案分类通用标准，参考《××集团档案归档范围和保管期限表》进行类目划分和标识的。

第二章 各门类分类编号

一、文书档案分类编号

文书档案档号＝年度号＋文书档案分类号＋案卷号

模式如下：

20××–ZK00–n

| || |——— 案卷号

| ||——————文书类档案二级类目代号

| |——————文书类档案一级类目代号

|——————— 年度号

案卷号按最下位类目流水号。年度用文件材料形成或档案内容针对的自然年度。

二、科技档案分类编号

科技类档案档号＝年度号＋科技档案分类号＋案卷号

模式如下：

20××–XZ00–n

| || |——— 案卷号

| || ——————行政类档案二级类目代号

| |——————————行政类档案一级类目代号

|————————————年度号

案卷号按最下位类目流水号。年度用文件材料形成或档案内容针对的自然年度。

三、基建档案分类编号

基建类档案档号＝年度号＋基建档案分类号＋案卷号

模式如下：

20××–JJ00–n

| || |——— 案卷号

| || ——————基建类档案二级类目代号

| |——————————基建类档案一级类目代号

|————————————年度号

案卷号按最下位类目流水号。综合管理用自然年度。基建项目用竣工年度。

四、设备档案分类编号

设备类档案档号＝年度号＋设备档案分类号＋案卷号

模式如下：

20××–SB00–n

| || |——— 案卷号

| ||——————————设备仪器类档案二级类目代号

```
|  |——————————设备仪器类档案一级类目代号
```

```
|————————————年度号
```

案卷号按最下位类目流水号。年度用设备仪器购置的年度。

五、产品档案分类编号

产品类档案档号＝年度号＋产品档案分类号＋案卷号

模式如下：

20××–CP00–n

```
|  | |————— 案卷号
```

```
|  |——————————产品类档案二级类目代号
```

```
|  |————————————产品类档案一级类目代号
```

```
|————————————————年度号
```

案卷号按最下位类目流水号。年度采用产品和科技开发项目鉴定或投产的自然年度。

六、经营（销售）档案分类编号

经营类档案档号＝年度号＋经营档案分类号＋案卷号

模式如下：

20××–JX00.00–n

```
|  | | |——————案卷号
```

```
|  | |————————经营类档案三级类目代号
```

```
|  ||——————————经营类档案二级类目代号
```

```
|  |————————————经营类档案一级类目代号
```

```
|——————————————————年度号
```

案卷号按最下位类目流水号。年度用自然年度。

七、财会档案分类编号

财会类档案档号＝年度号＋财会档案分类号＋案卷号

模式如下：

20××–CK00–n

| || |—————— 案卷号

| ||—————————财会类档案二级类目代号

| |————————————财会类档案一级类目代号

|———————————————— 年度号

案卷号按最下位类目流水号。年度用自然年度。

八、人事档案分类编号

人事类档案档号＝年度号＋人事档案分类号＋案卷号

模式如下：

20××–KY00–n

| | |—————— 案卷号

| |————————人事类档案类目代号

|————————————————— 年度号

案卷号按最下位类目流水号。年度用自然年度。

九、特殊载体档案分类号

特殊载体类档案档号＝年度号＋特殊载体档案分类号＋保管单位号

模式如下：

20××–SX00.00–n

| |||| ————— 案卷号

| |||—————————特殊载体类档案三级类目代号

| ||————————————特殊载体类档案二级类目代号

| |———————————————特殊载体类档案一级类目代号

|————————————————————年度号

保管单位号按最下位类目流水号。年度用特殊载体类材料形成的自然年度。

第二节　档案整理的步骤与方法

一、初步整理

（一）确定"件"

企业档案的整理是以"件"为单位进行的，因此在进行系统整理前，必须按照一定的原则确定"件"。"件"的确定一般有以下几种情况：

1. 单份文件，即自然件，一份文件为一件。

2. 特殊文件材料：主要是各种报表、名册、图册、书刊等，每册（本）内容相对完整，具有独立的检索价值，应按其原来的装订方式，一册（本）作为一件。

3. 文件的正本与定稿作为一件，过厚时可作为若干件。计算机及网络环境中形成的文件，没有定稿的或打印稿上无修改手迹和领导批示的，其打印定稿与正文完全一致的，可将正文与发文稿纸一并归档。

4. 文件的正文与附件，作为完整的一件。

5. 会议记录应以每次会议作为一件。来文与复文作为一件。

6. 有重要内容的文件处理单，应与被处理文件合为一件。文件处理单可继续放在文件的前面，算页数。

7. 转发件与被转发件应视为一件。

8. 复制件应和原件作为一件归档。

（二）文件修整

为了保证档案能够长期保存和有效利用，装订前必须对不符合要求的归档文件材料进行必要的修整。主要有：

1. 修裱破损文件

归档文件材料由于使用不当，可能产生文件材料破损、局部残缺等现象。这类文件在装订前需要进行修裱。修裱是指使用黏合剂和选定的纸张对破损文件进行修补或托裱，以恢复文件的原有面貌，增加强度，延长寿命。其中，修补主要针对一些有孔洞、残缺或折叠处已被磨损的文件，修补形式有补缺和托补；托裱是指在文件的一面或两面托上一张纸以加固文件。修裱工作主要针对有重要保存价值的归档文件，无须移交进馆的档案一般保持原貌即可。

2. 复制字迹模糊或易褪变的文件

对于制成材料、字迹材料等不利于档案保管的文件（如热敏纸传真件、铅笔书写的重要文件）以及使用中出现破损的文件，应复制后归档。复制件包括复印机制作的复印件以及手工誊写的抄件等。这些复制件应与原件作为一件归档。

经验分享

如何判断字迹材料的耐久性？

字迹材料的耐久性是关系到档案寿命长短的重要因素。档案字迹材料发生褪变，如褪色、扩散等而变得模糊不清时，就会影响档案的利用。决定档案字迹材料耐久性的因素包括字迹色素成分和字迹转移固定方式。在环境条件相同时，一般来说，最耐久的是以碳黑为色素成分、以结膜为转移固定方式的字迹材料，包括墨和墨汁、黑色油墨等；比较耐久的是以颜料为色素成分，以结膜或吸收方式转移固定的字迹材料，包括彩色油墨、蓝黑墨水、印泥等；不耐久的是以染料为色素成分的字迹材料，如纯蓝墨水、红墨水、复写纸、圆珠笔油、印油等，或者以黏附为转移固定方式的字迹材料，如铅笔。对字迹模糊或易褪色的文件，目前一般采用复印的方式进行复制，比如传真件字迹耐久性差，须复制后才能归档。但复印件本身也存在耐久性方面的问题，如易粘连等，需要采取一定措施加以防范。为减少复印件粘连的几率，复印时墨粉浓度不宜太大，颜色不宜太深，并且最好采用单面复印。

3. 超大纸张的折叠

同一件档案的幅面规格应当基本一致。大于标准幅面尺寸297mm×210mm 的档案，应向内折叠成标准幅面。图样材料宜采用手风琴式折叠法，图面朝里，标题栏外露。对小幅面不易装订的材料，应当平行或阶梯式粘贴在标准幅面的白纸上，并按自左至右、自上而下的顺序，在被粘贴文件材料的右下角自"1"起编号，在托裱纸底部注明"此页共×张"。

4. 去掉易锈蚀的金属物

是否需要去除金属装订物，可以视具体情况灵活掌握。一般来说，由于气候比较干燥，企业档案室在具备较好库房条件的情况下，对不需要移交进馆的档案可以不拆钉。此外，对于装订成册不便拆钉的刊物、书籍等，由于金属装订物已经严密封装在其中，拆钉会严重损害原貌，此时可不再拆钉重装。对于需要永久保存的归档文件来说，必须去除易锈蚀的金属物，如订书钉、曲别针、大头针等，以避免对档案造成的潜在危害。因为这些金属物的材质以铁、铝等化学性质活泼的金属为主，容易被空气中的二氧化碳、二氧化硫等物质氧化和腐蚀，使文件纸张受到损害。

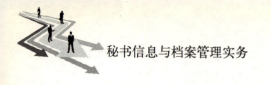

（三）档案装订

1. 装订前的文件排序

一般来说，顺序如下：正本在前，定稿在后；正文在前，附件在后；原件在前，复制件在后；转发文在前，被转发文在后；复文在前，来文在后；汉字文本在前，少数民族文字文本在后；不同文字的文本，无特殊规定的，中文本在前，外文本在后。

装订前应将"件"内的各页按一定方式对齐，便于将来翻阅利用。一般来说，采用左上装订的，应将左、上侧对齐；采用左侧装订的，应将左、下侧对齐。

2. 装订方式和装订用品

对于装订方式和装订用品的选择，《规则》中并未进行统一规定，只提出"装订材料应符合档案保护要求"。这是因为件的装订有许多可能的方式和用品，在没有明显优劣的情况下，简单地加以规定，反而会限制机关档案室的选择。

具体选择装订方式时，首先要考虑符合档案保护的要求。装订用品必须对归档文件无害，不影响档案的保存寿命，装订方式应能较好地维护文件的原始面貌。其次要考虑选用装订用品应尽量降低成本，装订方式应简便易行。

具体方法有线装法、变形材料装订法、粘接式、穿孔式、铆接式等装订方法。装订方式和用品各有利弊，在同一企业档案部门，应保持装订方式的统一，以确保档案的安全。以下简要介绍几种方法，以供选择。

（1）线装法

线装法包括"三孔一线"（如图8-2所示）和缝纫线装（如图8-3所示）。从档案保护的角度讲，线装无疑是最好的选择。但除了较厚的文件，"三孔一线"的装订方法已不再适用于文件整理。现有的常见做法是使用缝纫机在文件左上角或左侧轧边，但这种方式存在针脚过密、易造成纸页从装订处折断的问题，设备成本也相对较高。此外，也有在文件左上角或在文件一侧穿针打结的，但操作比较繁琐，一般不采用。

图 8—2 "三孔一线"装订

图 8—3 缝纫线装

（2）变形材料装订法

变形材料装订方法比较简单，但对材质必须有较高的要求。金属制品，如不锈钢夹、燕尾夹等，必须采用质地优良的不锈钢制品，同时考虑档案室库房的保管条件；塑料制品，则必须有足够的强度，以免年久断裂。要注意，使用金属装订材料的归档文件材料，不能使用微波设备进行消毒，否则可能引起火灾。

（3）粘接式装订法

粘接式装订法一般采用糨糊及胶水粘贴的办法，成本较低。但这种方式存在可逆性差、复印及扫描时不能拆除的缺点，材料的可靠性也有待进一步改善。

此外，还有使用热熔胶封装的办法，但由于成本较高不易推广。穿孔式、铆接式装订法对文件的破坏性比较强，所以一般不采用。

二、系统整理

（一）盒内文件排列

盒内文件的排列是指在分类方案的最低一级类目，即条款和条目内，根据一定的方法确定归档文件的先后次序，并以"件"为单位进行排列的过程。

经验分享

> **怎样理解最低一级类目？**
>
> 《规则》中规定："在分类方案的最低一级类目内，按事由结合时间、重要程度等排列。会议文件、统计报表等成套性文件可集中排列。"这里的"最低一级类目"，是指分类时所确定的类目体系中设在最低一级的类目，例如按照"年度—机构—保管期限"分类，"保管期限"即为最低一级类目。

归档文件的排列方法有四种：

一是按事由结合时间排列。文件排列一般应将相同事由的文件排列在一起，然后将相同事由的各"件"结合时间进行排列，即时间早的排在前，时间晚的排在后。这里的时间主要是指文件形成的时间，有些文件也可依据文件的处理时间排列，如工作计划等。

二是按事由结合重要程度排列。首先将相同事由的文件排列在一起，再把主要职能活动或重要活动形成的文件排列在前，其他工作形成的文件排列在后，或将综合性工作形成的文件排在前面，具体业务性工作形成的文件排在后面。

三是按事由将具有共同属性的文件分别集中排列。如成套的会议文件、统一报表等，应集中在一起，然后结合时间或重要程度进行排列。不可将成套文件同其他文件混排在一起，但某份文件内的表格除外。一个事由有几个作者，可先按作者、再按时间排列；一个事由有几个地区，可先按地区、再按时间排列等。

四是 10 年内保管的文件可按办理完毕后归档的先后顺序排列。

在按时间排列档案的过程中，可分为两步，即先按照事由原则，将属于同一事由的文件按一定顺序排列在一起，再采用一定的方法对不同事由的文件进行排列。

 **经验分享**

不同事由的归档文件如何排列？

不同事由归档文件的排列可以有多种方法，包括《规则》提到的时间、重要程度等。具体选择何种方式，可根据文书处理程序、归档制度、档案管理的现代化水平等的不同加以选择。

第一，按不同事由形成时间的先后顺序排列。事由的形成时间即事由的办结时间。这种方法只要求将不同事由的文件，按其办结时间的先后顺序排列，而不必考虑其他因素。这种方法比较简单，更适用于实行档案"随办随归"的企业。采用年终集中整理的企业，也可以按事由办结时间排列不同事由的文件。

第二，按事由的重要程度排列。将主要职能或重要活动形成的文件排在前面，其他工作形成的文件材料排在后面，或将综合性工作排在前面，具体业务工作排在后面。比如某单位法规处，可将本年度通过的各项法规文件的相关材料排在前面，然后再排监督检查等其他工作形成的文件材料。

第三，按事由具有的共同属性分别集中排列。其中，可以按责任者或承办部门分别集中排列，还可以按照不同问题分别集中排列。采用此方法，一般都是指小问题。此类问题相对固定时，档案部门可事先规定各问题间排列的先后顺序。比如企业人力资源部门，可以将人员招聘、职务晋升、进修培训等问题所属的不同事由形成的文件分别集中排列。

在实际工作中，由于种种原因，往往会有一些文件没有按规定时间移交档案部门归档。对于这些零散文件，应视不同情况进行处理。

1. 将零散文件排列在相应类别归档文件的最后，某组织机构或问题形成的零散文件，就放在该机构或问题所有归档文件的最后，然后在所涉及事由最后一件归档文件的备注栏中标明。比如：某零散文件排列后的件号为30，就可在相关事由最后一件的备注栏中注明"见30"。

2. 将零散文件与所属事由中的相关文件装订在一起，并在目录备注栏中注明"此件为两件"，但这些都只是补救措施，应尽量避免使用。

（二）盒内文件编号

归档文件经过系统排列后，应依分类方案和排列顺序逐件编号，以固定位置、统计数量，便于保护文件且方便查找利用。

归档文件编号方法是在文件首页上端的空白位置加盖归档章，如图 8-4 所示。归档章的位置不限于首页右上角，首页上端空白处都可以，但在整个案盒文件中，其位置应一致。

全 宗 号	年 度	室编件号
机构（问题）	保管期限	馆编件号

图 8-4 归档章式样

归档章设置的必备项目有全宗号、年度、保管期限、室编件号和馆编件号。必备项目编号必须填写，设置的选择项目根据情况填写。选择项目有机构（问题）等。只采用"年度—保管期限"两级分类的单位，可以不填写机构或问题名称。

归档章各项目的填写方法是：

全宗号：填写同级国家综合档案馆给立档单位编制的代号。

年度：填写文件的形成年度，以四位阿拉伯数字标注公元纪年，如一九九八年表示为"1998"，二〇〇二年表示为"2002"，不能简化为"98""02"。

保管期限：标注"永久""定期"，也可使用其简称"永""定"或代码。

室编件号：填写文件在同一保管期限内的排列顺序号。一般组织同一年度里、同一机构（问题）、同一保管期限下从"1"开始逐件编流水号。永久保管文件较少的组织，永久和定期保管的档案可以从"1"开始混编成一个流水号，按进馆要求编写。

机构（问题）：按组织机构分类的，填写形成或承办该文件的组织机构全称，如机构名称太长，可使用机构内部规范的简称。按问题分类的，直接填问题的类名。

（三）案盒事项填写

1. 填写案盒内归档文件目录

在盒内文件排列完毕后，归档文件应依据分类方案和室编件号顺序编制归档文件目录，用于介绍盒内文件的成分和内容。归档文件应逐件编目。

归档文件目录内容一般包括件号、责任者、文号、文件题名、日期、页数和备注七项，如表8-4所示。

表 8-4 归档文件目录

件号	责任者	文号	文件题名	日期	页数	备注

件号：参照归档章的室编件号填写，每件编一个号。

责任者：填写制发文件的组织或个人，即文件的署名者或发文机关。责任者名称过长时，可写通用的简称。

文号：填写制发机关的文件编号。假如是公文，一般填写发文字号，由机关代字、年度（用六角括号"〔〕"括入）、顺序号三部分组成。

文件题名：即文件的标题，一般应照抄实录。对于原无标题的文件应根据内容补拟后填写，自拟标题外加"［ ］"号。附件标题抄录，外加"（ ）"号。

日期：指文件的形成日期，以八位阿拉伯数字标注年月日，如20081106。几份文件作为一件时，应以装订时的首份文件日期为准。

页数：指每一件归档文件的总页数，文件中有图文的为一页，空白页不计数。归档文件上无页码时，需要编页码；当文件上有页码时，无需重编，一件内的文件页码可累计；页码编在归档文件有图文的页面，正面编在右下角，反面编在左下角。文件处理单放在每份文件的首页。

备注：注释文件需说明的情况（如文件的移出、修改、补充、破损、销毁、密级等）。内容较多时，可在备注栏中加注"＊"号，将具体内容填入备考表中。

归档文件目录应装订成册，一般一年一本，并编制封面。目录封面可视需要设置全宗名称（立档单位名称）、年度、保管期限、机构（问题）等项目，如图 8-5 所示。

```
┌─────────────────────────────────────────┐
│                                         │
│              归档文件目录                 │
│                                         │
│      全宗名称_____        │
│                                         │
│      年    度_____        │
│                                         │
│      保管期限_____        │
│                                         │
│      机构（问题）_____        │
│                                         │
└─────────────────────────────────────────┘
```

图 8-5　归档文件目录封面

这里要说明的是，归档文件目录统一制作完成后，案盒内应存放本案盒的文件目录，并置于案盒文件最前面，以方便查找。同时另备一份，同其他盒内目录按件号顺次装订成总目录，以供文件的检索利用。

2. 填写备考表

案盒的备考表放在案盒文件最后，说明盒内文件的状况，如该盒内文件缺损、移出、补充、销毁以及其他需要说明的问题等；并填写登记日期及归档文件整理完毕的日期、整理人、检查人，如表 8-5 所示。

表 8-5　备考表

<table>
<tr><td colspan="2" align="center">备 考 表</td></tr>
<tr><td colspan="2"><u>盒内文件情况说明</u>

整理人：_____

检查人：_____

年　月　日</td></tr>
</table>

　　盒内文件情况说明：填写盒内文件缺损、修改、补充、移出和销毁等情况。归档文件目录备注有"*"号的，须在盒内备考表中填写详细说明。

　　整理人：负责整理本盒归档文件的人员姓名。

检查人：负责检查归档文件整理质量的人员姓名。

日期：归档文件整理完毕的日期，也可以是该盒归档文件整理完毕的日期。

3. 填写案盒封面、盒脊

调整后的归档文件按档案室编件号顺序装入档案盒，并填写档案盒封面、盒脊。档案盒的外形尺寸为 310 mm×220 mm（长 × 宽），盒脊厚度可视情况制作，厚度一般为 20 mm、30 mm、40 mm。档案盒所用的材料必须经久耐用，一般应采用无酸纸制作。

档案盒一般根据摆放方式的不同，在盒脊或底边设置全宗号、年度、保管期限、起止件号、盒号等。起止件号填写盒内第一件文件和最后一件文件的文件号，中间用"—"号连接；盒号，即档案盒的排列顺序号，在档案归档移交时填写，或以后由档案室填写，如图 8-6 所示。案盒封面填写单位全称或规范化简称，填写时要求用蓝黑、黑色墨水或墨汁填写。

图 8-6 档案盒式样

三、归档

文件经过整理后，形成了系统的案盒，这时应向档案室进行移交。

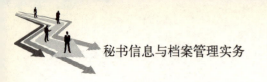

归档就是指文书部门将系统整理后的案盒文件向档案室进行移交，以便集中保管。移交时要注意办理好移交手续。

向档案部门移交档案时，应编制移交目录，至少一式两份。交接双方应根据移交目录详细清点案盒，经过认真核对后，交接双方如确认无误，即可履行签字手续。必要时，移交单位需编写归档文件的简要说明。

档案整理

1. 任务目标

通过本项目实训，掌握档案整理的方法和步骤。

2. 任务引入

联系一家企业进行档案实习，完成确定要归档的文件的分类整理工作。

3. 任务分析

要完成归档文件整理工作，首先必须要有分类方案，然后按照方案进行分类、整理、装盒、填写目录和备考表。

4. 任务实施

（1）根据企业实际情况，制订本企业的档案分类方案，将文件分类，

并确定保管期限

　　（2）对分好类的文件进行初步整理（确定"件"、修整、装订）

　　（3）对文件进行系统整理（盒内排序、盖归档章、编号）

　　（4）编制《归档文件目录》

　　（5）填写《备考表》

　　（6）填写案盒

5. 任务评价

自我评价	
学生互评	
教师评价	

研讨与实践

1. 秘书应该如何来组织实施企业档案的整理工作?

2. 根据所学的内容，制作档案整理工作流程图。

3. 对自己所在的学校进行调查，然后编制档案分类方案，并和学校档案馆的分类进行比较，分析不足之处。

4. 某公司内部机构健全，有时会进行调整，各内部机构档案分别处理，界限较明确。请思考该公司的档案采用何种复式结构分类方法为宜。

第九章
档案保管工作

知识目标
◆ 了解档案保管的物质条件
◆ 熟悉档案保管制度和工具

能力目标
◆ 能够正确地使用档案保管的各类工具
◆ 能够有效地开展日常档案保管工作
◆ 能够选择合适的档案装具
◆ 能够对档案进行正确排架

引入案例

　　最近市档案局下发文件决定今年对全市乡镇档案工作进行检查考核。双黄乡政府接到通知后十分重视。于是，党委会一致决定把档案库房和办公楼最顶层的图书室归在一起，统一管理，既节约了空间，也节约了人力。图书室在顶楼，光线很好，每天有六个小时可以直接接触到阳光，工作人员工作也很清静。可是到了检查组来考核检查的时候，大家都傻眼了，档案发黄变脆了。原来由于档案库房阳光太充足，而且也没有空调、恒湿设备，纸质就变脆了。最终双黄乡没有通过这次考核。

　　档案长远安全留存的要求和档案可能损坏之间形成了一对尖锐的矛盾，档案保管工作正是为了解决这个矛盾而产生的。广义上的档案保管就是指管理，如人们说某档案馆保管了哪些档案，就是指该档案馆管理着哪些档案。狭义上的档案保管是指档案管理工作的八项基本内容之一，即对已整理好并已存入库房及柜架中的档案进行的日常维护、保护性管理工作。本章所讲的档案保管显然是指狭义上的对档案的日常维护、保护性管理。

档案保管工作的内容，主要有三个方面：一是档案的库房管理，即库房内档案科学管理的日常工作；二是档案流动过程中的保护，即档案在各个管理环节中一般的安全防护；三是保护档案的专门措施，即为延长档案的寿命而采取的技术处理。

第一节 档案保管的物质条件

开展档案保管工作，必须有一定的物质条件作保证。档案保管的物质条件是其所需的一切物质装备的总称，大体有以下几种：

一、库房

库房是保管档案的最基本的物质条件，直接关系到档案的保护和安全。档案库房建筑应遵循适用、经济、美观的原则。档案馆应尽量按《档案馆建筑设计规范》（试行）的要求建造档案库房。档案室也应在库房的建造使用上尽量向《档案馆建筑设计规范》（试行）的要求靠拢，在无法达到其要求的情况下，也必须注意这样几个问题：

（一）库房必须专用，不能与办公室合用，也不能同时存放其他物品，以防外人进入，丢失档案。目前，有的企业出于成本考虑，把档案室和图书室合二为一，这是不恰当的。

（二）档案库房必须坚固，至少应是正规的建筑物，不能是临时建筑。

（三）库房应远离火源、水源和污染源，并符合防火、防水、防潮、防光等基本要求。办公楼内的档案库房不宜设在顶层或底层，以防潮湿、漏雨和高温。

（四）全木质结构房屋不宜作为档案库房使用，一般的地下室也不能作为档案库房使用。

（五）库房门窗应有较好的封闭性。

二、资料库

有条件的企业还应在档案库房附近设置档案资料库，收集和保存与档案有关的图书资料，以补充需要。为了节约企业资金，在设置资料库时，可以采用档案工作办公室、阅档室和资料库三合一的办法。

三、档案装具

装具即用以存放档案的柜、架、箱。档案装具种类繁多，各自都有优长，企业应该根据档案室、档案库房的特点和档案价值、档案规格的不同合理选用，灵活配置。一般而言，封闭式的柜、箱比敞开式的架子更有利于对档案的保护。柜、架、箱的制成材料最好为金属物，这样更有利于防火。

（一）档案箱

档案箱大多是铁制品，五个档案箱为一套，平时叠放起来使用，如图 9-1 所示。与档案架、柜相比，档案箱便于移动，还能够防尘、防火、防盗、防光，被企业广泛采用。但是它的结构比较复杂，费材多，造价高，占用的面积大，档案库房小的公司不宜使用。

另外，市场上还有一种比较灵巧的无酸式档案箱，方便存储内容不太多的档案，如图 9-2 所示。

图 9-1 五层档案箱

图 9-2 无酸式档案箱

（二）档案架

一般的档案架采用金属制作，利于防火，也比较坚固耐用。目前市场上常见的档案架主要是固定档案架和活动式密集架。

固定档案架分为单柱式档案架和复柱式档案架。单柱式档案架结构比较简单，表面喷漆，耗费的钢材少，耐用美观。复柱式档案架在结构、性能、规格等方面与单柱式档案架相似，但是它比单柱架稳定性更好、负载力更强、更坚固，如图9-3所示。

图 9-3 固定档案架

活动式密集架，也称密集架，如图9-4所示，是在复柱双面固定架的底座上安装轴轮，把它变成架车，能沿地面铺设的小导轨直线移动，这样就可以把许多排架车靠拢到一起，能够充分利用库房空间，扩展档案库房的使用面积。密集架平时合为一体、用时可打开，不仅具有防火、防光、防尘的性能，而且节省库房空间和库房建筑费用。要注意的是安装密集架对地面的承重能力有较高要求，必须先查明有关库房的地面承重能力。

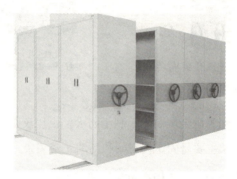

图 9-4　活动式密集架

目前，随着档案管理的现代化，电动密集架逐渐成为档案存放的主流装具。电动密集架只需要几个按钮就能完全实现全自动化操作，彻底减轻了人工搬运和查找、管理档案的负担，如图 9-5 所示。

图 9-5　电动密集架

（三）档案柜

档案柜形式多样，有双开门、侧拉门、抽屉式档案柜。制作材料分为金属与木制两种。金属档案柜使用方便灵巧，加工简便，有较强的可调性和机动性，而且坚固耐用，从长远看还是比较经济实惠的。使用木质档案柜对防潮是有好处的，但是使用时要注意防火，如图9-6、图9-7所示。

图 9-6　木质电子防潮档案柜

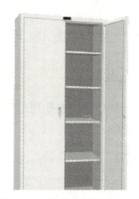

图 9-7　金属立式档案柜

四、技术设备

档案保管的设备一般是档案管理中的相关机械、器具、仪器、仪表等技术设备，而不包括库房、装具、卷皮、卷盒、药品等在内。

用于档案保管的技术设备很多，如去湿机（如图9-8所示），加湿器（如图9-9所示），空调，通风设备，温湿度测量及控制设备（如图9-10所示），防盗、防火报警器，灭火器，装订机，复印机，缩微拍照设备及缩微品阅读复制设备，通信及闭路电视监控设备，消毒灭菌设备以及档案进出库的运送工具，等等。

图 9-8　档案去湿机　　图 9-9　电热加湿器　　图 9-10　温湿度计

五、包装材料

包装档案主要使用三种方式：卷皮、案盒和包装纸。在《归档文件整理规则》颁布执行以前，使用得比较多的是卷皮。新的《归档文件整理规则》要求纸质载体的文书档案必须使用案盒。

卷皮，如图 9-11 所示，分软卷皮和硬卷皮两种，在使用过程中应该注意按文书档案的规格尺寸选用相应标准的卷皮。软卷皮国家规格为 260mm×185mm 和 297mm×210mm，分别适合包装规格为 16 开纸和 A4 纸的文书档案。要注意的是使用软卷皮的案卷必须放入案盒中，这样有利于档案的保护。硬卷皮的规格分为 280mm×210mm 和 300mm×220mm 两种，厚度分别是 10mm、15mm、20mm 三种。

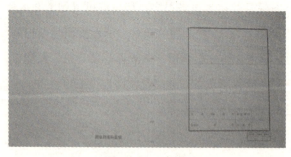

图 9-11　卷皮

案盒也就是通常所说的档案盒，如图 9-12 所示。采用案盒来保管案卷在目前是一种比较好的方法，它能够防光、防尘、减少机械磨损，便于管理且整齐美观。案盒的规格为 310mm×220mm，厚度有 20mm、30mm、40mm 三种。卷盒须有绳带等扣紧装置。

图 9-12 案盒

包装纸适用于一些不适合装订、也不便于用盒装的档案。这些档案可以用比较结实的纸张包装起来，这是保存特殊档案的应急措施，而且这部分档案是不需要经常使用的。包装材料对于纸质文件较为适用，而对于照片档案和磁带声像档案等其他类型的档案则要采取其他相应措施，把它们妥善保管起来。

六、消耗品

消耗品是用于保管工作的易耗低值物品，如防霉防虫药品、吸湿剂、各种表格及管理性的办公用品等。

档案保管的物质条件（装备）是档案保管工作赖以进行的物质基础，但购置配备这些物质装备又受到财力的制约。企业应根据自身工作的需

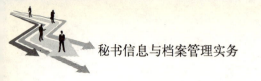

要和现实的经济实力，本着实事求是的态度和合理、有效、实用、节俭的原则进行配置。

第二节　档案库房管理

档案库房管理是档案保管工作的主要体现形式。因为档案绝大部分时间是存放在库房里的，档案的实体秩序状态也主要存在于库房中。档案保管工作的主要内容也大都在库房中进行。对档案库房的保管工作主要包括以下七个方面的内容：

一、装具排列编号

库房内装具的编号方式一般以保管机构或库房房间为单元进行，每一单元内的所有装具按某一排列走向和顺序依次编列号（排号）、柜架号、格层号（箱号），各个号码一般采用阿拉伯数字。

装具在库房中的排放方式应考虑方便管理和充分利用库房空间等因素。一般不宜紧贴墙壁，尤其是不能紧贴有窗户的墙壁。装具每一列的走向应与窗户所在的墙壁垂直，以避免户外光线的直接照射。各列之间的距离不宜过宽或过窄，一般以工作人员能正常工作为宜。

二、进出库制度

库房是保存档案的重要场所，因此必须对进出库房的人员及其进出的方式、时间、要求等进行必要的限制并作出专门的规定。这种专门规定的内容也就是进出库制度的主要内容，有以下四个方面：

（一）一般情况下，库房只允许档案工作人员在工作时间进入。

（二）非档案工作人员原则上不允许进入库房，因工作需要（如维修库房及设备等）必须进入时，也应有档案工作人员陪同并始终相伴。

（三）档案工作人员在库房内不允许从事与库房管理工作无关的活动，更不允许在库房内吸烟、喝水、吃东西。

（四）库房中无人时必须关灯、关窗、断电，并将库房门上锁。

三、"八防"制度

档案保管工作中常说的"八防"，一般是指防火、防水、防潮、防霉、防虫、防光、防尘和防盗。这"八防"基本上囊括了对档案实体可能造成损害的自然因素和人为因素，是库房管理工作的重要内容。做好"八防"工作需要采取一系列防护性措施，并在工作中注意一切与此有关的问题。

（一）防火

要求在装具及照明灯具的选用、其他电器及其线路的安装等方面消除隐患，按消防规定在库房中配备性能良好、数量足够的灭火器材。在条件允许的情况下，安装防火（烟雾）报警器和自动灭火装置。

（二）防水

要求库房所处地势不能过低，库房内及附近不能有水源，库房选址应远离易发洪水的地点，选择较有利的防洪地段。

（三）防潮

防潮的工作与库房温湿度尤其是湿度控制密切相关，在库房湿度过大时应及时进行调整。

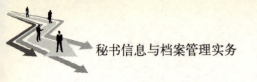
（四）防霉

要求对档案文件进行定期检查并放置防霉药品，发现有霉变迹象应及时通风。

（五）防虫

要求入库时对档案进行灭菌消毒，在库房内定期检查，放置防虫药品，搞好库房卫生，破坏虫子的生存环境。

（六）防光

要求库房尽可能全封闭（即无窗），若有窗户也应尽可能小一些，应安装磨砂玻璃、花纹玻璃或带颜色的玻璃并配置窗帘，尽量遮避户外日光中的紫外线照射。照明灯具应使用白炽灯并加乳白色灯罩，灯泡最好是磨砂灯泡。不允许使用日光灯（荧光灯）作为库房照明灯具。

（七）防尘

要求装具的封闭性良好并须对库房及装具等定期进行清扫擦拭，保持清洁。

（八）防盗

要求库房门窗坚固，进出库房随时锁门，并尽可能安装防盗报警装置。

 情景案例

视点公司行政部经理夏婷接到档案管理员小周的反映，近两年来公司发展迅速，业务增长很快，档案的利用率也大大提高，查阅档案的员工很多。但由于档案室是借用公司废旧仓库改建的，地方狭小，不便查阅，很多人就把资料或档案借走阅读，因而影响了别人的利用。有的资料和档案虽然很快还回来了，却发现有不少地方被折了页角，甚至还留下了勾画的痕迹。听了小周的反映，夏婷感到以上问题比较严重，如不抓紧解决，可能会损坏更多的档案资料。夏婷向总公司领导汇报了情况，并提出了搬迁公司档案室并建立阅档室的建议。但是搬迁到哪里好呢？这时小周又向夏婷建议，把档案库房设在办公楼最顶层、最里面的几个房间。这几个档案库房地处偏僻，有利于档案保密，同时光线很好，每天有六个小时可以直接接触到阳光，工作人员工作也很清静。

夏婷听了小周的建议后，向公司建议把小周从档案室调离。小周怎么也没弄明白为什么提了建议还被调换工作。

四、库房温湿度的控制

库房内的温湿度是直接影响档案自然寿命的环境因素。根据《档案馆温湿度管理暂行规定》，库房温度应在 14℃ ~ 24℃之间，相对湿度应在 45% ~ 60% 之间。为了掌握库房温湿度情况，应配置精确可靠的温湿度测量仪器，随时测量并记录库房温湿度的具体指标状况。

控制和调节库房温湿度的方法主要有：

（一）对库房进行严格封闭。隔绝库房内外温湿度的相互交流，在库房内采用空调或恒温、恒湿技术设备，将库房温湿度人为控制在适宜的指标范围之内。这种方法所需费用较高，目前不是所有档案馆、档案室都有能力做到的。

（二）采用机械性或自然性的措施对库房温湿度进行人工控制。这种方法虽达不到第一种方法的效果，但如果运用得当，也可在一定程度上使库房温湿度得到调整和控制。具体措施有以下三种，可以同时或交叉使用。

1. 使用增温、增湿或降温、降湿等机械设备进行调控，使原有温湿度有所改变。这种方法的运用也需配以适当的封闭性措施方能奏效，如

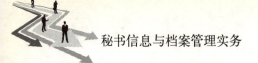

关紧门窗并在其缝隙处加密封条。

2. 利用库房内外温湿度的差别，采用打开门窗或排风、开换气扇等方法进行自然通风，用库房外的自然温湿度来改变调节库房内的温湿度，从而使库房内的温湿度与库房外的自然温湿度渐趋一致和均衡。采用这种方法的局限性很大，一般只能在库房外温湿度比库房内温湿度更接近于适宜温湿度指标时方能进行，而且必须随时把握调整通风的时机、时间、长短、强度等。

3. 采用一些更为简便的人工方法来对库房温湿度进行调整，如在库房地面洒水，放置水盆、湿草垫，挂置湿纱布、麻绳等以适当增湿；在库房中或装具内放置木炭、生石灰、氯化钙、硅胶等物品，以适当降湿。这种方法的效果只能是局部的，并且很有限。

五、档案存放秩序的维护与管理

档案在库房及装具中的存放秩序实际上就是档案实体的管理秩序，即存放秩序是档案实体管理秩序的具体体现形式。因此，维护档案实体秩序的保管工作也就主要体现为对档案存放秩序的日常维护和管理。维护档案的存放秩序是一项十分具体且重要的工作，具体可采取的措施和方法主要有以下几种：

（一）档案存放位置索引（档案存放地点索引）

为了便于保管工作人员切实掌握档案馆（室）档案的存放情况并迅速地取放档案，还必须为排放好的档案作出存放位置的索引。

存放位置索引，按其作用可以分为两种：

第一种，指明档案的存放位置，即以全宗及其各类档案为单位，指出它们的存放地点，如表9-1所示。

表 9—1 档案存放位置索引

案卷目录号	案卷目录名称	目录中案卷起止号数	存放位置					
			楼	层	房间	柜架（列）	柜架	层（格、箱）

第二种，指明各档案库房保存档案的情况，即以档案库房和档案架（柜）为单位，指出它们保存了哪些档案，如表9-2所示。

表 9—2 档案存放位置索引

楼：		层：	房间：				
柜架（列）	柜架	层（格、箱）	存放档案				
			全宗号	全宗名称	案卷目录号	案卷目录名称	起止卷号

上述两种索引，按形式又可分为簿册式和卡片式两种。而第二种存放位置索引还可以采用图表形式，即把每个库房（或楼、层、房间）内档案存放的实际情况绘成示意图。这种图表，可悬挂在相应的库房入口处，以便于保管和调卷人员随时使用。

（二）装具所存档案标识牌

即在每一列、每一件、每一层（格、箱）装具外面的醒目位置设置标牌并标明该列、该柜架、该层（格、箱）中所存放档案的起止档号，以方便检查和调还档案。

(三) 档案代理卡

档案代理卡又称代卷卡、代理卡，它是库房管理人员编制和使用的一种专门指明档案去向的卡片。在档案馆（室）的档案需要暂时借出库外使用时，应填制代卷卡放在被暂时移出的案卷的位置上，这样可以使库房管理人员准确掌握档案流动情况，有利于库房管理人员对档案进行安全检查，如表 9-3 所示。

表 9-3   档案代理卡

全宗号	目录号	案卷号	移出日期	移往何处		库房管理人员签字（移出）	归还日期	库房管理人员签字（收回）
				单位名称	经手人姓名			

六、全宗卷

全宗卷是档案保管工作的一个重要管理工具和手段。全宗卷是档案室在管理所在公司档案全宗的过程中形成的，能够说明该全宗历史情况的各种文件材料所组成的专门案卷。

全宗卷实质上是档案管理活动中所形成的档案，是档案管理活动的原始记录，是围绕全宗的管理活动形成并以一个个全宗为单位组合成的案卷。从这个意义上说，它是全宗的"档案"，又是档案的"档案"，但不是全宗内的档案。因为档案室所管理的档案是由立档单位在其社会活动中形成的，而全宗卷这种档案的"档案"，则是档案室在对其所管全宗的管理活动中形成的。因此，全宗卷在管理上应单独另行存放（按全宗顺序保管）并实施统一管理，不能与全宗混在一起，更不能将其作为全宗内的一个案卷看待。

全宗卷中通常应包括档案交接凭据，立档单位与全宗历史考证，整理工作方案，档案实体分类方案（分类表），移进移出记录及手续（凭据），对全宗进行检查、清点的历次记录及所发现的问题记录，档案受损害、遭破坏的情况记录和实施补救性措施的记录材料，档案销毁清册，等等。总之，凡是在档案管理活动中形成的对全宗状况及全宗历史有原始记录意义的文字、图表等材料均应归入全宗卷中。

七、档案流动过程中的保护

档案在档案馆（室）中并不是永远静止地存放在库房及装具里的，而是处在一种有静有动、动静交替的状态中。造成档案流动的根本原因就是对档案的使用。档案的使用原因虽然很复杂，但大体可归结为两种情况：一是社会各界对档案的利用（要求档案馆、室做好档案的提供利用工作）；二是档案馆（室）出于管理与开发的需要对档案的使用，如整理、鉴定、编制检索工具、缩微复制和编研等。无论是社会性的利用还是内部管理开发性的使用，都必须保证档案实体的有序和完好无损，这就需要做好档案使用过程中的维护与保护工作。

档案使用过程中的保护工作与库房管理工作相比，具有明显的动态性、复杂性、综合性，所用的方法及所需注意的问题、头绪很多。做好这一工作有两条基本途径：

（一）建立严格的管理制度并在工作中严格执行落实

1. 档案使用的登记与交接制度

档案无论出于何种原因被使用，都必须对调卷、还卷及交接行为实行严格的登记与交接手续。

2. 档案使用行为的管理与限制制度

不允许使用者在使用档案时吸烟、喝水、吃东西；不允许在档案上勾画、涂抹，更不允许有撕、损、剪、切等破坏性行为；不允许使用者擅自把档案带离规定的使用场所（办公室、阅览室等）；不允许利用者之间私自交换阅览各自所利用的档案；不允许使用者擅自拍照、抄录、复印；每次使用的档案数量、每批档案的使用时间长短也应有一定的限制。

（二）采用合理有效的管理方法做好档案保护工作

1. 数量与顺序的控制

无论是内部使用还是外部利用，当所需档案数量较大时，可按规定分批定量提供，且应要求使用者在使用和交还时保持档案实体秩序。

2. 对利用行为的现场监督与检查

凡外部利用，在现场应配有档案工作人员实行监督，并随时检查利用者的利用行为，发现问题及时指出并予以纠正。有条件的档案馆可配置闭路电视监控系统。

3. 利用方式及利用场所的限制

利用方式以现场阅览为基本方式；经允许的拍照或复印工作原则上应由档案工作人员承担；利用场所应为集中式的大阅览室，一般不为利用者安排单独的利用房间（单间），以免发生意想不到的问题。

4. 对重要档案的保护性措施

对重要的档案应实施重点保护，比如：严格限制利用；即使提供利用，一般也不提供原件，只提供缩微品或复印件；格外注意监护问题，必要时可责成专人始终陪同进行利用。对重要档案的复制也应比一般档案有更严格的限制和保护性措施。

档案库房管理

1. 任务目标

通过本项目实训，掌握档案库房管理的相关知识。

2. 任务引入

北京万景空调公司是著名的空调企业，公司规模很大，年生产量约八千万台，公司下属员工超过四千名。随着公司业务的不断扩大，预计在2010年公司年生产量将达到九千万台，并将开拓海外市场，公司员工将超过七千名。这就为档案管理工作带来了巨大的工作量。该公司文件控制中心的主要职责是对公司经营过程中形成的文件与档案进行管理。公司共有四个档案库房，都设在四号行政楼三层，四个档案库房中各有十个大型档案柜。如今由于档案的增加，需在301、303库房添加六个档案柜，在302、304库房添加五个档案柜。

请对增加档案柜之后的库房、装具进行编号，并绘制平面图。

3. 任务分析

本实训任务要求学生根据所学的档案库房、装具的管理知识，对所有库房和装具进行编号，并绘制平面图。

4. 任务实施

(1) 熟悉库房、装具管理知识

(2) 编号

(3) 绘图

5. 任务评价

自我评价	
学生互评	
教师评价	

研讨与实践

1. 公司新的办公大楼已经落成，过几天就要乔迁新址，公司各部门都在为此而忙碌，负责档案工作的秘书小王这时应该做什么？

2. 参观学校所在地的档案馆库房，了解库房管理的办法，并熟悉各种档案装具、设备的使用操作方法。

3. 档案流动过程中，如何做好档案的保密工作？

4. 模拟档案借阅和外借时的情景，请学生分组扮演档案管理人员和利用者，处理档案在流动中的问题。

第十章
档案鉴定工作

知识目标

◆了解档案鉴定工作的主要内容

◆熟悉档案保管期限表的类型、结构

◆熟悉档案鉴定的方法、程序

能力目标

◆能够制定档案保管期限表

◆能够根据保管期限表划分档案保管期限

◆能有效鉴定文件、档案的价值

引入案例

　　海潮公司在年末进行文件归档鉴定时，鉴定人员对于一些文件的保存价值产生了不同的看法和争论。有的人认为，直属上级部门是本公司的直接领导，归档应该主要保留上级部门发给本公司的文件，本公司的文件不需要重点保存，下属公司的文件则更没有保存的价值。而有的人则认为，凡是本公司的文件都是重要的，都需要永久保存，外来的文件则可以少保存或不保存。还有的鉴定人员提出，凡是对本公司没有查考利用价值的文件都应剔除，作为准备销毁的文件。为了统一鉴定人员的认识，档案员王洁找来《机关文件材料归档范围和文书档案保管期限规定》等文件和一些资料，供大家在鉴定过程中作为标准掌握。有了文件的指导，鉴定人员对档案价值的判断有了依据，认识得到了统一，圆满地完成了鉴定任务。[①]

第一节　档案鉴定工作

一、档案鉴定工作的内容

档案鉴定主要是对档案真伪和档案价值进行鉴定。对于企业档案工作者而言，鉴定的重心是对档案价值的鉴定，通过一定的标准判断档案价值的大小，从而决定档案保管时间的长短。

档案价值鉴定工作主要是要做好以下三项工作：

第一，制定鉴定档案价值的标准，包括单行规定和档案保管期限表等。标准是档案鉴定工作的基础。

第二，判定档案的价值，确定其保管期限。

第三，挑出本无保存价值和保管期满的档案，按规定的手续进行销毁或作其他处理。

二、档案价值鉴定的原则

从国家和人民的整体利益出发衡量档案的价值是鉴定工作的指导思想，也是评价档案价值的基本准则。无论是行政机关形成的档案，还是各类事业单位、企业、社会团体形成的档案，都是国家发展的各个阶段和层面的历史记录，从长远的眼光来看，是整个国家和全体人民的宝贵财富。因此，在鉴定档案价值时，不能仅从本组织的利益或个人的好恶

---

① 引自：陈祖芬.职业秘书资料与档案管理教程.北京：清华大学出版社，2008

出发评价其价值，而应充分估计和预测档案在整个社会发展过程中的作用。

（一）全面观点原则

鉴定档案价值的标准包括多个方面，在鉴定时要全面分析文件各方面的因素，综合判定档案的价值。特别要注意把握以下三方面的关系：

1. 全面分析文件各个方面的特征

档案文件有多个特征，包括作者、来源、内容、时间、文本、外形、载体等。在判断档案价值时，要结合起来看。

2. 全面把握档案间的联系

各个组织、各项工作中形成的文件之间具有密切的联系，因此，在鉴定档案时，不要孤立地判断单份文件的价值，而应将有关的文件材料联系起来分析，然后再作出判断。

3. 全面预测社会对档案的利用需要

档案不仅对本组织有用，而且对社会也有重要的价值。因此，在鉴定档案价值时，既要考虑本单位的需要，也要考虑社会的需要，切忌只根据某个方面的需求来判定其价值。

（二）历史观点原则

档案是历史的产物，它的形成总是脱离不了一定的历史环境。因此，在鉴定档案价值时，要将档案放到它所形成的历史环境中进行分析，并结合社会现实及未来的需要考察其价值。一旦离开当时的历史条件，就可能对档案的某些历史特征无所意识，甚至难以理解，最终导致档案保管期限判断失误。

（三）发展观点原则

社会对档案的利用需求是随着社会的发展不断变化的。因此，在鉴定档案价值时，既要看到其现实作用，又要看到其长远作用，正确地预

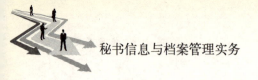

测档案的价值。

（四）效益观点原则

档案价值的鉴定要社会效益和经济效益并重。保存档案需要人、财、物的支持，档案保管期限越长，消耗就越高。效益的观点就是要求鉴定档案时要考虑投入和产出比，只有预计到档案发挥作用的效益能够超过其保管代价时，才判定它具有保存价值。

三、档案价值鉴定的标准

（一）档案属性标准

档案属性标准包括文件来源、内容、形式特征等，它们是从档案自身方面来分析、确定档案价值的标准的。

1. 档案的来源标准

档案的来源是指档案的形成者。企业在鉴定档案时，要注意区分不同的形成者。一般来说，应该重点保存本企业形成的文件，对于外来文件，应该分析来文单位与本公司的关系以及来文内容与本公司业务关系后再作判断。通常，公司下属子公司或是部门来文比其他单位来文更重要，与公司业务、管理活动有关的文件也比较重要。

此外，公司文件的具体撰写者、制发者也是要考虑的因素。公司主要领导、董事会等决策机构，行政部等综合性办公部门，营销、财务、生产等主要业务职能部门形成的文件能够比较直接全面地反映所在公司的生产经营管理全貌，具有较高的保存价值的文件会相对多。

2. 档案的内容标准

档案内容是决定档案价值最重要、最本质的因素。通过内容来鉴定档案就是根据档案所记载的事实、现象、数据、思想、经验、结论等来判断其价值。只要档案的内容能够为工作解决疑难、满足利用者需要就具备了价值。通过内容来判断价值，特别要注意档案内容的重要程度、独特程度和时效程度。

从重要程度来看，一般来说，反映公司经营方针、战略规划、重要经营管理活动事件、主要业务活动的文件比一般性事务活动的文件重要，反映全面情况的文件比反映局部情况的文件重要，反映公司营销、生产等中心工作和基本情况的文件比反映非主要职能活动、日常工作和一般情况的文件重要，反映典型性问题的文件比反映一般性问题的文件重要。对公司生产、管理、财务结算、研发方面具有凭证、查考作用的档案，多具有较高的价值。

从独特方面来看，那些记录、反映公司在生产经营过程中的特点，具有新颖性和典型意义的档案比较具有保存价值，如公司经营特色档案或特色产品档案。鉴定档案时，应注意那些记述公司特殊事件、特殊产品、特殊人物、特殊成果和某些特殊传统的档案以及具有开创意义的新人、新事的档案。

从时效程度来看，文件有效期的长短对档案的价值高低具有一定的影响。公司在生产经营活动中形成的经济合同、协议等文件成为档案后，在有效期及法律规定的时效期内具有约束和凭证价值。有效期过后，有些文件仍具有科学研究、历史研究的价值，而其他一些文件的价值则可能降低甚至消失。因此，在鉴定档案价值时，应该通过分析文件内容的时效性及其变化情况来判定文件价值。

3. 档案的形式标准

档案的形式是指文件的名称、责任者、形成时间、载体形态和记录方式等。在某种情况下，档案的形式也影响其价值。

文件名称表明文件的特定用途和性质，因而能够在一定程度上反映文件的价值。一般来说，命令、指示、决定、决议、条例、公告、纪要、报告等比通知、函件、简报等更具有权威性、指导性、规定性，价值更高。由于我国文秘人员职业化程度较低，很多人员缺乏系统的培训，在实际工作中普遍存在着文种使用错误的情况。因此，不能仅以文件的名称作为判定其价值的依据，还需要结合文件的内容加以分析。

从形成时间来分析，档案的价值是指通过文件产生时间距离现在的远近程度以及所处历史时期的特殊意义来判断档案保管期限的。一般来说，档案产生的时间距离今天越遥远，留存下来的越稀少，其价值就越珍贵，就越值得保护和保存。公司成立之初的相关文件、重大调整、重大变化和发展情况的档案等都具有重要的价值，需要长久保存。

稿本不同，也会影响档案的价值。因为文件不同稿本的行政效能和凭证作用是不一样的。文件的定稿是经组织领导人审核和正式签发程序形成的稿本，是缮印正本文件的依据，具有凭证价值；文件的正本具有标准的公文格式，有文件的生效标识——组织的印章或领导人的签署，是组织工作的依据，具有法定的效用和凭证作用。上述两种稿本可靠性大，其价值相应就较大。文件的草稿或草案是文件形成过程的产物，没有现行效用，可靠性相对于定稿和正本文件要差一些，因此价值也较小。但应该注意的是，某些重要文件的草稿、草案反映了文件修改、丰富、完善的过程，也具有较高的科学研究价值或历史价值。

文件的外观类型是指其制成材料、记录方式、笔迹、图案等，它们的特殊性在一定程度上也影响着档案的价值。比如：有些文件因载体材料的独特、古老、珍稀而具有文物价值，有些文件因出自书法家之手或装帧华美而具有艺术价值，也有些文件因有著名人物的题词、批注、签字而具有纪念价值等。因此，在鉴定档案时，对于外观类型独特的文件要通过具体分析其特殊意义才能判定价值。

（二）社会利用标准

档案保留下来是以备查考的，是满足人们工作、生活、文化研究需要的，因此，社会各方面对档案利用的要求也是判断档案价值大小的重要依据之一。

1. 利用需求方向

利用需求方向是指利用者对档案内容和类型需求的趋向性。不同时期、不同职业、不同目的的利用者，所需档案的内容和类型存在较大差别。对于企业而言，生产过程管理、技术研发、环保管理方面的文件，营销数据、财务报表，人力资源管理中的保险等内容的档案利用需求比较高。文秘人员应该通过加强对现有档案利用状况的统计和研究，结合企业特征总结规律，科学预测利用需求方向，使保存的档案能够满足各方面的需要。

2. 利用面

利用面是指档案利用者的广泛性，这就要求在判定档案保管期限时，一定要以社会广泛的利用面为前提，克服只考虑组织的需要而忽视公民个人需要的片面性。

3. 利用时间

利用时间是指需要利用某具体档案的长久性，也就是在未来多长时间内人们有比较高的可能性需要查阅利用档案。鉴定人员要根据档案利用的长久性来判断档案的保管期限。

第二节　档案保管期限表

档案保管期限表就是用表册的形式列举档案的来源、内容和形式并指明其保管期限的指导性、标准性文件，它是档案机构鉴定档案价值、

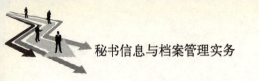

确定档案保管期限的依据。依据档案保管期限表进行鉴定，可在一定程度上避免个人认识的局限性和片面性，提高鉴定工作的质量和效率，防止错误地销毁档案。

一、档案保管期限表的类型

对于企业而言，凡与企业档案鉴定有关或者是对鉴定企业档案有指导作用的保管期限表，都可纳入企业档案保管期限表体系中。按此理解，企业档案保管期限表有以下几种类型：

（一）通用档案保管期限表

通用档案保管期限表是由国家档案行政机关编制的，供各单位鉴定档案使用的档案保管期限表。1987年国家档案局颁发的《文书档案保管期限表》就属于这种类型。其特点是：

1. 概括程度高；

2. 覆盖面广；

3. 具有通用性；

4. 一般可作为制定其他各类单位档案保管期限表的依据和标准。

（二）专门档案保管期限表

专门档案保管期限表是由国家档案行政机关会同有关主管部门编制，供各机关、团体、企业、事业单位鉴定专门档案时使用的档案保管期限表，如1984年财政部和国家档案局联合颁发的《预算会计档案保管期限表》就属于这种类型。该表供国家财政税收机关和使用国家预算的单位鉴定预算会计档案时使用。专门档案保管期限表的特点是：

1. 概括程度适中；

2. 覆盖某些专门领域；

3. 在某些专门领域具有通用性。

（三）同系统档案保管期限表

这是由专业主管机关编制，供同一专业系统内的单位鉴定档案价值时使用的档案保管期限表。这种档案保管期限表须经本部门领导人批准后执行，并报送国家档案局备案，此外还要抄送各省（自治区、直辖市）档案局，如《中国人民解放军文书档案保管期限参考表》就属于此类。其特点是：

1. 概括程度适中；

2. 覆盖面相对较窄；

3. 供同一专业系统内的单位使用。

（四）企业机关档案保管期限表

这是相关单位根据上述三种保管期限表，结合本单位活动的实际情况制定的。它只供本单位专用，是划分本单位档案保管期限的细则。它应当包括本单位可能产生的所有档案，要求详尽、具体、针对性强。这种保管期限表经本单位领导批准之后即可执行，但应上报当地档案行政机关与上级专业机关备案。其特点是：

1. 该表的制定必须以上面几种保管期限表为依据；

2. 条款详尽、具体；

3. 针对性强；

4. 覆盖面最小。

二、档案保管期限表的结构

档案保管期限表一般由顺序号、条款、保管期限、附注以及总的说明等部分组成，其中条款和保管期限是最基本的项目。

（一）顺序号

档案保管期限表的各条款系统排列后，必须在各条款前面统一编顺序号。编号的目的是固定条款的位置，同时可以作为档案鉴定工作人员使用档案保管期限表鉴定档案时引用条款的代号。编号使用层累编号法较为适宜，这样既可以反映条款内容关系，又可以表示顺序。

（二）条款

1. 条款名称

这是一组类型相同的文件的名称或标题。它不是某一具体的档案材料的名称，而是对一类文件名的概括，如"谈判记录""产品鉴定书"等。

每一条款应该代表一组有内在联系的、价值相同的文件。但是有时为了使条款简洁醒目，也可以将具有不同价值而有联系的一组文件写成一个条款，在条款下面分别指出不同的保管期限。

2. 条款排列

保管期限表的条款有分类排列和不分类排列两种。条款的分类，就是将条款按照一定的方法归纳起来，分成不同的类别。

档案保管期限表的条款，一般是按其内容来分类的，也有按照各组文件来源或形式分类的。在每一类别内，也要对条款按重要程度或档案的形成顺序进行排列。

有的档案保管期限表由于条款少或内容不易划分而不设类别。在不分类的档案保管期限表中，条款的排列也要有一定的逻辑顺序，以便查阅，如把文件分成上级、本级、同级、下级的顺序进行排列。

3. 区别依据

这是指区分同一条款文件不同价值的依据。在实际工作中，同一条款的文件常常存在价值的差异，鉴定时必须分别确定它们的保管期限。各类型文件区分的依据不同，有的用重要程度来区分，如"重要的"和"一般的"；有的以单位来区分，如"主管单位""设计单位"等。

要说明的是，虽然同一条款的文件可以有不同的区分依据和相应的保管期限，但它们必须共有一个顺序号，以便查找使用。

（三）保管期限

保管期限是根据各类文件的保存价值确定的保存年限，列于每一条款之后。根据 1987 年 12 月 4 日国家档案局颁发的《国家档案局关于机关档案保管期限的规定》，文书档案的保管期限定为永久、长期和短期三种。其中长期为 16 年～50 年左右，短期为 15 年以下。2006 年 12 月 18 日，国家档案局发布《机关文件材料归档范围和文书档案保管期限规定》（国家档案局令第 8 号），将档案保管期限改为永久、定期两种，定期又分为 30 年和 10 年。

（四）附注

附注是在条款之后对条款及其保管期限所作的必要的注解或说明，比如：一些合同、协议书、借据的保管期限，往往需要从有效期满后算起，可以在保管期限后注明"失效后"的字样。

（五）说明

说明部分主要用来介绍编制和使用档案保管期限表的有关问题。其内容包括制定保管期限表的依据，保管期限表的使用范围，保管期限的计算方法，保管期限表的批准时间、开始使用的日期，使用保管期限表应注意的问题等。

三、档案保管期限表的编制方法

编制档案保管期限表是一项政策性、业务性要求较高的工作，需要认真组织、认真编写。编制人员要结合实际，加强研究，力求编出高质量的档案保管期限表，正确地指导企业档案鉴定工作。

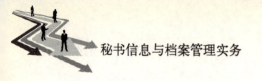

（一）编制要求

1. 符合本单位档案工作的实际情况，内容全面，针对性强

企业档案保管期限表是专供本企业鉴定档案而使用的依据性文件，必须具有很强的可操作性。其内容要包括所有企业经营管理活动中可能产生的全部档案，条款内容要具体，区分依据简明，专指性强。

2. 保管期限档次要清楚，跨度要适当

能够确定具体保管年限的可按年限划分档次。各条款的保管期限应力求准确。内容比较复杂、同一种保管期限难以准确概括的条款，可结合单位实际需要，列举不同的保管期限。

3. 便于查用

档案保管期限表结构要完整，条款排列要有序，应尽可能避免内容交叉重复，文字要简洁、清晰、确切，以便查用。

4. 与上级机关档案保管期限表保持一致

即与通用的、专门的、专业系统的档案保管期限表保持一致。编制本企业档案保管期限表，必须以上述三种保管期限表为依据，各条款的保管期限应与所依据的保管期限表中的相关条款相同，或适当延长，但不可任意缩短。

（二）编制人员

档案保管期限表应由专门的编制小组进行编制，编制人员应挑选具有较高的认识水平、丰富知识和经验的人来担任。企业当中由于档案专业人员缺少，可以灵活采用各种方式组织编写，比如：由文秘人员或是档案人员参照相关单位保管期限表，结合所在公司档案特点来编制，也可以委托专门的档案事务所、档案服务公司来编制。

（三）编制步骤

档案保管期限表编制工作大致分为三个步骤进行：

1. 调查研究

在编制档案保管期限表之前，秘书人员必须广泛、深入地进行调查研究。秘书人员要深入各部门，了解本企业开展的经营管理活动，掌握经营管理活动文件的形成过程、种类和特点，听取有关领导、管理人员、技术人员的情况介绍以及对各种档案的价值认识，全面地把握所在企业的一般情况和文件资料情况。一般情况包括公司的规模、经营的主要业务、组织结构、部门分工、文书处理方式、中心工作和重大事件等。文件情况包括文件的种类、内容、用途、数量和利用情况。调查研究阶段还要注意开展理论学习，认真学习鉴定工作的一些指导性和参考性文件，研讨对公司档案保管期限表的编制起着依据和规范作用的通用档案保管期限表、专门档案保管期限表和专业系统档案保管期限表。

2. 起草草案

（1）在调查研究的基础上，秘书人员可开始设计档案保管期限表的结构体系，研究确定各类文件划分保管期限的原则，然后着手草拟条款。

（2）拟订条款可以采取卡片形式，即首先把条款和保管期限拟写在卡片上。

（3）对卡片进行排列和编号。

（4）最后誊抄或打印在文件用纸上，形成档案保管期限表的草案。

3. 征求意见并修正草案

草案拟订后，打印多份，送交单位内各部门，就其内容的正确性、实践的可操作性等广泛征求意见，秘书人员将意见汇总归纳后，吸收其中合理的内容对草案加以修改，必要时征求意见再修改，或在相关部门试行一段时间，以总结经验。形成定稿后须经单位领导审查批准，并报档案行政管理部门和主管领导机关备案。

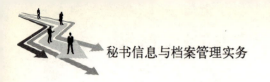

（四）档案保管期限表的修订

档案保管期限表发布后，经过一段时间的检验，人们对表中某些条款的内容和保管期限的认识会有所变化，而且企业的经营实践活动也可能会有所变化或调整。这都需要适时修订档案保管期限表，以适应形势发展的需要。适时修订档案保管期限表，使之符合发展变化了的文件状况和认识水平，这对于提高企业档案鉴定工作的质量具有重要的意义。

**情景案例**

企业综合档案室档案保管期限表

一、文书档案

（一）各类型档案及保管期限

1. 董事会及经理办公会会议记录、会议纪要、会议决议……………永久

2. 党支部、团委、工会、妇工会计划、总结、报告及其会议记录…30年

3. 党团工会等统计年报、名册、登记表………………………………永久

4. 职工代表大会材料……………………………………………………永久

5. 有关企业、人员先进表彰、处分决定材料等　（省级以上先进表
   彰和人员开除、处分材料为永久）……………………………………30年

6. 党团组织介绍信存根…………………………………………………30年

7. 思想政治学习、文明建设等材料……………………………………30年

8. 企业规章制度、规定…………………………………………………永久

9. 工会等部门工作规定、制度…………………………………………30年

10. 企业召开的各类工作会议和专业会议材料…………………………30年

11. 企业编写的大事记、年鉴、企业沿革、年度工作计划、总结等…永久

12. 企业各部门年度总结、计划、考核等材料⋯⋯⋯⋯⋯⋯⋯30 年

13. 企业文书处理、档案、保密工作、保卫工作形成的材料⋯⋯⋯⋯

⋯⋯⋯⋯⋯⋯⋯⋯⋯⋯⋯⋯⋯⋯⋯⋯⋯⋯⋯⋯(重要) 30 年

14. 企业编印的简报、报纸、杂志、图书的定稿和正稿⋯⋯⋯30 年

15. 有关企业升级、申报的省级以上先进材料⋯⋯⋯⋯⋯⋯⋯永久

有关企业升级、申报的省级以下先进材料⋯⋯⋯⋯⋯⋯⋯30 年

16. 企业领导出席重要活动的材料⋯⋯⋯⋯⋯⋯⋯⋯⋯⋯⋯永久

企业领导出席一般活动的材料⋯⋯⋯⋯⋯⋯⋯⋯⋯⋯⋯30 年

17. 企业建立、名称变化、印章启用及各部门设置、撤并，

董事会成员变化、经理任免等材料⋯⋯⋯⋯⋯⋯⋯⋯⋯永久

18. 企业各部门负责人任免、聘用、定级、确定工资及职称评定

等材料 ⋯⋯⋯⋯⋯⋯⋯⋯⋯⋯⋯⋯⋯⋯⋯⋯⋯⋯⋯30 年

19. 企业参加外事活动的材料⋯⋯⋯⋯⋯⋯⋯⋯⋯⋯⋯⋯⋯永久

20. 企业职工教育、培训等材料⋯⋯⋯⋯⋯⋯⋯⋯⋯⋯⋯⋯30 年

21. 企业后勤福利、医疗卫生等材料⋯⋯⋯⋯⋯⋯⋯⋯⋯⋯10 年

22. 企业发展长远规划、年度经营计划⋯⋯⋯⋯⋯⋯⋯⋯⋯永久

23. 企业制定的财务管理规范方面的材料⋯⋯⋯⋯⋯⋯⋯⋯30 年

24. 企业产品市场问卷调查、市场分析等材料⋯⋯⋯⋯⋯⋯30 年

25. 企业与各单位签订的各种协作特许经营书⋯⋯⋯⋯⋯⋯30 年

26. 企业各类专卖、销售方面的统计报表⋯⋯⋯⋯⋯⋯⋯⋯30 年

27. 企业有关经营专类方面的材料、简报⋯⋯⋯⋯⋯⋯⋯⋯10 年

28. 企业制订的生产计划以及实施过程中的记录、安全操作规程

及改进意见⋯⋯⋯⋯⋯⋯⋯⋯⋯⋯⋯⋯⋯⋯⋯⋯⋯⋯30 年

29. 企业有关质量管理的规定、质检报告、质量事故分析⋯⋯30 年

30. 本单位制定的企业标准⋯⋯⋯⋯⋯⋯⋯⋯⋯⋯⋯⋯⋯⋯30 年

31. 企业有关能源、环保、工业、卫生、计量方面的材料⋯⋯⋯30 年

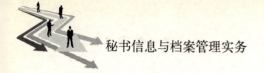
32. 企业各类章程、资产组成资料⋯⋯⋯⋯⋯⋯⋯⋯⋯⋯⋯⋯永久

33. 企业商标注册等材料⋯⋯⋯⋯⋯⋯⋯⋯⋯⋯⋯⋯⋯⋯⋯永久

34. 企业原料标志等材料⋯⋯⋯⋯⋯⋯⋯⋯⋯⋯⋯⋯⋯⋯⋯永久

（二）其他

二、会计档案

（一）会计报表

  年报⋯⋯⋯⋯⋯⋯⋯⋯⋯⋯⋯⋯⋯⋯⋯⋯⋯⋯⋯⋯⋯⋯⋯永久

  季报、月报、日报⋯⋯⋯⋯⋯⋯⋯⋯⋯⋯⋯⋯⋯⋯⋯⋯⋯5年

（二）账册

  现金日记账和银行日记账⋯⋯⋯⋯⋯⋯⋯⋯⋯⋯⋯⋯⋯⋯25年

  总账和各分类明细账⋯⋯⋯⋯⋯⋯⋯⋯⋯⋯⋯⋯⋯⋯⋯⋯15年

（三）会计凭证⋯⋯⋯⋯⋯⋯⋯⋯⋯⋯⋯⋯⋯⋯⋯⋯⋯⋯⋯15年

（四）其他

  工资名册⋯⋯⋯⋯⋯⋯⋯⋯⋯⋯⋯⋯⋯⋯⋯⋯⋯⋯⋯⋯⋯30年

三、科技档案

（一）基建档案

　　本企业基建工程项目的投资计划、设计、施工、竣工及维护、扩建等方面的文字材料和图纸（具体参照基本建设项目文件材料归档范围和保管期限表）。

（二）设备档案

1. 生产设备

　　生产设备的购买合同、购进协议、发票复印件与全套随机文件及开箱记录、安装调试、检查维修记录及改装、报废等材料（随机文件一般有产品说明书、线路图、合格证书、保修单等材料）⋯⋯⋯⋯⋯⋯30年

2. 办公设备

　　主要指用于办公的设备配置，如复印机、电脑、空调、电视等，其主要资料为随机文件⋯⋯⋯⋯⋯⋯⋯⋯⋯⋯⋯⋯⋯⋯⋯⋯⋯⋯⋯10年

3. 其他

主要有车辆等设备档案···10 年

(三) 产品档案

　　各企业可以根据本企业生产的产品按型号或种类细分, 这样所形成的材料也不同, 如服装行业有产品工艺单、产品打样、试制报告等。产品生产前期阶段的研究材料也可归属到相应产品中去, 如波导公司新产品的开发资料可归属到相应手机型号的产品中 (重要产品永久, 次要的为 30 年, 一般的为 10 年)。

(四) 销售档案 (经营档案)

　　主要有客户合同、加工任务单等, 各单位形成材料不甚相同, 可以一户一档 (一般客户的档案为 10 年, 重要客户的档案为 30 年)。

四、特种载体档案

(一) 声像档案

1. 照片···永久

2. 录音、录像带···永久

3. 光盘、软盘···永久

(可以根据内容的重要性划分保管期限)

(二) 实物档案

1. 各种证书证件, 包括荣誉证书、房产证、土地证、法人代码证等, 房产证、土地证为永久, 其他证书证件可以作为 30 年。

2. 锦旗、奖状、奖杯···30 年

3. 各类字画、印章等···30 年

第三节　档案鉴定方法

一、档案鉴定工作程序

　　档案价值鉴定工作通常分三个阶段进行, 涉及组织内部的文书工作

部门、档案部门以及各级各类档案馆。企业档案鉴定工作主要集中在前两个阶段。

（一）归档鉴定

归档鉴定就是企业在归档移交时，根据原先确定的归档范围剔除没有保存价值的文件，交由所在部门作为一般参考资料保存一两年后销毁。这项工作由企业的文书人员或秘书人员承担。

（二）期限鉴定

期限鉴定就是档案工作人员在档案整理工作阶段，对已经按"件"整理好的档案，依照公司制定的档案保管期限表确定档案的具体保管期限。这项工作理应由档案工作人员负责完成，但是假如企业中没有专职的档案员，也有可能由文书人员或秘书人员承担。

（三）复审鉴定

复审鉴定就是对到一定期限的档案进行鉴定，包括移交复审和到期复审。移交复审是指档案室向档案馆移交档案时，档案室人员和档案馆接收人员共同对所移交档案的保管期限进行审查。到期复审是指对于定期保管的档案，在保管期满后对其重新审查，以确定档案是否确实丧失了保存价值，决定是继续保存还是予以淘汰。对于经归档鉴定和价值复审确认为没有保存价值的档案，应按照规定的手续和方法予以销毁。这项工作通常由档案部门承担。

二、档案鉴定的方法

鉴定档案的基本方法，就是直接、具体地审查档案。鉴定人员应直接、具体地审阅每个案卷的内容，重要的案卷应逐件、逐页地审阅每份文件的内容，以准确判定档案的价值，决定档案是否能够接收进馆，是否继续保存、销毁、开放、解密以及划分控制使用。

（一）优点

1. 便于准确地判断文件是否具有保存价值；

2. 能知道文件的具体内容和载体的质量，得出质量鉴定结论；

3. 有利于作出限制使用的决定或者解除密级的确定结论。

（二）缺点

1. 档案数量多，鉴定工作量很大；

2. 鉴定工作任务重，会影响后续工作的开展。

三、档案鉴定的步骤

（一）个人初步鉴定

鉴定小组的成员进行分工，根据实际情况审阅档案，进行定性分析，提出鉴定意见，并将其填写在档案鉴定卡片上，如表 10-1 所示。

表 10-1　档案鉴定卡

全宗名称		类别		数量	
档号		归档时间		原保管期限	
鉴定意见	鉴定人：　　　　鉴定时间：				
鉴定小组意见	鉴定小组组长：　　　　鉴定时间：				
备注					

鉴定卡中的各项，以鉴定人的意见最为重要，它是价值判定的依据和初步结论。鉴定意见主要包括档案形成情况、利用情况的分析与预测，其他与鉴定结论有关的情况，关于案卷的保管期限和存毁的具体意见等。

（二）集体审查

在个人初步鉴定的基础上，召集鉴定小组全体成员，进行集体讨论，形成集体的鉴定意见，由鉴定小组负责人将意见填入鉴定卡片。

集体审查一般只就鉴定卡片的内容进行分析讨论，有不同意见或遇到不明确的问题时，才需要调出案卷进行直接鉴定。

四、鉴定后的处理工作

经过鉴定，对那些确已失去保存价值的档案，可以着手销毁。为保证鉴定工作的严肃性，销毁工作必须严格按有关程序进行。

（一）编制销毁清册

档案经过鉴定、复核，确已失去保存价值的部分，就可以编制销毁清册，办理报批手续。档案销毁清册由封面和内页组成，内页如表10-2所示。

表 10-2　档案销毁清册内页

序号	档号	名称	数量		鉴定卡片编号	备注
			卷	张		

（二）剔除、销毁档案

对于已获批准销毁的档案，由秘书或相关档案管理人员销毁。至于具体的销毁方式，应根据单位的性质以及档案的保密程度，采取适当的措施，如表 10-3 所示。

表 10-3 档案销毁方式

密级	处理方式
绝密文件	就地销毁，两人监销
秘密文件	就地销毁，一人监销
普通文件	销毁、回收或移交

（三）善后处理工作

档案鉴定销毁后，通常要做好以下工作：

1. 注销

将销毁的档案从登记簿上勾掉，并从有关的检索工具中注明或撤销相应的条目或卡片。

2. 变更

凡是鉴定中调整档案保管期限的，应对有关的管理工具作相应的改正。

3. 调整案卷

案卷内有部分销毁的，应该对案卷进行调整或重新组合。

4. 调整排架

对现有档案的排架情况进行相应的调整。

5. 整理鉴定工作文件

将鉴定工作文件按其编号排列，装订成册，与鉴定工作中形成的其他文件，包括鉴定报告、销毁清册、保管期限表等一起组成鉴定工作案卷妥善保存。

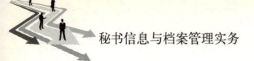

五、在鉴定工作中需要注意的问题

（一）应当以全国统一规定的鉴定原则和标准作为依据，不能自行其是。

（二）应当考虑各方面的作用。主要应当考虑凭证作用和参考作用、正面作用和反面作用、内容作用和形式作用。

（三）对重要设备的档案和基建档案应当由使用设备和建筑物的机关档案部门保存复制件，原件移交到档案馆保存。

（四）宽严问题："宽"指鉴定的标准放宽，多保存一些；"严"指标准严格一些，少保存一些。

档案鉴定

1. 任务目标

通过本项目实训，能够根据档案保管期限表确定档案保管期限，具备完成档案鉴定工作的初步技能。

2. 任务引入

根据档案保管期限表，判断第七章项目任务所确定的需要归档的文书的保管期限。

3. 任务分析

本实训任务要求学生根据所学保管期限表的知识，正确判断档案保管期限。学生必须熟悉档案保管期限表，并且能基本理解期限表相关条目的内涵。

4. 任务实施

（1）成立鉴定小组

把学生分成若干个团队，成立鉴定工作小组，每组以 2 人～4 人为宜，确定组长。

（2）确定档案保管期限表

要求学生从网络搜索或是自已制定档案保管期限表。

（3）个人初步鉴定

（4）小组鉴定

（5）制作销毁清册

5. 任务评价

自我评价	
学生互评	
教师评价	

研讨与实践

1. 小杨是某公司经理的秘书，平时也负责该公司的档案管理工作。在一次档案鉴定过程中，她发现一份关于一位已辞职的员工的奖励文件，

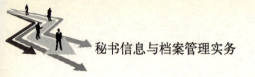

小杨当时想，反正那个人已经不在公司干了，这份文件自然也没用了。于是，她把那份文件用碎纸机碎掉了。过了三个月，那位辞职的员工来索要这份文件，小杨却没有办法拿出来。请问小杨的做法存在什么错误，如何改正。

2. 为什么要进行档案的销毁？销毁档案时为什么要有一定的程序？

3. 在档案鉴定过程中，对于那些一时难以作出最终结论的文件，应采取什么办法处理？

4. 谈谈你对档案价值鉴定应遵循的原则的理解。

第十一章
档案提供利用工作

知识目标
◆熟悉档案提供利用的方法
◆了解档案资源检索程序，熟悉常用检索工具的编制方法
◆熟悉档案开发的主要途径

能力目标
◆能够选择正确的方法提供档案利用服务
◆能够编制各类档案检索工具并实施检索
◆能够对档案资源进行初步开发利用

引入案例

　　博雅集团准备申报国家一级建造资质企业，总经理秘书夏婷受命起草申报材料。为了写好申报材料，夏婷来到公司档案室，要档案员小李把这几年反映公司建筑业绩的档案找出来，还有去年国家建设部的主要领导人来本集团视察工作的录像资料原件等，都要借去作参考，而且可能要过较长一段时间才能归还。

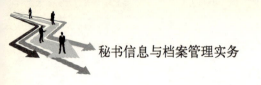

小李热情地接待了夏秘书，问明来意后，却对夏秘书表示歉意：虽然这些档案库房里都有，但是现在不能借给您。面对夏秘书，小李不卑不亢，有理有节，把个中理由娓娓道来……

第一节　档案资源提供利用

档案的提供利用工作也称档案信息的开发利用工作，它是指通过一定的方式和方法尽可能地开发档案信息，直接向有关单位和人员提供信息服务。档案的利用是档案工作的目的，也是档案工作的出发点。

值得注意的是，"档案提供利用"和"利用档案"是两个完全不同的概念。虽然两者都是对档案信息的开发利用，但是利用档案是指利用者为了研究和解决各种问题来档案室使用档案，其主体是利用者；档案提供利用是指档案管理部门为了满足开发利用需要向利用者提供档案材料的服务工作，其主体是档案工作者。

直接利用工作是档案提供利用工作的主要途径，它的方法很多，常见的有以下几种：

一、阅览服务

阅览服务是指企业档案部门根据自身条件和利用需要，设立专门的档案阅览室，供利用者查阅利用档案。通过阅览服务，档案工作人员能为利用者直接提供所需的档案材料，解答各种询问，迅速、准确地满足利用者的需求。

阅览服务的优点很多：一是档案材料只能在阅览室周转，用后能及时收回，所以有利于提高档案利用率，充分发挥档案的作用；二是档案工作人员可以在现场进行宣传和控制，减少档案原件在利用中的损耗；

三是阅览室提供的各种设施，如复印机、传真机、多媒体设备、缩微阅读设备等，能为利用者查阅档案提供便利。

档案阅览服务可分为封闭式阅览和开架式阅览两种形式。无论采用哪一种形式，都要求档案部门为利用者提供一个明亮、宽敞、舒适、安静的场所，配备一定数量的阅览桌椅、存物架、目录柜等设施，还可以配备必要的检索工具、参考资料。同时，还必须建立完善的阅览制度，如阅览室接待对象规定，入室手续，档案材料的借阅范围、批注权限，档案登记和归还时的交接手续，利用者利用档案须知，阅览室开放时间等。

经验分享

> 就一个企业而言，可供阅览的档案资料有：常用的政策规定、条例、制度等，政府颁布的出版物，行业和协会的资料，各种年鉴，员工阅览权限内的客户资料，各种业务图书、手册，商业应用文文集，市内餐厅、宾馆、会展场地、交通资料，剪报，名录，大事记，本单位人员通讯录等属于企业共用的资料。
>
> 需要注意的是，可供阅览的档案是企业非密档案。通常科技档案、人事档案、会计档案等专门档案必须征得领导同意后方可查阅。

二、外借服务

档案外借服务是将档案原件借出档案部门使用的一种利用方式。

外借服务虽然是实际工作中常见的一种利用方式，但档案借出以后，各借阅部门或人员对档案的价值、保护的方法认识不一，保管条件有限，往往容易给档案完整与安全带来不利影响。按有关规定，档案一般不宜外借，如因工作需要必须外借时，要根据严格的借阅制度办理借阅手续。凡借阅的单位和个人，必须保证档案的齐全与完整，不得擅自拆散或是变更次序，不得转借、转抄、损坏、遗失、自行摄影、复印，并且必须按期归还。档案外借有两种情况：一是内部借阅，即在本单位内部借阅；二是外部借阅，即把档案借出本单位使用。内部借阅应该建立起规范的借阅制度，包括借阅证制度、代卷卡制度、借阅审批制度、催还和续借制度。对于外部借阅，档案部门更应该加强管理和控制，利用者须持单位介绍信及本人身份证明，明确提出借阅档案的目的、内容、数量、使用范围、使用时间，在本单位领导批准后方可借阅。

三、复制服务

随着办公自动化程度的不断提高和各种现代办公工具的普及，特别是照相、复印技术以及电脑文字处理技术的推广运用，档案复制服务已经逐渐成为档案利用的主要方式。

档案复制服务的优点很多：首先，这种服务方式能最大限度地提高档案的利用效率，因为一份档案文件一次可以复制若干份，能同时满足不同利用者的需要，这就在很大程度上解决了因档案副本少而周转不灵的实际问题。其次，复制服务成本低、效果好，虽然档案复制需要一定的成本，但与档案原件的价值相比，这种方式仍是低成本的，而且由于复制技术的完善，复制效果也越来越好，用途也越来越大。最后，复制服务有利于保护档案原件的物质和政治安全，避免档案原件在利用中的损坏。

档案复制的方法很多，有静电复印、缩微复制、传真、打印、照相、拷贝等。在具体方式上还可以根据利用档案的不同用途和不同利用范围，采用原件副本、档案摘录两种形式。所谓原件副本，是指反映档案原件全貌的复制本。所谓档案摘录，是指仅反映档案原件某一些部分的复制本。提供复制服务一般先由利用者提出要求，说明复制档案的内容、数量、方式、用途，对于某些重要文件的复制要经过有关部门或是领导的批准。

 经验分享

各种档案原件翻拍过程中常见问题的处理

1. 钢印

原件载体上的钢印，是以立体的凹凸来体现的。拍摄时可采用侧光照明的方法，用纸板等物品挡住相机一侧的全部或部分光线，将两侧均等的照明度变为一侧的侧光照明，并适当增加曝光量，就可获得满意效果。

2. 印章与落款重叠

印章与落款重叠，多是红色印记压在蓝色或黑色文字上。正常拍摄时印记与文字影像反差小，有时难以分辨。这时可采用镜头前加滤色镜的方法进行。利用滤色镜改变它们的反差，突出其中的一项。但应注意，滤色镜深浅要合适，只能减弱而不是滤除其中的一项，否则将丢失原件中的一些信息。

3. 正面字迹消退而背面字迹尚存的文件

复写纸打印、复写的文件，正面的字迹消退而背面的字迹尚存时，可采用下列办法拍摄：

（1）使用有底灯的摄影机。打开底灯，用透射光照明，提高反差。

（2）在原件背面衬上与底色相同色彩的纸（如白纸），提高反差。

（3）先拍原件正面，再拍背面，加上拍摄说明。

（4）在原件下放置平面镜，利用镜面的反射加大反差。

4. 黑白不太分明的原件

翻拍黑白不太分明的原件时，可以在阳光下用前侧光，曝光量要略不足，显影时间要延长，用反差大的低感光度胶卷拍摄。

5. 照片的翻拍

（1）光面照片的翻拍：照片应平坦，不卷曲，为防止反光应采用 45°光。

（2）绸纹绒面和珠面照片的翻拍：这些照片表面都有纹路或颗粒，为避免拍照时影像粗糙，可以用乳白灯泡照明或用松节油和蓖麻油按 1：1 的比例配成油液，均匀地涂在照片上，然后再翻拍，事后可用酒精或汽油擦掉油液。

（3）变色照片的翻拍：使用全色胶片，也可用色盲片或分色片，加滤色镜。

6. 消除原件污迹的方法

加用滤色镜。

7. 中国画的翻拍

中国画一般都是在无反光的宣纸上，而且画幅尺寸较大，可采用下列方法：

（1）在面对窗户的平整的墙上，先衬一张大白纸，然后把画平直地钉（挂）在纸上；

（2）在室内散射顺光拍，但光线必须要均匀；

（3）若光线亮度不够，可用万次闪光灯辅助拍摄（闪光速度高，不至于损坏画）；

（4）为了丰富照片层次，应采用全色片；

（5）曝光要充足。

四、咨询服务

档案咨询服务是指档案部门或档案人员以室藏档案为根据，通过口头（包括电话）或书面形式，向利用者提供档案，解答利用者提出的有关档案专业知识、档案利用手续、各种档案规章制度、档案检索途径等方面的问题。开展咨询服务，既是一种直接为利用者服务的途径，又是一种宣传档案工作、传播档案知识的极好方法。对咨询可以通过口头解答的方式满足利用者的需求，也可以采用出具档案证明的方式提供服务。

档案咨询服务的工作程序一般可以分为接受咨询、咨询分析、查找档案、答复咨询和建立咨询档案等几个步骤。这项工作对相关工作人员有着较高的要求，不仅需要有强烈的责任心和良好的服务态度，而且还必须十分熟悉本单位保存档案的情况，同时还要有较强的综合分析能力和口头表达能力。

五、电子化服务

档案电子化服务是在计算机技术迅猛发展的形势下兴起的一种档案的新型利用方式。它是指档案部门利用电子化办公设备和现代通信技术，向利用者提供非纸质载体的数字化档案。由于办公自动化的进一步扩展和深化，特别是电子计算机和通信技术相结合形成了信息技术产业，过去的文字、图表、图形、影像、科技文件材料等各种档案形式都可以采用电子档案的形式进行处理和利用。同时，在国家的倡导下，政府各部门、各企事业单位在开展网络办公、电子办公的过程中形成了大量电子文件，随着这类档案在各级档案部门中的增多，电子化服务将会在今后得到越来越广泛的运用。

实现档案信息开发利用的电子化具有诸多优势：首先，能将文字、声音、图像结合起来，向利用者提供多媒体信息；其次，能使利用工作变得方便高效，电子化服务通过多媒体技术的超文本技术，可将计算机存储、表现信息的能力与人脑筛选信息的能力结合在一起，提高检索效率；最后，能够提供超时空、全方位的信息服务。

第二节　档案资源检索

　　档案资源检索是对档案各类信息进行系统存储和查检的工作。它是开展提供利用工作的基本手段，是开发档案信息资源的必要条件。档案的检索工作，是为了解决庞大的基本整理体系和利用者特定需要之间的矛盾而产生和存在的。为了更好地发挥现有档案的作用，秘书人员必须从利用者的角度出发，将档案的一些特征标识出来，存储在一定的检索工具中，满足不同利用者的需要，这就是档案的检索工作。

一、档案检索工作的过程

　　档案检索工作包括档案信息存储和查检两个具体过程。信息存储是指将档案中具有检索意义的特征标识出来，加以编排，形成检索工具和信息数据库的过程；查检是指利用检索工具查找所需档案的过程。档案信息的存储和查检这两部分内容是密切联系、不可分割的，存储是查检的前提，查检是存储的目的。

　　（一）存储阶段

　　1. 著录标引

　　著录标引是指将档案信息的内容和形式特征用可以识别的规范化的检索语言反映出来的工作。在对内容特征进行标引时，需要将其主题概念借助检索语言（分类表、主题词表）转换成规范化的检索标识。这项内容是档案馆检索工作的重要内容，但在一般组织中，由于秘书人员时间、精力有限，这项工作中所涉及的著录项目体现在检索工具中即可。

2. 编制检索工具

即对著录标引后形成的条目加以系统排列，组成各种检索工具，或输入计算机，建立计算机检索数据库。各种检索工具共同组成检索工具体系，它是著录标引的体现，也是查找利用的基础。

（二）查检阶段

1. 确定查找内容

即对利用者的检索要求进行分析，确定利用者所需信息的实质内容，形成概念，并将这些概念借助检索语言转换成规范化的检索标识。在计算机检索中，还应按实际需求把这些检索标识之间的逻辑关系表达出来，形成检索表达式。从确定利用主题到形成检索表达式的这一段工作也称为编制检索策略。

2. 查找

即工作者通过各种手段把表示利用需求的检索标识或检索表达式与存储在手工检索工具或计算机数据库中的标识进行相符性比较，将符合利用要求的条目查找出来。在手工检索中，相符性比较是由人工进行的，在机检过程中则由计算机担负二者间的匹配工作。

二、常用检索工具的编制

档案资源常用检索工具包括目录、索引和指南。

（一）目录的编制

目录是组织中最常用的检索工具。上司或员工需要查阅档案时，常常是有意向的，这时查阅目录是最便捷的。组织中可以编制的资料和档案目录主要有四种。

1. 归档文件目录

归档文件目录是为组织中归档文件编制的目录，本书的第八章已有介绍，此处不赘述。

2. 档案分类目录

分类目录又称为分类卡片目录。它是将文件或案卷的内容和形式特征著录在卡片上，然后打破全宗界限和全宗分类系统，按照逻辑体例分类排列的一种综合性的检索工具。分类目录的主要特点是揭示全部馆藏档案的内容和成分，具有较强的族性检索功能。

编制卡片式分类目录的基本步骤如下：

（1）填制卡片

这是编制任何一种卡片式目录都必须做的第一步工作。制卡时应根据国家标准《中国档案分类法》和《档案著录规则》的有关规定和档案标引的有关要求进行，可采用一文一卡、一卷一卡、多文一卡等多种形式。由于分类目录是以分类号为排检项的，在编制分类目录填写卡片时，特别要注意分类标引的准确性。当一件（卷）档案需标引多个分类号时，应对该档案分别填写多张卡片。

（2）排列

卡片填好后需要对其进行系统排列，排列方式应以《中国档案分类法》为准。一方面，不同历史时期的档案应分别排列，因为《中国档案分类法》本身就分为中华人民共和国档案分类表、新民主主义档案分类表、中华民国档案分类表、明清档案分类表等，所以对组织分类目录进行排列时，也应将这几种档案分别构成分类体系。另一方面，一个档案馆（室）中同一时期、不同种类的档案应统一排列，构成统一的分类体系，因为《中国档案分类法》的每个分类表中均包括各种档案的类目设置，尤其是中华人民共和国档案分类表中的类目囊括了新中国成立后各种门类的档案内容，因此，同一时期、不同种类的档案不能分别排列。

排列时应按分类号的顺序逐级集中卡片，具体来说，先按字母顺序排列，同一字母的卡片集中排放在一起，然后再按阿拉伯数字的大小排列，类目排列顺序应与分类表相一致。在同一类目内，卡片的排列顺序可根据档案以及利用特点采用不同的做法，但在一个档案馆内应保持统一。常见的排列标准有年度、发文级别、责任者、时间、地区和全宗等。

（3）安放导卡

档案馆（室）把全部分类卡片排列在一起，数量是很大的，为了便于查阅，需要在卡片盒中安放导卡。导卡也称指引卡，是一种上端带有耳状凸出处的卡片，使用时在凸出处标明各类目的分类号和类目名称，以便于检索者迅速准确地查到所需的档案卡片。

导卡安放的位置应根据各类目卡片数量的多少、卡片内容的重要程度等灵活掌握。一般情况下，每个卡片盒中应安放一张概括反映全盒卡片内容的综合导卡，标明盒中全部卡片的1级～2级类目号码及名称，安放于全盒卡片之首。在盒中间，可为每一类目安放一张指引卡，如果每一类目下档案数量过少，可将几个同位类合并设指引卡，或只设上位类指引卡。导卡的一般格式是，在凸出处标明类号及类目名称，并在导卡上注明该类直接下位类类号及类目名称，从而起到指引查检的作用。

3. 档案主题目录

主题目录是将文件或案卷的主题词按字顺排列而形成的一种检索工具。主题目录的编制必须以《中国档案主题词表》为依据，手工检索的主题目录大多以卡片形式编制。主题卡片目录的编制步骤是：

（1）编制条目

一般是一文一卡，将该文件的主题词按一定的顺序著录在卡片上，

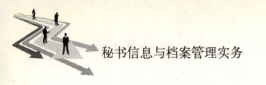

形成一个条目。如果两份文件有两个主题，就需填写两张卡片。

（2）排列

主题卡片目录是按照字顺排列的，字顺包括汉语拼音、部首、笔画等。

4. 档案专题目录

档案专题目录一般都采用卡片的形式，所以又称为档案专题卡片目录。它是系统地揭示档案馆（室）内关于某一专题档案的内容和成分的一种检索工具。

专题卡片目录的编制步骤是：

（1）选题

选题是编制专题目录的关键。实践表明，之所以有的专题目录利用频率较高，有的则无人问津，关键就在于选择什么样的专题。总的来讲，选题要遵循两个原则：一是不能选择与分类类目重复的问题，凡已作为分类类目列出的，不宜再编相同的专题目录。如分类表中已设档案事业类，就不必再编有关档案事业的专题目录，以避免重复。二是选择能够反映馆藏档案特色并具有一定研究意义的专题，有特色的档案往往是利用者需要作为专题研究的，这样的专题一般比较受利用者的欢迎，具有较高的利用率。

（2）选材

由于专题目录的范围涉及许多全宗，在编制目录时，首先要依据各种目录和参考资料列出需要挑选材料的全宗、类目等范围。其次，根据这一名单逐一查阅文件，筛选材料。选择的次序是先从材料最多的全宗或类目入手，然后过渡到比较分散的全宗或类目。选材可分为粗选和精选两个步骤。粗选的范围应尽量广泛一些，避免遗漏，然后在此基础上精选，通过对有关材料的分析、对比，找出最合适的专题材料。

（3）填卡

将选择好的材料填入卡片，可以一文一卡、一卷一卡、多文（卷）一卡。在一个专题目录中，这三种形式常常交叉使用，主要视文件内容而定，内容相同或相近的文件可填在一张卡片上。

（4）排列

专题目录也存在着分类和类内文件排列的问题。专题目录视其内容可采用问题、时间、地区等标准分类。无论采用何种分类标准，都应以符合本专题特点、进一步深化题目为原则。例如：关于某一历史事件的专题，如果这一事件表现出明显的阶段性和延续性，可考虑采用时间的标准；如果事件涉及面较广，可采用问题的标准。类内文件的排列可以按时间、级别、文件的重要程度等排列，如采用上级—本级—下级、指示性文件—事务性文件、综合性文件—具体性文件等方式。

（二）索引的编制

编制索引是为了迅速找到档案中关于某人、某机构、某地等事物的情况描述。一个秘书首先应当熟悉可用于自己组织的特殊的索引编制的方法。管理者应该向秘书介绍过去这个部门已经建立的、适用于所有重要索引编制方法种类的指导思想。秘书要始终遵循这些指导思想，将资料和档案的错置或遗失情况降到最低程度，并在需要时做到迅速无误地提取。

组织中的档案索引可以分别编制，也可以合并编制。索引可以按个人的名称编制，也可以按企业的名称编制，还可以按政府或政治派别编制。无论采用哪种方法，都要注意一条相同的原则：决定一个最重要的分类标准，并把它作为根本划分依据。

以下介绍的资料与档案索引的编制方法，除了文号索引外，其他索引都可以通用。

1. 文号索引

文号索引是揭示档案的文号和档号之间对应关系的一种检索工具，它提供了一条按文号检索档案的途径，只适用于对有文号的档案的查检。文号索引一般采用表格形式，所以通常称之为文号、档号对照表，也有的档案室以文号为检索项，设置较为全面的项目，形成文号目录。

文号索引应按年度、发文机关分别编制，即将同一年度、同一发文机关的文件编一张表，然后将所有的表装订成册，这样便成为一个档案馆（室）的文号索引。文号索引的格式不限，有的机关利用发文登记簿在备注栏中注明档号作为文号索引使用，也有的机关另行设计专用的表格，较常见的有号码对应式和位置对应式两种。号码对应式是将文号一一列出，然后在与该文号对应的空格中填写该份文件的档号，具体格式如表 11-1 所示。

表 11-1　文号索引格式（号码对应式）

00		10		20		30		40		50		60		70		80		90	
01		11		21		31		41		51		61		71		81		91	
02		12		22		32		42		52		62		72		82		92	
03		13		23		33		43		53		63		73		83		93	
04		14		24		34		44		54		64		74		84		94	
05		15		25		35		45		55		65		75		85		95	
06		16		26		36		46		56		66		76		86		96	
07		17		27		37		47		57		67		77		87		97	
08		18		28		38		48		58		68		78		88		98	
09		19		29		39		49		59		69		79		89		99	

表内每页有 100 格，代表 100 件发文，固定数字代表发文号，如 01 代表 1 号发文，99 号代表 99 号发文等。满 100 时即在"00"号前注上"1"，满 200 号时，则在"00"前注上"2"。这样，1 号～99 号在第 1 页，100 号～199 号在第 2 页，依此类推，每满 100 号就增加 1 页。同时，在发文号旁边的空白格内填写该文件的档号即可。

位置对应式是在制表时并不一一列出文号，而是用一定的格式确定每一发文号在表格中的位置，然后在该位置上直接填写该份文件的档号。

2. 人名索引

人名索引是揭示资料或档案中所涉及的人物并指明出处的一种检索工具。利用者借助人名索引，可以查到记载某一人物的材料。

人名索引包括人名和资料号（或档号）两部分，即把人名引向所在资料的号码或档案的档号，利用者通过索引的指引，可以查到记载某一人物的材料。

人名索引可以分为综合性和专题性两种。综合性人名索引是将所藏资料或档案中涉及的全部人名编成索引；专题性人名索引是根据所列专题的范围，如任免、奖励、处分等对涉及该专题的人名编制索引。综合性人名索引具有全面、系统的功效，但是这种有名必录的做法有时效果并不理想。原因在于：一方面，资料或档案中提到的人名并非都具有检索意义，如档案中常常有人员名册，名册中列出的人并非日后都需要检索的；另一方面，由于所藏全部资料或档案涉及的人员数量极多，这就必然造成综合性人名索引编制的工作量加大。一般情况下，以编制专题性人名索引为宜，即选择若干比较常用的利用角度作为专题进行编制。实践证明，查找人物资料或档案的范围是有规律的，一般情况下，专题人名索引可以满足大多数人的利用需求。当然，对于某些内容特殊的档

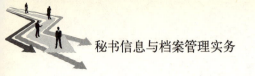

案，如外事档案、人事档案、诉讼档案等，由于涉及的人名大多具有检索意义，可考虑编制综合性人名索引。

人名索引的排列，可采用笔数法，即以姓氏笔画为序；还可采用笔形法，即按汉字的起笔形状将汉字分为几大类，然后按笔形排列；也可采用音序法，即按汉语拼音的字母顺序排列。

3. 单位名称索引

企事业单位名称索引包括企事业单位名称和资料号（或档号）两部分，即把企事业单位名称引向所在资料号码或档案的档号。利用者通过索引的指引，可以查到记载该企事业单位的材料，其编制方法与人名索引一致。需要注意的是，所编制的企事业单位名称要用全称或通用的简称。如果碰到一个组织有两个不同的名称，就根据最常用的名称编制索引，另一名称登记在"相互参照条目"中。

4. 按政府和政治名称编制索引

在为政府信件编制索引时，首先要抽取最重要的词。先按国家，然后再按部门、局或委员会的名称归档。如果是省或者城市，也用同样的方法，在省、市之后是这一级政府中相应的部门、局或其他更小的机构的名称。

5. 地名索引

地名索引是揭示资料和档案中所涉及的地名并指明出处的一种检索工具。有时候领导或员工往往需要反映某一地区各方面情况的资料或档案材料，地名索引可较好地满足这一类的利用需求，从地区角度提供较为全面的资料或档案线索。

资料或档案中涉及的地名有两种情况：一种是资料或档案形成者所在的地区，另一种是资料或档案内容所涉及的地区。大多数资料或档案中二者是一致的，即某组织形成的资料或档案反映的正是本地区、本组织的情况，但有时也不一致，如某组织形成的资料或档案涉及下属地区或其他地区的情况。对于二者一致的资料或档案，由于其地名特征可以从立档单位的名称中反映出来，一般可不必编制地名索引，而对于二者不一致的资料或档案，则需要通过地名索引指出资料或档案材料的线索。也就是说，地名索引主要揭示其他地区组织涉及某一地区情况的资料或档案材料，如 A 地区资料中涉及对 B 地区自然条件的分析。通常，一个组织的活动区间只限于本地的，可以不编制地名索引，而如果组织的活动跨省或跨国，资料与档案内容涉及的地区范围较大，就可以对有关部分编制地名索引。

地名索引包括地名和资料号码（或档号）两部分，利用者通过该索引可以查到记载某一地区情况的档案。地名索引一般按照地名首字的字顺排列。

（三）指南的编制

1. 全宗指南

全宗指南是以文章叙述的形式介绍和揭示档案馆（室）所保存的某一个全宗档案内容、成分及其意义的一种工具。本书第五章第三节有详细介绍，在此不再赘述。

2. 专题指南

专题指南是介绍报道档案馆（室）中反映某一特定题目档案的工具书，又称专题介绍。它是利用者从专题角度利用档案的一种实用的参考资料。专题指南与专题目录所揭示的档案范围是相同的，但二者的功能却不尽相同。专题目录主要供查检档案之用，宣传、报道功能较差，而专题指南主要用于综合介绍报道有关档案的情况，不记录档案的检索标识，因而不能作为查检档案的工具。

编写专题指南可在专题目录的基础上进行，这样既便于编写，也便

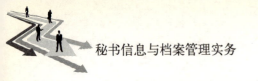

于利用者将二者结合起来使用。专题指南的选题原则与专题目录相同。专题指南的基本结构可由以下三部分组成：

(1) 序言

对该题目的意义、选材范围、档案价值以及编写方法作概括说明。

(2) 档案内容介绍

这是专题指南的主体部分。以专题目录为基础编写的指南，可按照专题目录中划分的类别分别介绍。介绍时可采用简要介绍、详细介绍以及重点介绍与全面介绍相结合等方法，可介绍档案的来源、内容、起止时间、价值等方面的情况。

(3) 附录

可将专题指南材料来源的全宗名单、人名、地名索引等加以编排，以便利用者使用。

第三节　档案资源开发

档案资源开发，是指将档案信息中蕴藏的有效信息开发出来，积极地提供给单位各方面。档案资源开发的途径和方式很多，最常见的是编写档案参考资料。档案参考资料是档案部门或人员依据一定题目，根据所存档案综合而成的一种可供参考的材料加工品。档案参考资料的优点是利用者不必翻阅大批档案，就可以简明地得到所需的材料。

编写档案参考资料是档案间接利用工作的重点。常用参考资料可以分为两种：一种是档案文献报道型资料，包括全宗介绍、专题指南、档案文摘等；另一种是档案文献撰述型资料，包括大事记、组织沿革等。

一、全宗介绍

全宗介绍，又称全宗指南，以叙述的形式介绍某一立档单位及其档案的内容和成分等情况的材料，是向利用者介绍和报道全宗构成者（立档单位）及其形成档案情况的工具书。

编写全宗介绍可以为利用者检索档案提供基本线索，为实际利用全宗中的具体案卷、文件提供基本背景材料。在利用全宗内的某些具体案卷、文件时，如果利用者对全宗总体情况毫无所知，则往往难以理解其意义、判断其价值，难以搞清案卷之间、文件之间的关系。有了全宗指南，利用者就能掌握具体利用某些档案时应该具备的基本背景知识，从而有助于提高利用档案的效果。

全宗介绍由全宗构成者（立档单位）沿革简介、全宗历史概况、全宗内档案内容与成分介绍三部分组成。

（一）全宗构成者沿革简介

全宗构成者沿革简介包括构成者名称、成立的历史背景、成立时间、地点、机关性质、任务、隶属关系、所辖区域、构成者主要负责人名录、组织机构设置及职能的变化、工作发展及文书处理情况等。全宗构成者的名称按全称书写，通用简称书写在全称后面的圆括号内。全宗构成者所有曾用名称要按时间顺序书写在全宗构成者的沿革中。撤销机关还应指出撤销原因及其代行职能或继承单位的机关名称。

全宗构成者沿革应结合时间撰写，和下列内容有关的时间应反映在全宗构成者沿革中：

第一，全宗构成者成立、合并、改组、更名和撤销的时间。

第二，全宗构成者内部机构的设置及重要部门的调整、增设、合并、更名、撤销的时间。

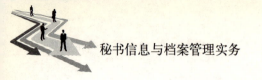

第三，全宗构成者上级主管机关的变更时间。

第四，其他所有反映全宗构成者重要活动的时间。

主要职能包括全宗构成者的性质特征、职权范围和主要工作任务。

隶属关系主要指全宗构成者和其上级主管机关的组织关系、业务关系，全宗构成者和其重要的直属下级机关的组织关系、业务关系。全宗构成者上级主管机关如有变更，也应反映在全宗构成者沿革中。

全宗构成者负责人名录主要包括全宗构成者正副职负责人姓名、职务和任期时间。

全宗构成者内部机构的设置及其各历史阶段演变情况主要包括全宗构成者 内部一级机构的名称，全宗构成者内部一级机构正职负责人的姓名、职务、任期时间，全宗构成者内部一级机构的主要职能，全宗构成者内部机构中重要部门的增设、调整、扩大、合并、撤销情况及内部一级机构在各历史阶段的变化情况。

此外，涉及全宗构成者的重大事件、对全宗构成者产生重要影响的活动以及全宗构成者改组和撤销的原因也应在这一部分介绍出来。

如果是个人全宗，应主要介绍其姓名、别名、生卒年月日、籍贯、职务、职称、主要业绩、荣誉称号及简历。

（二）全宗历史概况

全宗历史概况一般由档案的来源、数量及保管期限、档案的完整程度、档案的利用价值及鉴定情况、检索工具的配置情况和档案的整理情况等组成。

情景案例

××市××毛纺织有限公司全宗介绍

（节选全宗历史概况部分）

  ××市××毛纺织有限公司全宗内档案起止时间：文书档案从1987年至1998年，共有文书档案共213卷（永久158卷、30年39卷、10年16卷），科技档案共131卷，会计档案共1562卷，排架长度为31.7米。本全宗档案按年度—问题方法分类，以问题特征为主立卷。科技档案按产品类型组卷，会计档案由凭证、账册和报表三类组成，案卷顺序先按年度、再按重要程度排列，永久在前，30年次之，10年最后。

  （三）全宗内档案内容与成分介绍

  这是全宗介绍的主体，一般以文章叙述的形式介绍全宗内档案的内容与成分，介绍的结构与该全宗档案的实际分类体系相对应。由于分类体系有多种形式，全宗内档案内容和成分介绍的结构亦可有多种形式，如按机构、职能、专题、年代、名称等进行分类；如有必要，类下可再设项，再按类、项分别对全宗内相关档案的内容和成分进行介绍。现代的综合档案室在编写全宗介绍时，往往先将全宗档案按文书档案、科技档案、专门档案分为三大部分，每部分再设类、项进行介绍。全宗内档案成分的介绍一般与档案内容的介绍同步进行，即在介绍某类、项档案的内容之前或之后，对这部分档案的成分予以介绍。成分介绍一般涉及档案的来源、文件的作者、档案的形式（文件名称使用非汉字文字和非纸质载体档案的情况）及形成时间等。对档案内容的介绍，一般应首先考虑全宗内档案的实际分类体系，形成总的框架，再结合问题、重要程度、形式等进行介绍，介绍深度依据档案的重要程度和数量状况灵活掌握。在对档案的内容和成分进行介绍时，根据需要还可对档案的可靠程度和利用价值作简要评述。在逐类逐项进行介绍之前，若有可能，最好能对整个全宗档案的内容和成分作概括的总述。

 **情景案例**

×× 市 ×× 区 ×× 实验学校全宗介绍

（节选全宗内档案内容与成分介绍部分）

三、本全宗卷内容和成分介绍

本全宗卷共有档案 540 盒。其中文书类最多，230 盒 2211 件；科技档案 23 盒；会计档案 144 盒 630 件；特种载体档案 11 盒；教师个人档案 132 盒。

（一）文书档案

本类档案整理归档年限为 1971 年至 2001 年，共 230 盒 2211 件。其中原 ×× 中心小学 85 盒 717 件，原 ×× 镇初中 99 盒 834 件，现 ×× 实验学校 46 盒 660 件。按保管期限分，共有永久 49 盒 452 件，其中原小学 24 盒 194 件，原初中 19 盒 129 件，现 ×× 实验学校 6 盒 129 件；30 年 114 盒 1075 件，其中原小学 31 盒 315 件，原初中 62 盒 494 件，现 ×× 实验学校 21 盒 266 件；10 年 67 盒计 684 件，其中原小学 30 盒 208 件，原初中 18 盒 211 件，现 ×× 实验学校 19 盒 265 件。列表如下：

学校 \ 期限	原小学		原初中		实验学校		合计	
	盒	件	盒	件	盒	件	盒	件
永久	24	194	19	129	6	129	49	452
30 年	31	315	62	494	21	266	114	1075
10 年	30	208	18	211	19	265	67	684
总计	85	717	99	834	46	660	230	2211

本类档案按永久、30 年、10 年三个不同保管期限，分别以三个密集架排列存放。归档范围分为以下三大块：

1. 党群工作类 包括 (1) 党支部；(2) 工会；(3) 共青团；(4) 少先队；(5) 学生会；(6) 协会。

2. 行政管理类 包括 (1) 计划目标；(2) 制度建设；(4) 班子建设；(4) 教师队伍建设；(5) 安全教育；(6) 总务后勤。

3. 教学管理类 包括 (1) 政教；(2) 教务；(3) 教科研；(4) 体育卫生；(5) 心理健康；(6) 学籍管理。

归档主要内容分别是：

1. 党群工作方面有党、工会、共青团、少先队等方面的上级直接与本校和教师有关的文件、批示、批复；本校这方面的计划、总结、会议记录、教代会材料等。

2. 行政管理类的内容主要有学校行政会议记录、大事记、学校发展规划、学校各项规章制度、干部任免、教职工名册、教育年报、职称评定材料及上级对本校的指示、请示的批复等。

3. 教学管理与学籍管理合并成一块，是出于对年度考核内容的考虑，这方面的内容最多，主要有学校和教职工在整个教育教学活动过程中所形成的材料，如师生奖惩、教师业务进修、教学常规检查、教师任职任课情况、各类课外活动、校运动会、体育达标、心理健康教学材料及学生名册、普教表册、义务教育登记卡、历届毕业生材料、学生个人成绩和三好学生名册等。具体见《××实验学校全宗档案基本类目归档及保管期限一览表》。

文书档案的年度划分为两类：

第一，局级文件、学校大事记、毕业生名册、毕业存根等按行政年度整理做件装盒。

第二，有关教学的档案材料整理按教学年做件装盒。

(二) 科技档案

本类档案共 23 盒 339 件，其中技术资料 8 盒 169 件，共 1742 页；竣工图 13 盒 165 件；设备 2 盒 5 件。

本类档案主要内容为学校基建文件、报告和批复。学校基建现状图、安装图和施工图。

（三）会计档案

会计档案共 144 盒 630 件，其中 30 年为 41 盒 130 件，10 年为 103 盒 500 件。会计档案从 1986 年开始采用账册、报表、凭证统编排列，每年一个流水号。

（四）特种载体档案

本档案共有 11 盒，其中底片 1 盒 369 张、照片 5 盒 369 张、声像（录像带）25 件、实物 5 盒（放荣誉证 24 件、奖牌匾 39 件、奖杯 13 件、锦旗 3 件）。全部为永久保管档案。

主要内容为毕业生合影照片，学校组织学生参加各种活动的照片，学校组织的教职工教育教学活动照片，学生历年参加各类活动获奖的荣誉证、奖状（牌匾）和锦旗。

（五）教职工档案

本档案共有 132 盒，每位教师为 1 盒。其中，小学教师个人档案 82 盒，初中教师个人档案 50 盒，内容为教师基本情况表、个人情况、职称登记及计算机证书复印件、学历证书复印件、区级以上荣誉证书复印件、普通话证书复印件、岗位培训证书复印件、教科研合格证书复印件、区级及以上论文获奖证书复印件、教师资格证书复印件、任职资格证书复印件、聘任书、记载卡和考核表等资料。

二、大事记

大事记是按照时间顺序，简明地记载和反映一定历史时期内发生的重大事件，揭示重要事件和活动发生、发展过程以及它们之间关系的参考资料。大事记能够系统扼要地记录重要事件的历史过程，客观地揭示其中的各种因素及其相互关系，从而为人们查考事实、研究事物发展规律提供可靠的资料。

大事记的名称比较灵活，除了称"大事记"外，还有的称"大事年表""大事记述""大事编年""大事纪要""大事辑要"等。大事记可以作为一种独立的参考资料，也常作为年鉴、专业辞书、史料汇编或专著的附录，置于正文之后。

（一）大事记的体例和结构

1. 大事记的体例

大事记一般采用编年体，以年月为经，以事实为纬，将大事条目按照时间顺序排列，以反映同时期大事之间的联系。大事记的编排方式有如下两种：

（1）编年体编排方式

这种方法完全按照时间顺序记述大事。有的大事记采用先分历史时期，再于每个时期中按年、月、日的顺序排列大事的方法；有的大事记则采用直接按照大事发生的年、月、日进行排列的方法。

（2）分类编年体编排方式

这种方法先按照事件的性质分类，再按时间顺序记述大事。如：《中华人民共和国大事记》就是采用此种方法，先按性质将事件分为政治、财政、经济、军事、文化教育、中外关系五大类，每类下再分为若干属类，每个属类下的大事按年、月、日排列。

2. 大事记的结构

大事记主要由大事时间和大事记述（也称大事条目）两部分组成。

（1）大事时间

大事时间是大事记的主要组成部分。一般要求准确记载事件发生的日期，尽可能写全年、月、日等要素，甚至有的要写明确切的时、分、秒。不用或少用"最近""近日""月初""上旬"等不确定的表述。如果确实无法考证出具体日期，就可以将该条大事记述列于所在月份、年度的最后。对于持续时间较长的大事记述，时间表述上要标明起止

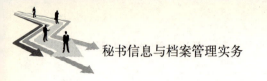

日期，如"2009 年 5 月 24 日—2009 年 5 月 29 日"。

（2）大事记述

大事记述要根据实际情况，说明大事发生的时间、地点、相关人员、事件简要内容、影响、成绩和结果等内容。

大事记述一定要坚持一条一事，不能将若干事件放在一个条目中综述。即使在同一时期内有许多事件需要记载，也应各立条目，或在该日期之下分段记述，以保证条目清晰，便于阅读。叙述的文字要简明扼要，以把事实叙述清楚为基本准则，除了表述事实所必需的说明性文字外，一般不使用修饰性和描写性的文字。比如："全国首届大学生艺术展演选拔赛暨 ×× 省优秀作品展在我校开幕。本次展演对全省 60 所高校的 800 件作品进行评选，其中我院有 50 幅作品在这次比赛中获奖，×× 系学生 ××× 的作品《润物》获得了国画专业组一等奖，被选送参加全国展赛并获专业组二等奖。我院获得'全国学校优秀组织奖'，参展成绩居全省高校前列。"

（二）大事的选择

大事记的编写要坚持"大事突出，要事不漏，小事不要"，这就需要编写者能够正确选择判断大事。因此，明确大事的选择标准和范围就显得十分重要。一般来说，要从以下几个方面来选择大事：

1. 组织的各种重要会议、重大活动情况；

2. 组织领导人的各种重要活动情况；

3. 以组织名义制定的方针政策，发布的规定，作出的重要决定、决议和规划；

4. 本组织的成立、撤销以及隶属关系、职权范围、内部机构的变动情况；

5. 本组织主要领导成员的任免、奖励情况；

6. 本组织工作中出现的典型事件、事故;

7. 上级组织或上级领导对本组织的重要指示以及上级领导到本组织检查工作的重要活动情况;

8. 报纸、刊物发表的关于本组织的经验、事故、批评报道和重要新闻等;

9. 重大成果(生产上的重大突破、科研上的重大发明创造、重要产品等),经济建设、文化建设、科学技术的重大变革和成就以及重大公共设施的建设。

 **情景案例**

×× 学院 2008 年大事记

(节选 1 月份部分)

1 月

3 日,我市最大规模的书画拍卖会在我院美术系举行。国画大师 ×× 的《×× 图》以三万元被拍走,成为当日全场拍卖的最高价。

9 日,我院举行第十七届"联通杯"校园歌手大奖赛。

11 日,我院组织"文化讲堂"活动,邀请 ×× 资深编辑为广大同学作了"如何提高语言素养"的讲座。

15 日,我院学报被确定为 2008 年度《中国物理学文献数据库》来源期刊。这是继 2000 年我院学报被确定为《中国无机分析化学文摘》固定引用刊物以来,再度被国内权威文摘确定为固定引用期刊。

17 日,中层干部会议上,院党委书记就学院开展教育思想大讨论暨效能建设和"我是 ×× 学院人"主题教育这两项活动作总结报告。院长部署学期结束工作。

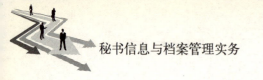

本月，××学院普通话测试中心被省语委评为××省先进测试站，王××老师被国家语委评为全国优秀测试工作者，李××和孙××两位老师被省语委评为全省优秀测试工作者。

三、组织沿革

组织沿革，也称组织机构沿革，是系统记载一个机关、本企业、地区或专业系统的体制、组织机构和人员编制变革情况的一种编研材料。组织沿革能够比较完整、系统地揭示各种不同类型组织的来龙去脉，具有内容的专题性和记述事实的连续性两个特点。

组织沿革着重记述和反映组织自身在组织系统方面的有关情况，如组织的成立、合并、撤销、复建的情况，组织人员编制和内部组织机构的设置情况等。组织沿革以系统地反映该组织自身发展、变化的历史过程为目的。

组织沿革的编制便于查考和研究本地区、本系统、本组织机构和人员的发展变化情况；能够为国家机关史、地方史、革命史以及各种专业史研究提供组织建设方面比较系统的资料；可以为档案室（馆）编写立档单位历史提供系统的材料；也可以帮助档案利用者了解立档单位的情况，认识档案的价值。

（一）组织沿革的体例和内容

1. 组织沿革的体例

（1）编年法

这种体例是按照年度记述某一组织、地区或专业系统的组织概况。采用编年法编写组织沿革时，应先将材料按年度分开，然后在每个年度中再分别记述各方面的情况。历史较短、规模较小、内部机构不太稳定的组织，可以考虑采用编年法。

（2）系列法

这种体例是以组织机构为线条，记述各机构的变化情况，形成各个系列。组织机构比较稳定且独立性较强的组织、地区或专业系统，可考虑采用系列法。

（3）阶段法

阶段法是根据组织、专业系统发展变化的特点，将其历史划分为若干阶段，每个阶段再分别记述各方面的基本情况和变化情况。采用阶段法首先要把组织发展历史正确划分为若干个阶段。已经具有一定发展历史的组织、地区或专业系统，可考虑采用阶段法。

 **情景案例**

《××电器公司组织沿革》（1995年7月–2003年12月）[①]

一、××电器公司组建时期（1995年7月–2003年12月）

1995年7月20日，经××市政府批准，原××电子管厂、××电子设备厂合并组建××电子设备公司。公司总经理：×××，副总经理：×××、×××、×××。员工800人，下设办公室、人事部、宣传部、培训部、设计部、采购部、生产部、销售部、财务部和后勤部十个部门。

二、××电器公司调整时期（1998年1月–2000年6月）

1998年3月20日，××电子设备公司实行股份制，更名为××电子设备股份有限公司。公司总经理：×××，副总经理：×××、×××、×××。员工900人，设有办公室、公关部、人力资源部、设计部、采购部、生产部、销售部、财务部和后勤部九个部门。

---

① 引自：陈祖芬.职业秘书资料与档案管理教程.北京：清华大学出版社，2008

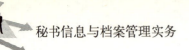

2. 组织沿革的内容

组织沿革的形式有文字叙述式和图表式两种。主要内容有：

（1）组织、地区或专业系统的历史概况、行政区划、建制变更情况；

（2）组织的性质、任务、职权范围和隶属关系；

（3）组织机构的设置和人员编制的变化情况；

（4）组织领导人的任免情况；

（5）组织名称的变更、印信的启用与作废、单位办公地点的迁移等情况。

经验分享

如何编写好组织沿革

1. 材料翔实，内容全面

组织沿革正文中所采用的材料必须经过考证，能够客观、充分地反映历史事实。在正文的编写中，应注意对有关问题记载的完整性与准确性，不能遗漏组织、地区或专业系统组织建设中的重要内容和主要事实，也不能出现记述过程的中断现象，情况说明要清楚，语言要规范，文字要简练。

2. 结构合理，脉络清楚

组织沿革是对组织、地区或专业系统的组织建设情况进行的梳理和说明。由于组织建设涉及的问题较多，情况变化频繁且较为复杂，在编写的过程中，应根据实际状况采用合适的体例和结构以求清晰地表现各方面情况的演变轨迹。

3. 多种表现，直观清楚

组织沿革在表现形式上有文字叙述式、图表式和文字图表结合式。通常对组织、地区或专业系统的历史渊源、主要职能、性质、任务等用文字叙述，对机构、人员变化情况可以采用图表示意，印信可以附上其式样，这样可以使组织沿革简洁精炼、条理清楚、直观易查。

情景案例

××学院组织机构沿革（节选）

××学院是一所以工为主，工、管、经、文、艺多学科并举的培养高等应用型本科人才的普通高校，在行政关系上隶属于××省教育厅，在办学体制上实行省市共建、以省为主。

学校前身之一的××工业专科学校，创建于1958年6月，筹建工作是在中共××地委直接领导下进行的，先名"××工学院"。1958年9月新生开学报到，校址坐落在××城北郊。1959年经过××省重工业厅批准附设一所工业学校（中专）。1961年3月，经××省人民政府批准，定名为××工业专科学校。1962年7月，因国家经济困难停办。1977年12月，经××省革委会批准恢复建校。1979年1月，经国务院批准再度定名为××工业专科学校。在此期间，学校由××地区领导。1981年5月，××省人民政府批复省高教局、建材局并××地区行政公署，同意将××工业专科学校改成以培养建材专业人才为主的专科学校，学校名称、学制、规模均不变，招生和毕业分配由原面向××地区改为面向全省。同年6月，省政府办公会议决定，省里大专院校的管理体制，统一划归省高教局管理。从此，××工业专科学校成为省属的以建材为主，同时培养机械、化工、建工、管理人才的多样性的普通全日制高等专科学校。××工业专科学校校名为著名书法家××题写。××工业专科学校校风是：团结、创新、严谨、求实。

1979 年 2 月，经过 ×× 省人民政府批准，×× 省广播电视大学 ××地区分校正式宣告成立。1985 年 11 月，又经过 ×× 省人民政府批准，更名为 ×× 市广播电视大学。曾经战斗在 ×× 区的 ×× 将军为学校题写了校名。1985 年 6 月，经过 ×× 省人民政府同意和 ×× 市人民政府批准，×× 职业大学正式成立。×× 职业大学隶属于 ×× 市人民政府，和 ×× 市广播电视大学实行联合办学，两块牌子，一套班子。主要培养 ×× 市经济建设和社会发展所需要的高等应用型专门人才。×× 职业大学有两个校区，老校区位于 ×× 市 ×× 中路，与 ×× 工业专科学校隔路相望，新校区位于 ×× 市郊区，由全国著名建筑大师 ×× 规划设计。校园占地 285 亩，校舍建筑面积 55300 平方米。

截止到 1995 年年底，学校建有纺织材料、材料力学等 17 个实验室。教学仪器设备总值 453 万元，图书馆藏书 12.5 万册。教职工 304 人，职业大学在校生 1632 人，电大校本部在校生 650 人。×× 职业大学、××市广播电视大学的校风是：团结、严谨、求实、创新。

办学多年来，×× 职业大学向社会输送毕业生 1895 人，电大毕业生 10384 人，电视中专生 4162 人，为缓解 ×× 市专业人才紧缺的矛盾，提高在职干部、职工的科学文化素质，发挥了重要作用。

四、文件汇编

文件汇编又称现行文件汇编。顾名思义，它汇编的都是正在发生效力的现行文件，可以说是现行文件汇集的统称。现行文件汇编按照一定特征（如作者、专题、重要程度、时间等）组成题目，将有关的现行文件编选成册，内部印行或公开出版以提供利用。现行文件汇编具有政策性和指导性、现实性和时效性、广泛性和专指性以及内部性和保密性的特点。开展现行文件汇编的编纂工作，是组织在档案编研工作中必不可少的一个重要内容，它具有便于工作查考、提高业务水平、进行宣传教育等作用。现行文件汇编常常分为发文汇编、重要文件汇编、会议文件汇编、专题文件汇编和法规汇编五类。

（一）发文汇编

发文汇编，如图 11-1 所示，是发文机关将每年制发的公文按发文顺序号排队集中成册的一种编纂形式。一个组织每年都会产生一定数量的公文，其中有请示问题、报告工作、反映情况的，也有沟通联系、交流信息的，还有下达任务、发出指令的。这些文件构成了组织对外交流的纽带。将组织一定时期的发文汇编成集，不仅可以让利用者比较系统地掌握本组织的工作活动情况，而且减少了对档案原件的反复调阅，既方便利用，又能起到保护档案原件的作用。编辑组织发文汇编不是要专门对组织的各种发文进行抄录、复印，而是只需组织有关部门在发文过程中明确规定，所有发文须给组织档案部门数份，由档案部门将发文的副本直接汇集而成即可。

图 11-1　文件汇编封面、目录和内容（发文汇编）

发文汇编一般按年度编辑，根据发文数量一年编一册或数册。发文数量少的组织也可以将几个年度的发文编辑为一册。发文汇编内的文件一般按文件形成日期先后或文号顺序排列，并重新统一编写页号，加上目录、封面装订成册。

（二）重要文件汇编

它是以现行文件重要程度为依据而形成的一种编纂成果。组织重要

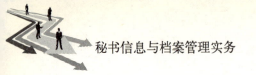

文件汇编是将组织档案中那些反映重大方针政策、重要问题，有重要参考利用价值的文件编辑成册的一种编纂形式。重要文件汇编因收录的文件内容重要，查阅频率高，又可免除利用者反复调卷之苦，所以很受利用者的欢迎。

编辑重要文件汇编一般需要经过以下步骤：

1. 确定汇编范围

组织里的重要文件不是绝对的，它可能因时、因地、因人、因事而异。如果不事先划定一个范围，难免鱼目混杂，主次难辨。因此，除了将选定文件的标准定为反映重大方针政策、重要问题，有重要参考利用价值的文件之外，还可以在年限、专题上加以限定，如可将文件时间范围定为××××年至××××年，或者限定文件的内容等。

2. 选择材料

在众多的组织档案材料中选出重要文件，是一项较为复杂的工作。所选出的重要文件要兼顾组织各个部门的需要，不能只凭个人的观点选择。对文件要进行反复比较，权衡轻重。由于汇编重要文件时需要复印、印刷文件，选择文件时要注意那些本组织无权印制的上级组织文件或其他组织文件，出现这种情况应当要求批准或协商印刷，未满保密期限的文件不能轻易选入。

3. 文件的编排

组织重要文件汇编内的文件编排可采用先按文件所属的不同类别分开，每类内再按文件形成的日期排列的办法进行。

4. 编写文件汇编的目录和封面

5. 送有关领导审查定稿

6. 印刷成册

（三）会议文件汇编

会议文件汇编是收录组织某一次或几次会议的全部或主要文件的编纂形式。将会议中产生的有一定参考利用价值的文件汇集成册即为会议文件汇编。会议文件汇编是帮助人们统计查阅组织有关会议文件的一种参考资料。

每个组织在工作活动中都要召开各种会议，但只有比较重要的大型会议文件才有必要汇集成册。要选择在社会或组织发展中有重大影响、在工作中有重要作用的会议编制文件汇编，如各级党组织的代表大会，各级人民政府的人民代表大会，工会、共青团、妇联等社会团体的会员代表大会，学术团体的重要学术会议，企业的董事会等。可以将一次会议的文件汇成一册，也可以将同一种会议的若干届会议文件汇成一册，但不可将不同性质会议产生的文件混为一编。

会议文件的编辑方法与重要文件汇编的编辑方法基本相似，不过文件的编排方法则是按会议的议程顺序排列的。如有两个或两个以上会议文件时，先按会议的先后顺序或重要程度分开，每个会议内再按会议议程排列文件。

会议文件汇编并不需要将一次会议的全部文件收录进来，要选择能够反映会议基本情况的、具有查考价值的文件加以汇编。可考虑收录会议通知、代表名单、会议议程、工作报告、领导人重要讲话、大会重要发言、提案、选举结果、会议通过的决议、会议纪要、会议公报以及会议简报等，对于一般的贺信、贺电、小组会议记录以及会务文件可不予收录。学术会议还可将大会宣读的论文或论文摘要收录进来。

会议文件汇编一般由召开会议的组织编制。如果仅作为组织资料在本组织提供利用，可利用重份文件；如果散发给与会者或其他读者查阅参考，需另行打印，在选材上也要有所调整，如会议通知、会议简报可不予收录。

五、企业年鉴

企业年鉴作为年鉴的一种，是以企业年度发展情况为主要记述内容的，也是一种新类型的年度企业史。它是系统记录和汇集企业一年内生产、经营、基本建设、科学研究等大事的有关文献、照片、统计数据等的综合性参考资料。企业年鉴一年编制一个卷册，年年记录汇集，以反映企业在体制创新、管理创新、技术创新等方面的新动态、新经验和新成果。

企业年鉴强调反映企业管理、生产、经营的年度状况，具有综合性、连续性、权威性和功能性四大特点。在信息传播技术高度发达的当今时代，人们仍然需要企业年鉴，就是因为年鉴内容丰富、全面、独到、准确、权威，方便检索，而且年鉴内容是人脑对企业信息系统化处理后的资料，这是松散、缺乏考证、缺乏原始出处的综合性网站资料不可替代的。除存史和现实利用外，年鉴也是系统宣传企业形象的一种刊物。它有利于企业以外的社会各届对企业的了解，有利于不同企业相互间的投资和经贸往来。

企业年鉴的主要内容有：

（一）生产和经营工作；

（二）基本建设施工、设备引进和购置、技术改造活动；

（三）各项基础数据统计；

（四）重要会议报告、总结和决议案；

（五）重大外事活动；

（六）劳动模范、先进个人、先进集体材料；

（七）照片；

（八）一年大事记。

经验分享

企业年鉴编纂创新①

近年来，伴随着市场经济的迅猛发展和社会生活的日新月异，企业年鉴在中国年鉴业的发展中逐渐占有一席之地，为年鉴种类的更加丰富、年鉴功能的不断拓展，起到了积极的作用。但是企业年鉴存在"框架刻板，设置雷同""内容单调，信息量小""稿件自供，发行自销"的问题，由此使企业年鉴形象展示的宣传功能、信息发布的传播功能、服务大众的工具书功能基本丧失，也造成了企业年鉴资源的极大浪费。

企业年鉴作为新兴的信息媒体，是企业形象展示的载体，信息传播的窗口，资助企管的工具书，教化存史的资料库，已成为企业文化建设不可缺少的重要方面。企业年鉴的改革、创新、发展势在必行，需做的工作是多方面的。

1. 在指导思想上转变观念，体现年鉴特色

企业年鉴之所以出现上述问题，难以发挥年鉴形象大使、传播窗口、服务大众的作用，究其根本原因，是年鉴编纂指导思想上的观念错位，即多年来年鉴编辑人员把史志"资政、存史、教化"的官书意识和史册意识移植在年鉴的编纂工作中，强烈的史志情结使年鉴在框架栏目、类目、条目的设置时，在概述事物、记录事实、汇集资料的编纂中，宣传展示、信息传播、面向大众的主体功能特色被存史、借鉴的从属功能喧宾夺主。转变观念就要在指导思想上树立市场经济意识，变官书意识为大众意识，变史册意识为服务意识，就要在年鉴编纂工作中，既做好企业史料的集存，更注重企业形象的展示、企业实力的表现、企业信息的传播。年鉴受众的扩大，让年鉴直接为企业的生产经营、生存发

---

① 摘编自：蔡国光博客，http://blog.voc.com.cn/caiguoguang

展服务，使年鉴资源得到最大的利用。

2. 在框架设置时求实创新，注重功能发挥

框架栏目、类目、条目的设计创新，是年鉴编纂中注重功能发挥的核心。框架设计的创新要以求实为原则，稳中求变，合理设置，既要符合企业特性和发展事实，又要满足服务企业的功能需要。创新的重点应该在"重彩、加特、显实、精录"四个方面下工夫。"重彩"就是重视卷首彩页的内容取材、表现手法和版面设计。彩页照片不仅能直接、直观展示企业的经营、生产、文化、生活及重大事件，而且最具表现力、感染力和震撼力。通过彩页照片从更宽泛的层面上立体地、全方位地展示企业的丰硕成果、拳头产品、超强实力、精神风貌和前进步伐，是体现企业年鉴形象展示宣传功能的有效办法。彩照的内容取材要广泛多面，表现手法要形式多样，版面设计要分门别类。"加特"就是在栏目上增加"特载"。将企业发生的重大事件用"特载"的栏目记录下来，的确能体现企业年鉴信息窗口的传播功能。"显实"就是在条目的编纂中，充分显示企业的经营生产实力。"精录"就是精心选择附录的内容，增加附录的实用性和可读性。由于企业年鉴工作体制"官钱、官办、官用"和内部发行的局限性，目前的受众读者多是企业内部职工，附录就应主要选择与职工切身利益相关的，与企业管理密切相联的，政策性、指导性较强的和十分重要的文件。同时，要注重数据资料的累积集存，统计列表；注重同类历史资料的辑录，如企业历年荣获"优质工程鲁班奖"的辑录等，充分体现年鉴工具书的功能。

3. 在编纂过程中减繁增量，确保资源效率

由于年鉴体例的规范性和独特性，要在框架设置的创新中"大刀阔斧"是不现实的。同时，由于企业年鉴工作体制的客观存在，编纂理念上既要更多受众喜闻乐见，又要"官方"不可或缺，两者都要兼顾。因此，要确保资源效率，解决内容单调、信息量小的问题，就要在编纂过程中"减繁增量"。"减繁"就是按

照企业年鉴"充分发挥宣传传播功能，为企业生产经营服务"的宗旨，保留企业确实需要对外信息传播和展示宣传的内容，减去那些"年年岁岁花相似"的日常事物性内容、没有信息量的总结性内容、局限于一般表面现象的空话套话以及可有可无的条目。"减繁"的目的不仅是提高年鉴的编纂质量，而且可以在去粗取精、压缩版面后增量。"增量"就是增加有效的信息量，使年鉴具有较强的实用性和可读性。"增量"主要有四种做法：一是在栏目上增加企业重大事件和重要信息的"特载""专文"，而且放在年鉴栏目的显要位置，让读者一目了然。二是在类目上增加充分显示企业实力、能力、形象、风貌和荣誉的内容，做到在年鉴主体中体现宣传的功能。三是在条目上努力挖掘和拓展深层次的史实、资料、数据和图表，使年鉴真正体现出企业先进的生产力发展水平和文化水平。四是在内容和风格上注重企业的行业特点，增加本企业相关行业的信息，如：建筑行业就可提供企业市场占有信息、经营施工所在城市和地区的建设发展规划、市政投资计划，企业为扩大市场占有而设立的经营机构、设备更新、人才储备等方面的情况。这些信息既有助于建筑市场了解企业，也有助于企业了解建筑市场，以实现双向交流，体现企业年鉴传播、服务的功能。

4. 在出版发行上扩展渠道，发挥传播作用

企业年鉴自办发行是不可逆转的，也是企业年鉴区别于其他年鉴的特征之一。企业年鉴要发挥传播作用，增强影响力，确保资源的最佳效率，扩展发行渠道是有效的办法。具体做法有：一是扩展年鉴交换和赠送的范围。主要是与企业和行业相关的、能直接促进企业生存发展的、有助于企业影响力增强而产生经济价值的单位和部门。二是利用当前网络技术的快速发展，主动应对网络时代与信息革命的挑战，把企业年鉴的载体从书本搬上网络，转入电子（光盘）。应用电子网络技术，不仅实现了企业年鉴载体的多样性，而且使年鉴信息传播和形象宣传更快、更广、更好，更具影响力。三是编辑企业年鉴简装纲要版。即

在企业年鉴中选择出最有宣传价值、最能体现企业年鉴编纂宗旨的内容，编辑成小而薄、小而精的简装本，根据市场需求实施同步发行（赠送），既能提高年鉴资源的利用效率，又能节约大量成本。载体创新，形式多样，是以"少投入、多产出、高效率"为原则，以"服务企业，适应市场需求"为目的，多渠道扩大企业的知名度，使企业年鉴发挥更大的功效和作用。

档案提供利用

1. 任务目标

了解档案提供利用工作的内容，熟悉间接利用工作的具体形式，掌握全宗指南、大事记、组织沿革的编写方法，具备完成档案编研工作的初步技能。

2. 任务引入

请完成以下三项任务当中的一项：

（1）编写你所在院系上一年度的大事记；

（2）编写你所在学院的全宗指南；

（3）编写你所在学院的组织机构沿革。

3. 任务分析

无论是编写大事记、全宗指南还是组织沿革，首先必须熟悉所在单位的档案，根据档案来整理组织，在编写过程中要注意深入档案室查阅相关资料。

4. 任务实施

（1）组建团队

把学生分成若干个团队，每个团队以5人～8人为宜，选定团队负责人，确定团队任务和内部分工。

（2）办理阅档手续

本任务要求学生以本校为调研对象，需要大量阅读档案。各团队应及时联系档案室，约定阅档时间，办理阅档手续。

（3）阅档

进入档案室，阅读相关档案，做好摘抄笔记。

（4）整理

对收集的资料进行汇总，按照一定的脉络进行整理。

（5）编写

根据档案资料撰写文本。

（6）征求意见

将编写好的文本送给档案管理员、老员工审阅，征求意见。

（7）定稿

根据征求的意见，修改定稿。

■ 5．任务评价

自我评价	
学生互评	
教师评价	

研讨与实践

1. 如何处理好档案利用与档案保密两者的关系？

2. 到所在学校档案室或是当地档案馆，就某一问题进行咨询，进而了解档案提供利用服务工作。

3. 为你所在的班级编写上一学期或年度的大事记。

4. 一天，某机关档案室先后来了三批用户。第一批用户要查找精神文明建设这一专题的档案资料。第二批用户要查找某一年度的三份发文。第三批用户只是想了解一下该档案室的室藏情况。根据这三批用户的需求，你认为应各提供哪种类型的检索工具？

第十二章
电子档案管理

 **引入案例**

　　2001 年 9 月 11 日是令全世界震惊的日子，这一天，恐怖分子在经过精心策划后，利用数架民航客机分别对美国东部主要城市纽约和华盛顿的几个重要建筑物目标实施撞击，造成了震惊世界的"9·11"悲剧。"9·11"悲剧不仅夺去了数千人的生命，同时也摧毁了许多公司赖以生存的文件等数据资料，其中主要是电子文件。有人悲观地预言：某些公司可能就此永远消失。但也有的公司在第二天就恢复了正常运作，著名的摩根斯坦利公司就是其中之一。

　　摩根斯坦利公司的办公室在"9·11"事件中也同样毁于一旦，并损失了十几名员工，但该公司却在第二天就正常运转了。摩根斯坦利公司"打不死"的秘诀就在于它采用了先进的技术对电子文件等数据资料实施了防灾难备份。除了与其他公司一样，在公司内部建立起正常的文件数据备份之外，摩根斯坦利公司还在离世贸中心数英里之外专设了一个办事处不间断地即时备份它们的电子商务文件数据。如果文件数据形成地的原始数据被毁，通过异地保存的备份数据，公司仍然可以很快地继续运转。摩根斯坦利公司的电子文件数据是通过光纤传输来实现电子文件数据的异地实时在线备份的。由于使用光纤，其传输速度很快，可以达到1000兆级，因此，在世贸大厦倒塌前，他们能够通过高速通讯线路即时地从世贸中心的服务器和主机上源源不断地向位于新泽西州的公司电脑传输数据，实施在线备份。当然，像摩根斯坦利公司那样使用高速通信线路实施实时在线备份电子文件数据需要支付相当大的费用。①

随着办公自动化的进一步发展和深化，特别是电子计算机和通信技术相结合形成的信息技术产业的出现，过去用纸墨、照相等形成和传递的政府机关公文以及图书、图纸、图形、图像、文献资料、商业信息等，都可以用电子计算机进行，由此产生了电子公文、电子图书、电子图形图像、电子文献资料等，这些都属于电子文件。具有档案保存价值的电子文件，必须要归档保护。电子文件归档后即形成电子档案。电子档案当然要由档案保管部门保存。

档案种类较多，分类也较复杂，但记录形式不外乎以文字、影像记录和以数字记录两大类型，而且这两大类型还会因长期保存和开发利用的需要而相互转换。只有认清电子档案与纸质等载体档案的异同，才能做到对电子档案管理提出正确的要求，既坚持档案管理的基本原则，又不妨碍电子档案根据自身的特殊性，创建自己的管理方法、技术和标准。只有如此，才能达到既强调电子文件及电子档案管理的必要性，又不放松对纸质等载体档案的管理，才有可能真正做到在电子档案大量涌现时，既重视电子档案，又加强对纸质等载体档案的管理，充分开发各类档案信息资源为社会服务，使档案事业在电子时代继续得到全面发展。

---

① 引自：陈祖芬. 职业秘书资料与档案管理教程. 北京：清华大学出版社，2008

第一节　电子文件收集的方法

一、电子文件收集的重要性

电子文件是由二进制数字编码组成的，二进制数字编码的变换会导致电子文件内容的改变。从电子文件的形成到电子文件的归档有一段时间间隔，在这段时间内，电子文件有被更改的可能，而且其修改可做到不留一点痕迹。因此，为保证归档的电子文件的真实性，电子文件的收集积累工作必须从电子文件形成阶段就开始。电子文件的收集积累应贯穿于公文处理和科技工作的整个过程，因此秘书人员必须了解和掌握电子文件的形成规律和形成过程。收集积累是一项经常性的、必须按有关规定和标准进行的工作。电子文件的收集积累，不仅保证了电子文件的真实性，还维护了它的系统性、完整性。同时，也防止了存有信息内容的载体在个人手中发生丢失、损坏的情况，从而保护了电子文件的安全，为电子文件的归档打下了基础。

二、电子文件的收集范围

电子文件的收集范围，按国家关于文件归档的现行有关规定执行。

（一）按类型划分

1. 字（表）处理文件：指用计算机文字处理技术形成的文字文件、表格文件等，收集重点是定稿电子文件和正式电子文件。类别代码为 T。具体有以下几种：

（1）草稿性电子文件：用计算机起草但不作为正式文件使用。稿本代码为 M。

（2）非正式电子文件：用计算机起草作为正式文件使用，但不作为正式文件保存、归档。稿本代码为 U。

（3）正式电子文件：用计算机起草、使用、保存和归档。稿本代码为F。

2. 图像文件：用扫描仪等设备获得的静态图像文件。类别代码为I。

3. 图形文件：采用计算机辅助设计或绘图获得的静态图形文件。类别代码为G。

4. 影像文件：用视频设备获得并经计算机处理的动态图像文件。类别代码为V。

5. 声音文件：用音频设备获得并经计算机处理的文件。类别代码为A。

6. 多媒体文件：用计算机多媒体技术制作的文件。类别代码为M。

7. 数据文件：用计算机软硬件系统进行信息处理等过程形成的各类参数、管理数据等。类别代码为D。

8. 程序文件：计算机使用的或在某一软件平台上开发的系统软件、支撑软件、应用软件以及软件的版本等。类别代码为P。

9. 超媒体链接文件：采用WEB技术制作的浏览器文件。类别代码为O。

（二）按内容划分

电子文件归档的内容应参照纸质、磁性载体、照片等文件材料归档范围的有关规定，并应包括相应的背景信息和元数据。

三、电子文件的收集要求

（一）记录了重要文件的主要修改过程，有查考价值的电子文件应被保留。当正式文件是纸质时，如果保管部门已开始进行计算机全文处理的转换工作，则与正式文件定稿内容相同的草稿性电子文件应当保留，否则可根据实际条件或需要，确定是否保留。

（二）保存与纸质等文件内容相同的电子文件时，要与纸质等文件之间建立准确、可靠的标识关系。

（三）在无纸化计算机办公或事务系统中产生的电子文件，应采取更严格的安全措施，保证电子文件不被非正常改动。同时必须随时备份，存储于能够脱机保存的载体上，并对有档案价值的电子文件制作纸质或缩微胶片拷贝件保留。

（四）用文字处理技术形成的电子文件，收集时应注明文件存储格式和属性。

（五）用扫描仪等设备获得的图像电子文件，如果采用非标准压缩算法，则应将相关软件一并收集。

（六）用计算机辅助设计或绘图等获得的图形电子文件，收集时应注意其对设备的依赖性以及易修改性等问题，不可遗漏相关软件和各种数据。

（七）用视频设备获得的动态图像文件，收集时应注意收集其压缩算法和软件。

（八）用音频设备获得的文件，收集时应注意收集其属性标识和相关软件。

（九）由计算机多媒体技术制作的文件，其中包含前面所示的两种以上的信息形式，收集时应注意参数准确、数据完整。

（十）通用软件产生的电子文件，应注意收集其软件型号和相关参数；专用软件产生的电子文件，必须连同专用软件一并收集。

（十一）计算机系统运行和信息处理等过程中涉及的各类参数、管理数据等应与电子文件一同收集。

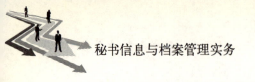

四、电子文件的收集方法

电子文件的收集往往是在计算机网络系统上进行的，由于系统有自动记录的功能，可用来记载电子文件的形成、修改、删除、责任者和入数据库时间等。

用载体传递的电子文件，要按规定进行登记、签署，对于更改处，要填写更改单，按更改审批手续进行，并存储备份件，防止出现差错。

电子文件的收集积累应由形成部门集中管理，不得由个人分散保管。

对于网络系统，应建立积累数据库，或在电子文件数据库中将对应在收集积累范围内的电子文件注明积累标识。

此外，电子文件收集工作还应注意：

（一）及时按照要求制作电子文件备份；

（二）每份电子文件均需在电子文件登记表中登记；

（三）电子文件登记表应与电子文件的备份一同保存；

（四）电子文件登记表如果制成电子表格，应与备份文件一同保存，并附有纸张打印件。

第二节　电子文件的管理与归档

一、电子文件的整理归档

（一）电子文件的整理

电子文件的整理，是指按照一定的原则和方法，将收集积累的电子文件分门别类进行清理，为归档做好准备工作。电子文件整理包括两个层次：

一是对分类、排序的组织。就是将磁性载体传递的零散的、杂乱的电子文件通过分类、标引、组合，使电子文件存储格式处于一种有序状态。文件名称、文件号、分类和隶属编号等电子文件的著录标引应由归档人员来完成。著录标引在整理工作中占有重要地位，其质量的好坏，将直接影响未来电子档案的保管和利用。在整理过程中，可能会遇到文件格式的重新编排和重新组合。这种格式转换有可能损坏数据，损坏作为证据的电子文件的真实性。但随着技术的发展，不断解决格式转换这一问题，并保证电子文件的真实性、完整性，是归档人员和档案管理部门整理电子档案的一项重要内容。

二是组织建立数据库。主要工作内容有：首先是对电子文件进行分类和编号。一个单位的电子文件类别是多种多样的，对这些电子文件要进行分门别类的管理，就要进行科学的分类。要按门类划分要求，结合本单位的专业和电子文件内容制订分类编号方案。分类编号就是按照分类编号方案的规定对电子文件进行划分，并给每份电子文件一个固定的唯一的号码，从而使全部电子文件成为一个有机的整体。其次是对电子文件的登记。电子文件的整理是未来电子档案管理和利用等工作的基础。

与纸质文件相比较，电子文件在数据库中是以虚拟形式存在的。如果对电子文件科学整理，使其构成有序的虚拟状态，通过检索就可以使电子文件在计算机屏幕上显示出来，数据库就是存取电子文件的"虚拟文件库"。需要特别说明的是，在任何条件环境下，都要拷贝一套保存，并对其软硬件环境作出说明。有些电子文件必须以纸质文件存在时，可输出纸质文件保存。

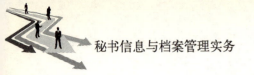

（二）电子文件的归档

电子文件的归档是将应归档的经过整理的电子文件，确定其档案属性后，从计算机或网络的存储器上拷贝或刻录到可移动的磁、光介质上以便长期保存的工作过程。不同环境条件产生的电子文件的归档方法是不同的。如果是网络，可按要求转到档案数据库或记录归档的标识；如果是载体传递归档，就要做一些辅助和认证工作，要与纸质文件结合归档。归档工作的主要内容有：

1. 确定归档范围

这是归档的首要任务，也是保证电子档案质量的关键。

2. 明确归档时间

电子文件的归档一般在年度或任务完成后，或在一个阶段之后的一段时间内进行（称阶段归档），可视其具体情况而定。因涉及电子文件的技术环境条件，存储介质的质量、寿命等问题，一般以不超过两至三个月为宜。

3. 注意归档份数

一般拷贝两套，保存一套，借阅一套。即使在网上进行，也要保存一套。必要时应保存两套，其中一套异地保存。这样可以大大提高安全性和可行性。

4. 实现档案功能价值

对电子文件归档的要求，主要是真实、完整，以实现档案的功能价值。要做到这一点，首先要遵从归档各阶段的规定、标准，如积累、鉴定等环节的规定、标准；其次是准确说明配套的软硬件环境；最后是归档的电子文件格式尽可能是通用的、标准的。

5. 讲究归档方法

一是将最终版本的应归档的经过整理的电子文件存入磁、光介质上。

二是压缩归档，采用数据压缩工具对网络上应归档的经过整理的电子文件进行压缩，然后刻入磁、光介质。但采用压缩工具的过程必须统一、规范。三是备份系统归档，一般在局域网或其他网络环境下采用。将确定要归档的电子文件在网上进行一次备份操作，就可将归档的电子文件存放在磁、光介质上。

经验分享

电子文件使用的载体及归档载体推荐

1. 电子文件使用的载体介绍

随着电子计算机技术的发展，信息数字化记录技术也在不断地发展。目前，信息数字化记录载体有磁性、光学性和磁光性等类型。

磁性记录应包括磁记录器和磁记录介质。其写入原理和过程是：从磁记录器的磁头缝隙向外发散一个磁场，它的强度和方向随着记录磁头线圈里的电流而相应变化。电流本身受一个电子系统控制，这个电子系统将信息的二进制数码转换成记录磁头里电流的正反方向。泄漏的磁进入到磁记录介质中，使介质磁化，在记录介质上产生标志信息的二进制数码的饱和磁体，磁头从记有信息二进制数码的介质上读出信息的过程是写入的逆过程。

磁带是最早出现的磁记录介质，在20世纪40年代前，磁带已作为录音介质出现，记录模拟信号。尽管信息数字化记录技术发展迅速，但作为记录介质的电子计算机磁带仍大量用于数字存储技术中。磁带因宽度和形状不同而有很多种类，相应的磁带机也有很多种类。作为电子计算机外存，磁带存取速度慢，工作效率低，不能满足快速运行的需要，因此出现了硬磁盘存储技术。

硬盘迅速成为大、中、小型电子计算机的主要外存。随着硬磁盘的微小型化，它在微机中也得到了广泛应用，成为微机的主要外部存储设备。硬盘因尺寸和磁层的不同而有很多种类。磁带价格便宜，但由于采用串行的记录方式，数据存储时间长，不能满足电子计算机对外存设备高速存取的要求。硬磁盘可随机存储，加之高速旋转，数据存储很快，传输率高，但硬磁盘价格昂贵，一般不能脱机存储，所以作为大量存储数据的介质，非广大用户所能接受。

软硬盘就是在上述两种介质的基础上吸取两者的优点而迅速发展起来的一种新型记录介质。软硬盘按尺寸、记录面和记录密度也分为很多种。

光盘存储技术是新发明的最重要的数字存储技术。它的写入和读出的基本原理是：把激光聚集成小于1μm的微小光点，能量高度集中，使存储介质上被照射点产生物理、化学变化，从而进行物理标记，进行数字记录。例如凹坑记录，其物理标记就是记录薄膜上被熔蚀的小孔。再用微小的激光点在介质上扫描，根据反射光的变化就可读出记录的数据。光盘可分为只读式、一次写多次读式、可擦写式等类型。

2. 电子文件归档应选择的记录载体

电子文件的存储及归档应使用记录载体。尽管从理论上讲，数字信息不随着时间而衰减，但载体的选择仍是一个重要问题，选择不当会造成信息很快丢失，甚至造成维护、转换的极大困难。

选择载体的依据是：(1) 载体符合国际和国家标准；(2) 载体要有发展前途，其使用的软硬件应有多个供应渠道；(3) 载体内在性能稳定，耐久性得到公认；(4) 载体能较方便地进行保护；(5) 载体及其记录所必备的软硬件价格便宜并为用户所能接受；(6) 能较容易地检测出载体的质变现象，以便能在载体变化之前将文件复制到新的载体上。

要根据实际情况选用载体。无论是办公自动化 (OA) 过程中还是辅助设计（CAD）中产生的电子文件，或者是网络传输中产生的电子文件，在其存储和下载时都是保存在载体上的。在归档前的一段时期可存在于软盘、磁带上，或存在于大容量的可擦除光盘上，这样做比较经济。电子文件一旦作为电子档案长期保存，就应选择标准化程度高、性能稳定、有发展前途、价格便宜、容易检测、显示还原方便以及能长期保存的载体。对于大量的 CAD 设计产品，可用一次写入式光盘，对于 OA 产生的电子档案也可选用只读式和一次写入式光盘或磁带。软盘不能作为长期保存的电子档案的载体。对于永久保存的特别珍贵的电子档案，则应转到纸张或缩微胶片上，因为电子档案载体的不稳定性及相应的软硬件设备生命周期短是众所周知的。

二、电子文件的鉴定工作

电子文件的鉴定工作，是指鉴别档案的价值，确定其保管期限，并据此删除已收集积累但无保存价值的电子文件，并予以销毁。也可以说，它是保证归档电子文件准确、完整、系统，确定档案属性的工作。电子文件的鉴定内容，主要体现在两个方面：

一是归档电子文件的原始性、准确性和完整性。即是否是形成时的，或通过审批更改的电子文件；是否是产品定型技术状态或经过事务处理并有结果的电子文件；是否是组成完整的系统的电子文件。

二是确定电子文件的价值和保管期限。这主要取决于电子文件内容所含信息的价值及社会对它的需要，要根据国家的档案保管期限表确定其保管期限。

电子文件归档的鉴定主要是在归档前，由电子文件形成部门在档案部门的协助下，对归档的电子文件内容进行鉴定。主要工作有：鉴别电子文件的价值，同时对其记录载体进行检查、检测，对所需的软硬件环境作出说明，并根据电子文件的内容价值划分保管期限，提出在保管期限内配套的技术环境要求。在电子档案管理过程中也有鉴定问题，其主要任务是对已到保管期限的电子档案重新审查鉴定，把失去保存价值的电子档案剔除销毁。这两个阶段的鉴定工作是互相联系、相辅相成的。

鉴定归档的电子文件，要特别注意两点：一是确定电子文件的原始性、真实性。电子文件的更改非常容易，而且可做到不留痕迹，电子文件从形成到归档有一段较长的时间，所以在归档时，鉴别归档的电子文件是否就是形成时的、有效的电子文件，即确认归档的电子文件的原始性、真实性是首要任务。若电子计算机网络上有记录系统，可与记录系统所记载的形成、修改、批准时间等方面对照来鉴别其原始性、真实性。如通过载体传递，要用有无登记、记录等管理制度来确认其原始性、真实性。二是鉴定和检测要相结合。电子文件是电子文件的内容、电子文件内容的记录载体和显示电子文件内容的电子计算机软硬件平台的组合。有了这个组合，人们才知道电子文件的内容是什么。电子文件的记录载体若有病毒、遭损坏，就不可能知道其内容；软件与硬件平台不一致，载体所载电子文件内容是什么也就无法知道；记录载体不能被电子计算机软硬件平台确认，也就无法知道电子文件的内容。这些只有通过检测才能够确认，所以鉴定、检查和检测是联系在一起的。应重点检查：归档说明中说明的电子文件生存的软硬件平台环境能否准确读出归档的电子文件的内容以及存储载体和软硬件平台技术条件的一致性，因为这是保证电子文件内容在保管期限内存在、显示的首要技术条件。

三、电子档案的保存与维护

电子档案的特性不同于纸质档案，这就决定了它在保存与维护方面的复杂性。如何保存、维护电子档案，使之安全、可靠并永久处于可准确提供利用的状态，是档案工作者急需解决的问题。

（一）要保证电子档案载体物理上的安全

一般情况下，电子档案是以脱机方式存储在磁、光介质上的，所以要建立一个适合于磁、光介质保存的环境。如要控制好温湿度，存放载体的柜、架及库房应达到有关标准的要求，载体应直立排放，并满足避光、防尘、防变形的要求，远离强磁场和有害气体等。

（二）要保证电子档案内容逻辑上的准确

电子档案的内容是以数码形式存储于各种载体上的，在以后的利用中，必须依赖于电子计算机软硬件平台，将电子档案的内容还原成人们能够直接阅读的格式进行显示。这对于电子档案而言是一个较为复杂的过程。因为电子档案来自各个方面，往往是在不同的电子计算机系统上形成的，且在内容的格式编排上也不尽一致。这种技术和形式上的差异，必然导致在以后还原时所采用的技术与方法的不同。而电子档案在形成时所依赖的技术，往往是已经过时的技术，这是科技进步所带来的必然结果。因此，除了对电子档案本身进行很好的保存外，还必须对其所依赖的技术、数据结构和相关定义参数等加以保存，或采用其他方法和技术加以转换。

（三）要保证电子档案的原始性

对于一些较为特殊的电子档案，必须以原始形成的格式进行还原显示。可采用以下三种方法：一是保存电子档案的相关支持软件，即在保存电子档案的同时，将与电子档案相关的软件及整个应用系统一并保存，并与电子档案存储在一起，恢复时，使之按本来的面目进行显示；二是保存原始档案的电子图像；三是保存电子档案的打印输出件或制成缩微品，因为这是最为稳妥的永久保存方法。

（四）要保证电子档案的可理解性

对一份电子档案的内容来说，常常有不被人完全理解的情况。为了使人们能够完全理解一份电子档案，就需要保存与档案内容相关的信息。这些信息应包括元数据，物理结构与逻辑结构的关系，相关的电子档案名称、存储位置及相互关系，与电子档案内容相关的背景信息等。

（五）要对电子档案载体进行有效的检测与维护

电子档案载体，特别是磁性载体，极易受到保存环境的影响。因此，对所保存的电子档案载体，必须进行定期检测和拷贝，以确保电子档案信息的可靠性。定期检测应每年一次，采用等距抽样或随机抽样的方式进行，样品数量以不少于 10% 为宜，以一个逻辑卷为单位。首先进行外观检查，确认载体表面是否有物理损坏或变形，外表涂层是否清洁及有无霉斑出现等。然后进行逻辑检测，采用专用或自行编制的检测软件对载体上的信息进行读写校验。通过检测发现有出错的载体，须进行有效的修正或更新。应每四年拷贝一次，且原载体继续保留的时间不少于四年。对于电子档案的检测与维护必须进行严格管理，因为任何一次误操作，都可能使保存的电子档案遭到人为损害，甚至造成难以弥补的损失。必须建立相应的维护管理档案，对电子档案的检测、维护、拷贝等操作过程进行记录，避免发生人为的误操作或不必要的重复劳动。

对电子档案的有效保存与维护，是一项极其重要而复杂的工作，因此，在对电子档案的保存与维护过程中，应充分考虑环境、设备、技术、人员及电子档案的特点等综合因素，来制订技术方案和工作模式，并采取有效措施，以确保电子档案的安全可靠，使之能够长久地处于可准确提供利用的状态，在社会生活中发挥更大的作用。

四、电子档案的提供利用

电子档案的利用与纸质档案相比，显著不同的是更快捷、更方便。但这必须建立在电子档案所依赖的技术上，且必须满足必要的先决条件并采取相应的管理措施才能够实现。

（一）电子档案提供利用的方法

对档案部门来说，电子档案提供利用一般有三种方法：提供拷贝、通信传输和直接利用。

1. 提供拷贝

档案部门向利用者提供载体拷贝时，应将文件转换成通用的标准文件存储格式，由利用者自行解决恢复和显示的软硬件平台问题。当利用者不具备利用电子文件的软硬件平台时，也可以向这些用户提供打印件或缩微品。

2. 通信传输

即用网络传输电子档案。这一方法比较适合馆际之间的信息资源互相交流及向相对固定的查档单位提供档案资料，可以通过点对点转换数字通信或互联网络来实现。

3. 直接利用

这是利用档案部门或另一检索机构的电脑在档案部门的网络上直接查询的一种方法。其特点是：可为利用者提供技术支援；同通信传输相比，它减少了大量的管理工作；可以使更多的读者同时利用同一份电子档案。这种方法的可能性取决于档案馆网络系统中可供直接利用的信息资源的多少。

（二）电子档案的利用管理

电子档案提供利用方式与所依赖技术的多样化，导致了利用工作的复杂性。因此，加强电子档案的利用管理就显得特别重要。利用管理的内涵很丰富，从信息安全的角度出发，主要有对用户及提供利用者的管理、对提供利用载体的管理及利用中的安全保密措施等。

1. 使用权限的审核

电子档案利用所涉及的人员有：档案载体的保管人员、数据系统的管理人员、利用者及维护操作人员等。由于他们各自工作性质和责任的不同，对其进行使用权限审核是十分必要的。审核应由利用的决策者执行。首先，要根据各种人员级别、层次进行使用权限的认定，并依此进行利用系统注册登录。在利用中，由系统自动判定当前使用者身份的合法性及其使用功能的范围，并由系统自动对其使用各种功能操作的路径进行跟踪与记录。如果使用未经授权的功能，应拒绝响应并给予告警提示。其次，在电子档案存储载体的使用上，要根据电子档案内容的密级和开放程度来确定其使用控制的程度，在使用中依据利用者的背景情况和利用目的来决定是否对其授权。

2. 拷贝的提供与回收

提供电子档案拷贝是一种主要的利用方式，但必然带来利用时间与利用地点的分散，如果管理不好，将会造成档案信息无原则的散失。因此，必须采取有效的措施和方法，对其进行严格管理。应依据利用者的需求并确认其使用权限后再进行拷贝的制作。原则上应尽量避免把载体上存储的电子档案信息全部拷贝，并通过技术手段防止对所提供拷贝的再复制。除经过编辑公开发行的电子出版物外，对那些提供利用的拷贝必须进行回收。要有完善的提供拷贝手续，提供者和利用者双方应对提供拷贝的内容进行确认，并对使用载体的类型、数量、使用时间、最后回收期限及双方责任人等情况进行登记。对回收来的拷贝，应作信息内容的消除处理。

3. 利用中的安全措施

电子档案在利用中的保密与安全是十分重要的，而且同纸质档案相比，更加难以控制。因此，在电子档案的利用中，应特别注意以下几点：

一是电子档案的利用方式应视利用者的情况而定，不能无原则地向所有利用者提供全部利用方式。二是应依据电子档案内容的密级层次进行有效的管理。一般情况下，对于内容不是完全开放的电子档案，不宜用拷贝的方式提供利用，对于提供拷贝的制作，必须在有效监控下进行。三是采用通信传输或直接利用等利用方式时，对有密级的信息内容要进行加密处理，并对所使用的密钥进行定期或不定期的更换。四是系统应对利用的全过程进行有效的跟踪监控，并自动进行相关记录，作为对利用工作查证的依据。五是利用的系统应有较强的容错能力，避免由于误操作带来不可挽回的损失。

对电子档案的利用与利用管理，是档案工作遇到的新课题，做好这方面的工作，就能准确、快捷、安全、完整地向用户提供各种方式的服务，满足用户的需求。

五、电子档案管理的设备

管理电子档案不同于管理纸质档案，管理电子档案要依赖电子计算机的软硬件环境。

（一）数据库管理系统

数据库是在电子计算机的外存储器上，按一定组织方式存储在一起的，相互有关且具有最小冗余度和可共享的、具有较高独立性的、能确保安全和完整的数据集合。数据库系统是用于组织和存取大宗数据的管理系统，它是由电子计算机系统（硬件与基本软件）、数据库及其描述机构、数据库管理、数据库管理员、用户及其应用程序等几方面组成的总体。数据库管理系统是一组软件，它具有数据库定义功能、管理功能、通信功能，通常由数据描述语言及其编译程序、数据操纵语言及其编译程序、数据库管理例行程序等三部分组成。关系性数据库管理系统是当前普遍采用的性能较好的数据库，如 DBASE、ORACLE和 DB2 等。分布式数据库管理系统是当今信息处理领域中愈益被人们重视的一个分支，它是一组结构化的数据的集合，逻辑上属于同一系统，而物理上分布在电子计算机网络的不同节点上。20 世纪 80 年代后期，人们力图把关系数据库系统和面向对象的方法结合起来，探讨新一代的数据库，以适应新的应用领域的要求，这种新一代的数据库系统被称为面向对象的数据库管理系统。多媒体数据库管理系统，是指对以数据库方式在电子计算机存储设备上合理存放的相互关联的多媒体信息的管理，这些数据集合及管理的特点是：语义丰富，信息量特别大，管理过程特别复杂，更需要有技术环境的支持。一般的数据库管理系统不适合工程数据的管理，如复杂实体的处理、动态模式的修改与扩展等，因此人们又开发了工程数据库管理系统。数据库的种类今后还会不断地扩大和完善。

（二）存储及输出设备

信息数据的存储需要相应的电子计算机外部设备和存储介质，如磁盘存储器和磁盘、磁带和磁带机、光盘和光盘驱动器等。信息数据的利用需要相应的输出设备，如终端（通常由一个键盘和一个显示装置组成）、打印机等。

（三）软件和程序

软件，即电子计算机系统中使用的各种程序和文件。软件中最重要的是操作系统，它是对电子计算机软硬件资源进行管理和控制的程序，也是用户和电子计算机系统的接口。各种系统程序和应用程序都是在操作系统控制下运行的。根据操作系统所管资源的不同以及提供服务方式的差别，操作系统大致可分为多道批处理、分时、实时、网络和分布式等五种类型。程序是为解决某一问题而设计的一系列指令。根据被解决问题的目的不同又可分为系统程序和应用程序。

（四）数据结构和数据

为保存电子文件的可存取性、可理解性和可利用性，必须对电子文件数据结构及类型进行了解。数据结构，即数据的组织形式，它既描述数据对象，又描述这个集合中数据元之间的相互关系。数据又分为格式数据、正文数据、时态数据、图形数据、图像数据和声音数据等。

　　各企业单位应根据自己现在保存和处理的或将要保存和处理的电子档案，参考上述四个方面的介绍，来决定自己选择的数据库管理系统、电子计算机软硬件平台、存储及输出设备、数据结构与数据、元数据、背景信息等，购置所需要的电子计算机软硬件及外部设备，确保电子档案的管理和开发利用。

经验分享

电子档案管理中应对技术过时的方法

　　电子档案管理，必然会遇到记录载体不耐久、读写档案信息的软硬件技术过时等问题。现代信息载体的寿命相对于技术过时而言，显得并不十分重要。世界上几乎没有一个厂家可以保证其生产的硬件和软件不会过时。而技术过时使得各种信息的寿命受到威胁，几乎都不安全。数字信息技术是载体、记录格式、软件和硬件等有机的集合，即使记录载体完好，如果检索、输出或编辑它的软件中任何一项技术过时，都将影响电子档案信息的读出。对技术过时问题，一定要采取相应对策，以免电子档案信息受损。到目前为止，这些具体对策还正在研究探索阶段，下面列出几种方法以供参考。

　　1. 再生性技术保护

　　这是指将技术过时的载体上的信息适时地转移到纸质或缩微胶片上，不再使用电子计算机软硬件读出。这种方法为长期保存信息提供了方便，并能避免因技术过时带来的一切麻烦。

但这同时也存在一定的问题：一是有些信息无法转移到硬拷贝上，如声音信息、超文本信息、多媒体信息等；二是失去了电子档案的原有面貌，也失去了电子格式传递和使用的灵活性。

2. 建立电子计算机技术档案馆

即收集过时的电子计算机软硬件，读取那些用过时技术记录在载体上的信息内容，如收集过时的磁带驱动器和过时的操作系统等。这种方法要广泛收集、保管过时技术的全套软硬件，还必须保管操作这些过时技术的某些技能，其中还有可能涉及老化和维护问题，代价十分昂贵。

3. 仿真

这是制造一种运行过时硬件及其软件的软件。这种软件对某一硬件与软件的模仿，使得计算机认为原来的软硬件在形式上仍然可用。利用这种方法来挽救过时技术的当时记录，从技术上看虽然是可能的，但在实际工作中还有很多问题，如兼容性不可靠、仿真器的耐用性不易维护等。

4. 拷贝和迁移

拷贝是在原来的技术环境下定时重写信息数据，防止由于记录载体物理化学性能变化而引起信息丢失。这应该成为档案馆管理电子档案的一项基本方法。这种方法不能解决由于技术过时而引起的电子档案的长期保存问题，但可用转换的方法，将数字信息从一种技术环境转换到另一种技术环境（包括硬件和软件）上，这种复制称为迁移。迁移是随技术变化适时改变数字信息格式的一种处理过程，这个过程使得信息在将来也可以被存取。迁移意味着基于字符的数据可以从一个存取载体转移到另一个存取载体上，以进行电子信息的保护。迁移要求电子计算机既可读出旧格式，也可将它写在新格式上。迁移到不同操作系统时，应注意优先维护信息内容与使用功能。

一般来说，上述四种方法中，再生性技术保护虽然有些缺点，但它的优点也很突出，对于一些利用率较低的电子档案来说，也不失为一种好方法。建立电子计算机档案馆，不是档案部门力所能及的可采用的方法。仿真，在新型软硬件大量涌现的今天，制造一个执行过时硬件及其软件的软件，不太可能是永远有效的方法，软件制造商最终必然要放弃某些软件的向下兼容性。拷贝和迁移是电子档案长期保存的一种可行的方法。

第三节 电子档案管理过程中应注意的问题

一、加强电子文件归档的组织管理

（一）加强电子文件归档的组织领导

从电子文件的形成到归档，跨越了多个部门。这些部门往往通过电子计算机网络联成一个有机的整体，有时工作互有交错，职责界限难以区分清楚。所以，应加强组织管理，由主管部门或负责人统一协调，指定专门机构或专人负责。电子文件的形成、收集积累、整理归档工作，应由形成者或承办者按照归档要求将形成的电子文件收集积累下来，进行整理归档，向档案部门移交。因为电子文件的形成、收集积累贯穿于公务、科技等工作的始终，只有电子文件的形成者或承办者最熟悉电子文件的内容和电子文件之间的关系，所以由他们收集积累并整理归档，才能保证电子档案的质量。

整理归档又是档案工作的基础和首要环节，需要由档案部门进行指导并参与管理。对归档后形成的电子档案的管理应由档案部门负责，电子文件形成部门要协助支持。各级档案行政管理部门对电子文件归档要有明确的规章制度、标准和具体的规定。

（二）明确电子文件归档的工作程序、内容和要求

电子文件的归档应按归档工作的程序和步骤进行，这样才能有效保证归档的电子文件的真实性、完整性，有利于归档工作的全过程管理，有利于较好地执行有关的规范或标准。一般来说，电子文件的归档工作程序主要有十个方面：一是电子文件的形成、签署和审批；二是收集积累；三是编制目录；四是整理；五是鉴定，确定归档电子文件的档案属性；六是检测；七是编制归档说明；八是存入磁、光介质（含压缩归档等方式）；九是复制备份；十是确定载体标识。

电子文件的形成者或承办者要明确电子文件归档的具体工作内容和要求，如制定电子文件归档的工作步骤、归档制度和归档计划，明确电子文件形成、收集积累的质量要求。在电子文件形成阶段就要做好收集积累工作，建立必要的记录和登记。要求归档的电子文件必须真实、完整，要系统地反映工作的过程和结果，对一些研究成果的归档，还应要求其产品与实际的技术状态保持一致。电子文件的归档应由形成者进行整理并编制归档说明，经有关领导审批后向档案部门移交。归档前，档案部门应协助电子文件形成者或承办者进行整理，同时对归档的电子文件进行检查、检测和验收。电子文件归档的时间视具体情况可分为阶段归档和任务完成后归档，公文处理周期长的工程项目可按阶段归档。

（三）采取措施，保证电子文件归档的质量要求

归档工作是由文件管理转换为档案管理的基础，它的质量关系到整个档案管理的水平，因此必须有质量控制措施，以保证工作的正常进行。应当搞好档案部门和电子文件形成单位的协调工作，使电子文件管理和电子档案管理形成一个有机的整体，避免相互推诿。因为办公自动化系统（OA）、辅助设计（CAD）和辅助制造（CAM）系统不属于档案部门内部的工作，而是外部环境，涉及许多部门，这就需要理顺档案管理工作与有关部门工作的关系，把归档工作列入有关部门的计划，落实到

人头，并按计划进行检查和考核。考虑电子文件产生的环境不尽相同，应把归档工作纳入有关管理制度，纳入有关人员的职责范围，以从根本上保证电子文件的形成与归档工作不脱节。要严格电子文件归档的检查、检测程序和制度等。

二、保证电子文件的信息安全

电子文件是高科技的产物，信息安全对于维护电子文件的原始性、真实性至关重要。要保证电子文件的信息安全必须从技术与管理两个方面齐下手。

（一）电子文件信息安全的技术措施

目前保证电子文件信息安全的技术主要有：

1. 签署技术

对电子文件进行签署的目的在于证实该份文件确实出自该作者，其内容没有被他人改动过。电子文件的签署技术一般包括证书式数字签名和手写式数字签名。证书式数字签名的原理是，发方利用自己的不公开的密钥对发出文件进行加密处理，生成一个字母数字串，与文件一起发出，同时还带走一个可使其生效的公开密钥。收方用发方的公开密钥，运用特定的计算方法解码、检验数字签名，然后将专门的软件模块嵌入文字处理软件中，作者使用光笔在计算机屏幕上签名，或使用一种压敏笔在手写输入板上签名，显示出来的"笔迹"如同在纸质文件上的亲笔签名一样。这样，计算机数字转换器就能捕获手写签名，同时对电子文件的内容、结构等进行打包处理了。

采用证书式数字签名则需要在专门的技术管理机构注册登记，这种机构通常被称为"安全电子邮件认证站点""数字证书服务中心""数字标识授权机构"等。它的职能是在其管辖的数字协议下对用户的有效身份进行认证，向用户发放有限期的密钥和数字证书等。

2. 加密技术

采用加密技术可以确保电子文件内容的非公开性。电子文件的加密方法有很多种。在传输过程中通常采用"双密钥码"进行加密。网络中的每一个加密通信者拥有一对密钥：一个是可以公开的加密密钥，一个是严格保密的解密密钥，发方使用收方的公开密钥发文，收方只用自己知道的解密密钥解密。这样任何人都可以利用公开密钥向收方发文，而只有收方才能获得这些加密的文件。由于加密和解密使用不同的密钥，因此第三者很难从截获的密文中解出原文来，这对于传输中的电子文件具有很好的保护效果。

3. 身份验证

为了防止无关人员进入系统对文件或数据进行访问，有些系统需要对用户进行身份验证，如银行系统使用用户密码验证，文件管理系统使用管理员代码验证等。最常用的方法是给每个合法用户一个由数字、字母或特定符号组成的通行字（password），代表该用户身份。当用户要求进入系统访问时，首先输入自己的通行字，计算机会自动将这个通行字与存储在机器中的有关该用户的其他资料进行比较验证。如果验明他为合法用户，可接受他进入系统对相关业务进行访问；如果验证不合格，该用户就会被拒之于系统门外。

4. 防火墙

这也是一种访问控制技术，它是在某个机构的网络和外界网络之间设置障碍，阻止对本机构信息资源的非法访问，也可以阻止机要信息、专利信息从该机构的网络上非法输出。防火墙好像是网络上的一道关卡，它可以控制进、出两个方向的通信。防火墙的安全保障能力仅限于网络边界，它通过网络通信监控系统监测所有通过防火墙的数据流，凡符合事先制定的网络安全规定的信息就允许通过，不符合的就拒之墙外，它能使被保护网络的信息和结构不受侵犯。

5. 防写措施

目前在许多软件中都可以将文件设置为只读状态，在这种状态下，用户只能从计算机上读取信息，而不能对其作任何修改。在计算机外存储器中，只读光盘（CD-ROM）只能供使用者读出信息而不能追加或擦除信息，一写多读光盘（WORM）可供使用者一次写入多次读出，可以追加记录但不能擦除原来的信息。这种不可逆式记录介质可以有效地防止用户更改电子文件内容，保持电子文件的原始性和真实性。

上述技术措施对于证实电子文件内容的真实性、可靠性，保证电子文件在存储、传输过程中的安全、保密，防范对电子文件的非法访问和随意改动，都具有很好的效果。随着这些技术的成熟、普及和新技术的出现，电子文件的原始性和真实性可以得到更加可靠的认定和更为有效的保障。

（二）保证电子文件信息安全的管理措施

电子文件从形成到利用的各个环节中，其信息都有被更改、丢失的可能，建立并执行一整套科学、合理、严密的管理制度，从每一个环节堵塞信息失真的隐患，对于维护电子文件的原始性、真实性十分重要。维护电子文件真实性的管理措施涉及电子文件从形成到利用的全过程，可以称之为"电子文件全过程管理"。电子文件的管理不仅要注重每个阶段的结果，也要重视每项工作的具体过程，并把这些过程一一记录下来。其中有关维护信息安全方面的主要要求是：

1. 电子文件的制作过程要责任分明

制作人员应该对其制作的文件负有全责，在合作制作的文件或大型设计项目中，要注意划清参与人员的责任范围。一般来说，不相关人员不能进入其他人的责任范围，需要时可以允许用只读形式调阅，以防由

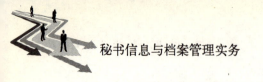

于误操作、有意删改等原因造成文件信息的改变。

2. 电子文件形成后应及时进行积累

这是为了防止电子文件在分散状态下发生信息损失和变动，比如：机关办公活动中形成的公文性电子文件一经定稿就不得进行任何修改；CAD 电子文件的更改要经过必要的批准手续；收集积累过程中的一切变更都应记录在案，对收集积累起来的电子文件要有备份。

3. 建立和执行科学的归档制度

归档时应对电子文件进行全面、认真的检查。在内容方面，应检查归档的电子文件是否齐全完整，真实可靠，相应的机读目录、伺服软件、其他说明是否一同归档；归档的电子文件是否为最终稿本，CAD 电子文件是否为反映产品定型技术状态的版本或本阶段产品技术状态的最终版本；电子文件与相应的纸质或其他载体文件的内容及相关说明是否一致，软件产品的源程序与文本是否一致等。在技术方面，应检查归档电子文件载体的物理状态、有无病毒、读出信息的准确性等。

4. 建立和执行严格的保管制度

归档电子文件应使用光盘作为存储介质，对所有归档的电子文件应进行写保护处理，使之处于只读状态。在对电子文件进行整理和因软硬件平台发生改变而对电子文件实行格式转换时，要特别注意防止转换过程中的信息失真。对电子文件要定期进行安全性、有效性检查，发现载体或信息有损伤时，应及时采取维护措施，进行修复或拷贝。

5. 加强对电子文件利用活动的管理

应该做到：电子文件入库载体不得外借，只能以拷贝的形式提供利用；对电子文件的利用应实行利用权限控制，防止无关人员对电子文件系统的非法访问，防止利用过程中的泄密和对信息的损坏。

6. 建立电子文件管理的记录系统

电子文件形成后，因载体转换和格式转换会改变自身的存在形式，如果没有相关信息可以证实文件的内容没有发生任何变化，人们是无法确认其真实性的。因此，应该为每一份电子文件建立必要的记录，记载文件的形成、管理和使用情况，用这些记录来证实电子文件内容的真实性。

档案管理软件应用

1. 任务目标

通过使用档案管理系统，熟悉机关及档案室文件的日常管理、查询和归档的工作流程，学会使用档案管理软件进行档案管理工作。

2. 任务引入

为适应新形势的要求，提高档案工作水平，某铁路局购买了一套文档管理一体化软件。以下是该铁路局 2008 年需归档的文件目录，请你把它们录入系统软件，并生成归档文件目录。

某铁路局2008年需归档文件目录

顺序号	责任者	文号	题名	日期	页数
1	某铁路局	某铁路局安〔2008〕1号	关于做好2008年度安全质量工作的决定	20080110	1
2	某铁路局	某铁路局人〔2008〕2号	关于公布2008年度系列专业技术职务任职资格人员名单的通知	20080116	2
3	某铁路局	某铁路局办〔2008〕3号	关于转发总公司《档案管理办法》等六项档案工作规章的通知	20080118	5
4	某铁路局	某铁路局办〔2008〕4号	关于重新公布某铁路局集团有限公司各单位档案全宗代号的通知	20080121	1
5	某铁路局	某铁路局开〔2008〕6号	关于公布集团公司2008年度审计工作先进单位的通知	20080126	1
6	某铁路局	某铁路局程〔2008〕7号	关于下达2008年三季度施工生产计划的通知	20080129	1
7	某铁路局	某铁路局办〔2008〕8号	关于集团公司行政领导成员工作分工的通知	20080201	1

续表

顺序号	责任者	文号	题名	日期	页数
8	某铁路局	某铁路局企〔2008〕9号	关于成立某铁路局集团有限公司海外部的批复	20080202	1
9	某铁路局	某铁路局人〔2008〕10号	关于成立××工程项目部的通知	20080204	1
10	某铁路局	某铁路局开〔2008〕12号	关于下达2008年度固定资产调整计划的通知	20080210	1
11	某铁路局	某铁路局人〔2008〕14号	关于命名表彰2008年度技术状元、标兵、能手的通知	20080213	1
12	某铁路局	某铁路局人〔2008〕15号	关于抓紧解决好拖欠农民工工资问题的通知	20080216	1
13	某铁路局	某铁路局人〔2008〕16号	关于成立××工程项目部的通知	20080227	1
14	某铁路局	某铁路局财〔2008〕17号	关于发布《某铁路局集团有限公司项目经理部会计核算办法》的通知	20080301	1
15	某铁路局	某铁路局财〔2008〕18号	转发总公司《资产减值准备暂行规定》的通知	20080307	2

续表

顺序号	责任者	文号	题名	日期	页数
16	某铁路局	某铁路局程〔2008〕20号	转发总公司《关于发布五项暂行技术条件的通知》的通知	20080315	10
17	某铁路局	某铁路局财〔2008〕21号	某铁路局集团有限公司关于清欠计提劳务费税前扣除的请示	20080320	2
18	某铁路局	某铁路局程〔2008〕22号	转发总公司《关于轨道车、轨道平车、大型养路机械标志及编号的规定》的通知	20080329	2
19	某铁路局	某铁路局安〔2008〕23号	关于对2008年度安全、质量管理先进单位奖励的决定	20080420	3
20	某铁路局	某铁路局安〔2008〕24号	关于对实现安全年单位进行奖励的通知	20080428	2
21	某铁路局	某铁路局财〔2008〕25号	转发总公司《2008年度总公司财务预算管理暂行办法》的通知	20080509	12
22	某铁路局	某铁路局企〔2008〕26号	关于下发《职业健康安全管理体系2008年度内部审核方案》的通知	20080517	2

续表

顺序号	责任者	文号	题名	日期	页数
23	某铁路局	某铁路局程〔2008〕27号	转发财政部、建设部关于印发《建设工程价款结算办法》的通知	20080525	1
24	某铁路局	某铁路局安〔2008〕28号	关于评选2008年度集团公司安全生产工作优秀集体的通知	20080601	1
25	某铁路局	某铁路局人〔2008〕29号	关于评选2008年度集团公司"青年文明号"的通知	20080606	2
26	某铁路局	某铁路局企〔2008〕30号	某铁路局集团有限公司关于进行组织结构调整的决定	20080612	10
27	某铁路局	某铁路局人〔2008〕31号	关于下达2008年工效挂钩基数的通知	20080613	1
28	某铁路局	某铁路局人〔2008〕32号	关于重新公布《某铁路局集团有限公司工资总额与经济效益挂钩试行办法》的通知	20080615	1
29	某铁路局	某铁路局人〔2008〕33号	关于成立社会职能工作领导小组的通知	20080619	1

顺序号	责任者	文号	题名	日期	页数
30	某铁路局	某铁路局财〔2008〕34号	关于印发《某铁路局集团应收款项管理实施办法》的通知	20080621	1
31	某铁路局	某铁路局财〔2008〕35号	关于印发《某铁路局集团有限公司以非货币资产抵债管理暂行办法》的通知	20080625	56
32	某铁路局	某铁路局双〔2008〕36号	关于印发《某铁路局集团有限公司清欠包干费用管理暂行办法》的通知	20080701	16
33	某铁路局	某铁路局程〔2008〕38号	关于成立集团公司××线提速改造工程领导小组的通知	20080710	3
34	某铁路局	某铁路局办〔2008〕39号	关于表彰2008年度先进单位的决定	20080820	2
35	某铁路局	某铁路局企〔2008〕41号	关于进行组织结构调整的通知	20080830	5
36	某铁路局	某铁路局物〔2008〕42号	关于成立集团公司采购领导小组的通知	20080903	3

续表

顺序号	责任者	文号	题名	日期	页数
37	某铁路局	某铁路局物〔2008〕43 号	关于下发《集团公司物资供应管理办法》的通知	20080929	7
38	某铁路局	某铁路局企〔2008〕44 号	关于奖励集团公司优秀小组的通知	20081015	12

3. 任务分析

要完成该任务，首先必须熟悉文档管理一体化软件操作程序，同时还要有较强的档案专业基础知识，熟悉档案管理工作。

4. 任务实施

（1）下载软件

通过网络下载"华夏文档一体化管理软件试用版"。

（2）安装软件

（3）著录归档文件条目

（4）生成归档文件目录

5. 任务评价

自我评价	
学生互评	
教师评价	

研讨与实践

1. 电子文件收集的要求是什么?

2. 如何对电子文件进行归档与整理?

3. 电子档案整理过程中应注意哪些问题?

4. 如何保证电子文件的信息安全?

附录1　中华人民共和国档案法

中国国家档案局网站　www.saac.gov.cn　2007 年 12 月 30 日

(1987 年 9 月 5 日第六届全国人民代表大会常务委员会第二十二次会议通过　根据 1996 年 7 月 5 日第八届全国人民代表大会常务委员会第二十次会议《关于修改〈中华人民共和国档案法〉的决定》修正)

第一章　总　则

第一条　为了加强对档案的管理和收集、整理工作，有效地保护和利用档案，为社会主义现代化建设服务，制定本法。

第二条　本法所称的档案，是指过去和现在的国家机构、社会组织以及个人从事政治、军事、经济、科学、技术、文化、宗教等活动直接形成的对国家和社会有保存价值的各种文字、图表、声像等不同形式的历史记录。

第三条　一切国家机关、武装力量、政党、社会团体、企业事业单位和公民都有保护档案的义务。

第四条　各级人民政府应当加强对档案工作的领导，把档案事业的建设列入国民经济和社会发展计划。

第五条　档案工作实行统一领导、分级管理的原则，维护档案完整与安全，便于社会各方面的利用。

第二章　档案机构及其职责

第六条　国家档案行政管理部门主管全国档案事业，对全国的档案事业实行统筹规划，组织协调，统一制度，监督和指导。

县级以上地方各级人民政府的档案行政管理部门主管本行政区域内的档案事业，并对本行政区域内机关、团体、企业事业单位和其他组织的档案工作实行监督和指导。

乡、民族乡、镇人民政府应当指定人员负责保管本机关的档案，并对所属单位的档案工作实行监督和指导。

第七条　机关、团体、企业事业单位和其他组织的档案机构或者档案工作人员，负责保管本单位的档案，并对所属机构的档案工作实行监督和指导。

第八条　中央和县级以上地方各级各类档案馆，是集中管理档案的文化事业机构，负责接收、收集、整理、保管和提供利用各分管范围内的档案。

第九条　档案工作人员应当忠于职守，遵守纪律，具备专业知识。在档案的收集、整理、保护和提供利用等方面成绩显著的单位或者个人，由各级人民政府给予奖励。

第三章　档案的管理

第十条　对国家规定的应当立卷归档的材料，必须按照规定，定期向本单位档案机构或者档案工作人员移交，集中管理，任何个人不得据为己有。

国家规定不得归档的材料，禁止擅自归档。

第十一条　机关、团体、企业事业单位和其他组织必须按照国家规定，定期向档案馆移交档案。

第十二条　博物馆、图书馆、纪念馆等单位保存的文物、图书资料同时是档案的，可以按照法律和行政法规的规定，由上述单位自行管理。

档案馆与上述单位应当在档案的利用方面互相协作。

第十三条　各级各类档案馆，机关、团体、企业事业单位和其他组织的档案机构，应当建立科学的管理制度，便于对档案的利用；配置必要的设施，确保档案的安全；采用先进技术，实现档案管理的现代化。

第十四条　保密档案的管理和利用，密级的变更和解密，必须按照国家有关保密的法律和行政法规的规定办理。

第十五条 鉴定档案保存价值的原则、保管期限的标准以及销毁档案的程序和办法，由国家档案行政管理部门制定。禁止擅自销毁档案。

第十六条 集体所有的和个人所有的对国家和社会具有保存价值的或者应当保密的档案，档案所有者应当妥善保管。对于保管条件恶劣或者其他原因被认为可能导致档案严重损毁和不安全的，国家档案行政管理部门有权采取代为保管等确保档案完整和安全的措施；必要时，可以收购或者征购。

前款所列档案，档案所有者可以向国家档案馆寄存或者出卖；向国家档案馆以外的任何单位或者个人出卖的，应当按照有关规定由县级以上人民政府档案行政管理部门批准。严禁倒卖牟利，严禁卖给或者赠送给外国人。

向国家捐赠档案的，档案馆应当予以奖励。

第十七条 禁止出卖属于国家所有的档案。

国有企业事业单位资产转让时，转让有关档案的具体办法由国家档案行政管理部门制定。

档案复制件的交换、转让和出卖，按照国家规定办理。

第十八条 属于国家所有的档案和本法第十六条规定的档案以及这些档案的复制件，禁止私自携运出境。

第四章 档案的利用和公布

第十九条 国家档案馆保管的档案，一般应当自形成之日起满30年向社会开放。经济、科学、技术、文化等类档案向社会开放的期限，可以少于30年，涉及国家安全或者重大利益以及其他到期不宜开放的档案向社会开放的期限，可以多于30年，具体期限由国家档案行政管理部门制定，报国务院批准施行。

　　档案馆应当定期公布开放档案的目录，并为档案的利用创造条件，简化手续，提供方便。中华人民共和国公民和组织持有合法证明，可以利用已经开放的档案。

　　第二十条　机关、团体、企业事业单位和其他组织以及公民根据经济建设、国防建设、教学科研和其他各项工作的需要，可以按照有关规定，利用档案馆未开放的档案以及有关机关、团体、企业事业单位和其他组织保存的档案。

　　利用未开放档案的办法，由国家档案行政管理部门和有关主管部门规定。

　　第二十一条　向档案馆移交、捐赠、寄存档案的单位和个人，对其档案享有优先利用权，并可对其档案中不宜向社会开放的部分提出限制利用的意见，档案馆应当维护他们的合法权益。

　　第二十二条　属于国家所有的档案，由国家授权的档案馆或者有关机关公布；未经档案馆或者有关机关同意，任何组织和个人无权公布。

　　集体所有的和个人所有的档案，档案的所有者有权公布，但必须遵守国家有关规定，不得损害国家安全和利益，不得侵犯他人的合法权益。

　　第二十三条　各级各类档案馆应当配备研究人员，加强对档案的研究整理，有计划地组织编辑出版档案材料，在不同范围内发行。

第五章　法律责任

　　第二十四条　有下列行为之一的，由县级以上人民政府档案行政管理部门、有关主管部门对直接负责的主管人员或者其他直接责任人员依法给予行政处分；构成犯罪的，依法追究刑事责任：

　　（一）损毁、丢失属于国家所有的档案的；

　　（二）擅自提供、抄录、公布、销毁属于国家所有的档案的；

（三）涂改、伪造档案的；

（四）违反本法第十六条、第十七条规定，擅自出卖或者转让档案的；

（五）倒卖档案牟利或者将档案卖给、赠送给外国人的；

（六）违反本法第十条、第十一条规定，不按规定归档或者不按期移交档案的；

（七）明知所保存的档案面临危险而不采取措施，造成档案损失的；

（八）档案工作人员玩忽职守，造成档案损失的。

在利用档案馆的档案中，有前款第一项、第二项、第三项违法行为的，由县级以上人民政府档案行政管理部门给予警告，可以并处罚款；造成损失的，责令赔偿损失。

企业事业组织或者个人有第一款第四项、第五项违法行为的，由县级以上人民政府档案行政管理部门给予警告，可以并处罚款；有违法所得的，没收违法所得；并可以依照本法第十六条的规定征购所出卖或者赠送的档案。

第二十五条　携运禁止出境的档案或者其复制件出境的，由海关予以没收，可以并处罚款；并将没收的档案或者其复制件移交档案行政管理部门；构成犯罪的，依法追究刑事责任。

第六章　附　则

第二十六条　本法实施办法，由国家档案行政管理部门制定，报国务院批准后施行。

第二十七条　本法自 1988 年 1 月 1 日起施行。

附录2 中华人民共和国档案法实施办法

中国国家档案局网站 www.saac.gov.cn **2007 年 12 月 30 日**

(1990 年 10 月 24 日国务院批准 1990 年 11 月 19 日国家档案局令第 1 号发布 1999 年 5 月 5 日国务院批准修订 1999 年 6 月 7 日国家档案局令第 5 号重新发布)

第一章 总 则

第一条 根据《中华人民共和国档案法》(以下简称《档案法》)的规定,制定本办法。

第二条 《档案法》第二条所称对国家和社会有保存价值的档案,属于国家所有的,由国家档案局会同国家有关部门确定具体范围;属于集体所有、个人所有以及其他不属于国家所有的,由省、自治区、直辖市人民政府档案行政管理部门征得国家档案局同意后确定具体范围。

第三条 各级国家档案馆馆藏的永久保管档案分一、二、三级管理,分级的具体标准和管理办法由国家档案局制定。

第四条 国务院各部门经国家档案局同意,省、自治区、直辖市人民政府各部门经本级人民政府档案行政管理部门同意,可以制定本系统专业档案的具体管理制度和办法。

第五条 县级以上各级人民政府应当加强对档案工作的领导,把档案事业建设列入本级国民经济和社会发展计划,建立、健全档案机构,确定必要的人员编制,统筹安排发展档案事业所需经费。机关、团体、企业事业单位和其他组织应当加强对本单位档案工作的领导,保障档案工作依法开展。

第六条 有下列事迹之一的,由人民政府、档案行政管理部门或者本单位给予奖励:

（一）对档案的收集、整理、提供利用作出显著成绩的；

（二）对档案的保护和现代化管理作出显著成绩的；

（三）对档案学研究作出重要贡献的；

（四）将重要的或者珍贵的档案捐赠给国家的；

（五）同违反档案法律、法规的行为作斗争，表现突出的。

第二章 档案机构及其职责

第七条　国家档案局依照《档案法》第六条第一款的规定，履行下列职责：

（一）根据有关法律、行政法规和国家有关方针政策，研究、制定档案工作规章制度和具体方针政策；

（二）组织协调全国档案事业的发展，制定发展档案事业的综合规划和专项计划，并组织实施；

（三）对有关法律、法规和国家有关方针政策的实施情况进行监督检查，依法查处档案违法行为；

（四）对中央和国家机关各部门、国务院直属企业事业单位以及依照国家有关规定不属于登记范围的全国性社会团体的档案工作，中央级国家档案馆的工作，以及省、自治区、直辖市人民政府档案行政管理部门的工作，实施监督、指导；

（五）组织、指导档案理论与科学技术研究、档案宣传与档案教育、档案工作人员培训；

（六）组织、开展档案工作的国际交流活动。

第八条　县级以上地方各级人民政府档案行政管理部门依照《档案法》第六条第二款的规定，履行下列职责：

（一）贯彻执行有关法律、法规和国家有关方针政策；

（二）制定本行政区域内的档案事业发展计划和档案工作规章制度，并组织实施；

（三）监督、指导本行政区域内的档案工作，依法查处档案违法行为；

（四）组织、指导本行政区域内档案理论与科学技术研究、档案宣传与档案教育、档案工作人员培训。

第九条 机关、团体、企业事业单位和其他组织的档案机构依照《档案法》第七条的规定，履行下列职责：

（一）贯彻执行有关法律、法规和国家有关方针政策，建立、健全本单位的档案工作规章制度；

（二）指导本单位文件、资料的形成、积累和归档工作；

（三）统一管理本单位的档案，并按照规定向有关档案馆移交档案；

（四）监督、指导所属机构的档案工作。

第十条 中央和地方各级国家档案馆，是集中保存、管理档案的文化事业机构，依照《档案法》第八条的规定，承担下列工作任务：

（一）收集和接收本馆保管范围内对国家和社会有保存价值的档案；

（二）对所保存的档案严格按照规定整理和保管；

（三）采取各种形式开发档案资源，为社会利用档案资源提供服务。

按照国家有关规定，经批准成立的其他各类档案馆，根据需要，可以承担前款规定的工作任务。

第十一条 全国档案馆的设置原则和布局方案，由国家档案局制定，报国务院批准后实施。

第三章 档案的管理

第十二条 按照国家档案局关于文件材料归档的规定，应当立卷归档的材料由单位的文书或者业务机构收集齐全，并进行整理、立卷，定期交本单位档案机构或者档案工作人员集中管理；任何人都不得据为己有或者拒绝归档。

第十三条 机关、团体、企业事业单位和其他组织，应当按照国家档案局关于档案移交的规定，定期向有关的国家档案馆移交档案。

属于中央级和省级、设区的市级国家档案馆接收范围的档案，立档单位应当自档案形成之日起满 20 年即向有关的国家档案馆移交；属于县级国家档案馆接收范围的档案，立档单位应当自档案形成之日起满 10 年即向有关的县级国家档案馆移交。

经同级档案行政管理部门检查和同意，专业性较强或者需要保密的档案，可以延长向有关档案馆移交的期限；已撤销的单位的档案或者由于保管条件恶劣可能导致不安全或者严重损毁的档案，可以提前向有关档案馆移交。

第十四条　既是文物、图书资料又是档案的，档案馆可以与博物馆、图书馆、纪念馆等单位相互交换重复件、复制件或者目录，联合举办展览，共同编辑出版有关史料或者进行史料研究。

第十五条　各级国家档案馆应当对所保管的档案采取下列管理措施：

（一）建立科学的管理制度，逐步实现保管的规范化、标准化；

（二）配置适宜安全保存档案的专门库房，配备防盗、防火、防渍、防有害生物的必要设施；

（三）根据档案的不同等级，采取有效措施，加以保护和管理；

（四）根据需要和可能，配备适应档案现代化管理需要的技术设备。

机关、团体、企业事业单位和其他组织的档案保管，根据需要，参照前款规定办理。

第十六条　《档案法》第十四条所称保密档案密级的变更和解密，依照《中华人民共和国保守国家秘密法》及其实施办法的规定办理。

第十七条　属于集体所有、个人所有以及其他不属于国家所有的对国家和社会具有保存价值的或者应当保密的档案，档案所有者可以向各级国家档案馆寄存、捐赠或者出卖。向各级国家档案馆以外的任何单位或者个人出卖、转让或者赠送的，必须报经县级以上人民政府档案行政

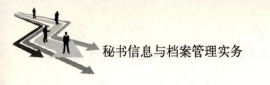

管理部门批准；严禁向外国人和外国组织出卖或者赠送。

第十八条 属于国家所有的档案，任何组织和个人都不得出卖。

国有企业事业单位因资产转让需要转让有关档案的，按照国家有关规定办理。

各级各类档案馆以及机关、团体、企业事业单位和其他组织为了收集、交换中国散失在国外的档案，进行国际文化交流，以及适应经济建设、科学研究和科技成果推广等的需要，经国家档案局或者省、自治区、直辖市人民政府档案行政管理部门依据职权审查批准，可以向国内外的单位或者个人赠送、交换、出卖档案的复制件。

第十九条 各级国家档案馆馆藏的一级档案严禁出境。

各级国家档案馆馆藏的二级档案需要出境的，必须经国家档案局审查批准。各级国家档案馆馆藏的三级档案、各级国家档案馆馆藏的一、二、三级档案以外的属于国家所有的档案和属于集体所有、个人所有以及其他不属于国家所有的对国家和社会具有保存价值的或者应当保密的档案及其复制件，各级国家档案馆以及机关、团体、企业事业单位、其他组织和个人需要携带、运输或者邮寄出境的，必须经省、自治区、直辖市人民政府档案行政管理部门审查批准，海关凭批准文件查验放行。

第四章 档案的利用和公布

第二十条 各级国家档案馆保管的档案应当按照《档案法》的有关规定，分期分批地向社会开放，并同时公布开放档案的目录。档案开放的起始时间：

（一）中华人民共和国成立以前的档案（包括清代和清代以前的档案、民国时期的档案和革命历史档案），自本办法实施之日起向社会开放；

（二）中华人民共和国成立以来形成的档案，自形成之日起满30年向社会开放；

（三）经济、科学、技术、文化等类档案，可以随时向社会开放。

前款所列档案中涉及国防、外交、公安、国家安全等国家重大利益的档案，以及其他虽自形成之日起已满 30 年但档案馆认为到期仍不宜开放的档案，经上一级档案行政管理部门批准，可以延期向社会开放。

第二十一条　各级各类档案馆提供社会利用的档案，应当逐步实现以缩微品代替原件。档案缩微品和其他复制形式的档案载有档案收藏单位法定代表人的签名或者印章标记的，具有与档案原件同等的效力。

第二十二条　《档案法》所称档案的利用，是指对档案的阅览、复制和摘录。

中华人民共和国公民和组织，持有介绍信或者工作证、身份证等合法证明，可以利用已开放的档案。

外国人或者外国组织利用中国已开放的档案，须经中国有关主管部门介绍以及保存该档案的档案馆同意。

机关、团体、企业事业单位和其他组织以及中国公民利用档案馆保存的未开放的档案，须经保存该档案的档案馆同意，必要时还须经有关的档案行政管理部门审查同意。

机关、团体、企业事业单位和其他组织的档案机构保存的尚未向档案馆移交的档案，其他机关、团体、企业事业单位和组织以及中国公民需要利用的，须经档案保存单位同意。

各级各类档案馆应当为社会利用档案创造便利条件。提供社会利用的档案，可以按照规定收取费用。收费标准由国家档案局会同国务院价格管理部门制定。

第二十三条　《档案法》第二十二条所称档案的公布，是指通过下列形式首次向社会公开档案的全部或者部分原文，或者档案记载的特定内容：

（一）通过报纸、刊物、图书、声像、电子等出版物发表；

（二）通过电台、电视台播放；

（三）通过公众计算机信息网络传播；

（四）在公开场合宣读、播放；

（五）出版发行档案史料、资料的全文或者摘录汇编；

（六）公开出售、散发或者张贴档案复制件；

（七）展览、公开陈列档案或者其复制件。

第二十四条 公布属于国家所有的档案，按照下列规定办理：

（一）保存在档案馆的，由档案馆公布；必要时，应当征得档案形成单位同意或者报经档案形成单位的上级主管机关同意后公布；

（二）保存在各单位档案机构的，由各该单位公布；必要时，应当报经其上级主管机关同意后公布；

（三）利用属于国家所有的档案的单位和个人，未经档案馆、档案保存单位同意或者前两项所列主管机关的授权或者批准，均无权公布档案。

属于集体所有、个人所有以及其他不属于国家所有的对国家和社会具有保存价值的档案，其所有者向社会公布时，应当遵守国家有关保密的规定，不得损害国家的、社会的、集体的和其他公民的利益。

第二十五条 各级国家档案馆对寄存档案的公布和利用，应当征得档案所有者同意。

第二十六条 利用、公布档案，不得违反国家有关知识产权保护的法律规定。

第五章 罚 则

第二十七条 有下列行为之一的，由县级以上人民政府档案行政管理部门责令限期改正；情节严重的，对直接负责的主管人员或者其他直接责任人员依法给予行政处分：

（一）将公务活动中形成的应当归档的文件、资料据为己有，拒绝交档案机构、档案工作人员归档的；

　　（二）拒不按照国家规定向国家档案馆移交档案的；

　　（三）违反国家规定擅自扩大或者缩小档案接收范围的；

　　（四）不按照国家规定开放档案的；

　　（五）明知所保存的档案面临危险而不采取措施，造成档案损失的；

　　（六）档案工作人员、对档案工作负有领导责任的人员玩忽职守，造成档案损失的。

　　第二十八条　《档案法》第二十四条第二款、第三款规定的罚款数额，根据有关档案的价值和数量，对单位为 1 万元以上 10 万元以下，对个人为 500 元以上 5000 元以下。

　　第二十九条　违反《档案法》和本办法，造成档案损失的，由县级以上人民政府档案行政管理部门、有关主管部门根据损失档案的价值，责令赔偿损失。

第六章　附　则

　　第三十条　中国人民解放军的档案工作，根据《档案法》和本办法确定的原则管理。

　　第三十一条　本办法自发布之日起施行。

附录3　企业档案管理规定

中国国家档案局网站　www.saac.gov.cn　**2005 年 5 月 27 日**

（2002 年 7 月 22 日发布　2002 年 9 月 1 日起施行）

第一条　为加强企业档案工作，促进档案工作为企业各项工作服务，根据《中华人民共和国档案法》（以下简称《档案法》）和有关法律、法规，制定本规定。

第二条　本规定所称的企业档案，是指企业在生产经营和管理活动中形成的对国家、社会和企业有保存价值的各种形式的文件材料。

第三条　企业应遵守《档案法》，依法管理本企业档案，明确管理档案的部门或人员，提高职工档案意识，确保档案完整、准确和安全。

第四条　企业档案工作接受档案行政管理部门的监督和指导。

中央管理的企业制定本企业档案管理制度和办法须报国家档案局备案。

第五条　企业负责档案工作的部门依法履行下列职责：

（一）贯彻执行《档案法》等有关法律、法规和方针政策，制定本企业文件材料归档和档案保管、利用、鉴定、销毁、移交等有关规章制度；

（二）统筹规划并负责本企业档案的收集、整理、保管、鉴定、统计和提供利用工作；

（三）指导本企业各部门文件材料的形成、积累、整理和归档工作；

（四）监督、指导本企业所属机构（含境外机构）的档案工作。

第六条　企业档案工作人员应当忠于职守，遵纪守法，具有相应的档案专业知识和业务能力。

第七条　企业各部门负责归档文件材料的收集和整理，并定期交本企业档案部门集中管理。任何人不得拒绝归档。

第八条 归档的文件材料应完整、准确、系统。文件书写和载体材料应能耐久保存。文件材料整理符合规范。归档的电子文件，应有相应的纸质文件材料一并归档保存。

第九条 企业要根据有关规定，确定档案保管期限，划定档案密级。

第十条 企业采取有效措施对档案进行安全保管，并切实加强对知识产权档案和涉及商业秘密档案的管理。

第十一条 企业要对保管期限已满的档案进行鉴定。对确无保存价值的档案登记造册，按有关规定经企业法定代表人批准后进行监销。

第十二条 企业要做好档案统计工作。国有大中型企业应按档案行政管理部门的要求填写有关报表。企业要认真做好对国家和社会有保存价值的档案的登记工作。

第十三条 企业档案现代化应与企业信息化建设同步发展，不断提高档案管理水平。

第十四条 企业档案部门应积极做好档案的提供利用工作，努力开发档案信息资源，为企业提供及时、有效的服务。

第十五条 企业必须为政府有关部门、司法部门依法执行公务提供真实、准确的档案。

第十六条 企业提供利用、公布档案，不得损害国家、社会和其他组织的利益，不得侵犯他人的合法权益。

第十七条 国有企业资产与产权发生变动，应按《国有企业资产与产权变动档案处置暂行办法》做好档案的处置工作。

国有企业破产，破产清算组应妥善处置破产企业档案；国有企业分立，档案处置工作由分立后的企业协商办理。

第十八条 企业应当对在企业档案工作中作出突出贡献的人员给予表彰和奖励。

第十九条　企业应当建立档案工作责任追究制度，对不按规定归档而造成文件材料损失的，或对档案进行涂改、抽换、伪造、盗窃、隐匿和擅自销毁而造成档案丢失或损坏的直接责任者，依法进行处理。

第二十条　本规定由国家档案局负责解释。

第二十一条　本规定自 2002 年 9 月 1 日起施行。《国营企业档案管理暂行规定》同时废止。其他有关企业档案工作的规定凡与本规定抵触的，以本规定为准。

附录4　企业职工档案管理工作规定

中国国家档案局网站　www.saac.gov.cn　2005 年 5 月 27 日

(1992 年 6 月 9 日发布施行)

第一章　总　则

第一条　为加强企业职工档案管理，有效地保护和利用档案，提高科学管理水平，为社会主义现代化建设服务，根据《中华人民共和国档案法》有关规定，制定本规定。

第二条　企业职工档案是企业劳动、组织、人事等部门在招用、调配、培训、考核、奖惩、选拔和任用等工作中形成的有关职工个人经历、政治思想、业务技术水平、工作表现以及工作变动等情况的文件材料。它们是历史地、全面地考查职工的依据，是国家档案的组成部分。

第三条　企业职工档案工作，在国家档案行政管理部门宏观管理、组织协调下，由劳动主管部门领导与指导，实行分级管理，同时接受同级档案行政管理部门的监督、指导。

第四条　企业职工档案管理工作必须贯彻执行党和国家有关档案、保密的法规和制度。

第二章　机构和职责

第五条　职工档案由所在企业的劳动（组织人事）职能机构管理。实行档案综合管理的企业单位，档案综合管理部门应设专人管理职工档案。

第六条　职工失踪、逃亡、合理流动或出国不归者，其档案由原所在单位保管，也可由当地劳动行政部门代为保管。

第七条　职工死亡后，其档案由原管理部门保存五年后，移交企业综合档案部门保存。对国家和企业有特殊贡献的英雄、模范人物死亡以后，其档案由企业综合档案部门按规定向有关档案馆移交。

第八条 企业职工档案管理部门的职责：

（一）保管职工档案；

（二）收集、鉴别和整理职工档案材料；

（三）办理职工档案的查阅、借阅和转递手续；

（四）登记职工工作变动情况；

（五）为有关部门提供职工情况；

（六）做好职工档案的安全、保密、保护工作；

（七）定期向企业档案室（馆）移交档案；

（八）办理其他有关事项。

第三章 档案的内容

第九条 企业职工档案的内容和分类：

（一）履历材料；

（二）自传材料；

（三）鉴定、考核、考查材料；

（四）评定岗位技能和学历材料（包括学历、学位、学绩、培训结业成绩表和评定技能的考绩、审批等材料）；

（五）政审材料；

（六）参加中国共产党、共青团及民主党派的材料；

（七）奖励材料；

（八）处分材料；

（九）招用、劳动合同，调动、聘用、复员退伍、转业、工资、保险福利待遇、出国、退休、退职等材料；

（十）其他可供组织参考的材料。

第四章 档案的收集、保管和销毁

第十条 职工所在企业的劳动（组织人事）职能机构对职工进行考查、考核、培训、奖惩等所形成的材料要及时收集，整理立卷，保持档案的完整。

第十一条 立卷归档的材料必须认真鉴别，保证材料的真实、文字清楚、手续齐备。材料须经组织审查盖章或本人签字的，应在盖章、签字后归档。

第十二条 企业职工档案材料统一使用16开规格办公用纸，不得使用圆珠笔、铅笔、红色墨水及复写纸书写。

第十三条 按规定需要销毁档案材料时，必须经单位主管档案工作的领导批准。

第十四条 档案卷皮、目录和档案袋的样式、规格实行统一的制作标准。

第十五条 严禁任何人私自保存他人档案或利用档案材料营私舞弊。对违反规定者，应视情节轻重，严肃处理。对违反《中华人民共和国档案法》《中华人民共和国保守秘密法》的，要依法处理。

第十六条 职工档案管理单位应建立健全工作制度，做好防火、防蛀、防潮、防光、防盗等工作。

第五章 档案的提供利用

第十七条 因工作需要查阅和借用档案，须遵守下列规定：

（一）查阅档案应凭盖有党政机关、人民团体、企事业单位公章的介绍信。

（二）查阅、使用企业职工档案的单位，应派可靠人员到保管单位查阅室查阅。

（三）档案除特殊情况外一般不借出查阅。如必须借出查阅时，应事先提交报告，说明理由，经企业或企业授权的主管档案工作的领导批准，严格履行登记手续，并按期归还。

（四）任何个人不得查阅或借用本人及亲属（包括父母、配偶、子女及兄弟姐妹等）的档案。

（五）各单位应制定查阅档案的制度。查阅档案必须严格遵守保密制度和阅档规定，严禁涂改、圈画、抽取、撤换档案。查阅者不得泄露或擅自向外公布档案内容。对违反者，应视情节轻重予以批评教育，直至纪律处分，或追究法律责任。

（六）因工作需要从档案中取证的，须请示单位主管档案工作的领导批准后才能复制办理。

第六章 档案的转递

第十八条 企业职工调动、辞职、解除劳动合同或被开除、辞退等，应由职工所在单位在一个月内将其档案转交其新的工作单位或其户口所在地的街道劳动（组织人事）部门。职工被劳教、劳改，原所在单位今后还准备录用的，其档案由原所在单位保管。

第十九条 转递档案应遵守下列规定：

（一）通过机要交通或派专人送取，不准邮寄或交本人自带。

（二）对转出的档案，必须按统一规定的"企业职工档案转递通知单"的项目登记，并密封包装。

（三）对转出的材料，不得扣留或分批转出。

（四）接收单位收到档案经核对无误后，应在回执上签名盖章，并将回执立即退回。逾期一个月转出单位未收到回执应及时催问，以防丢失。

第七章　附　则

第二十条　本规定由劳动部负责解释。

第二十一条　本规定自下达之日起执行。各省、自治区、直辖市和国务院各部门可结合实际情况制定实施办法或细则。

附录5 电子公文归档管理暂行办法

中国国家档案局网站 www.saac.gov.cn 2005 年 5 月 27 日

(2003 年 7 月 28 日发布 2003 年 9 月 1 日施行)

第一条 为了加强对电子公文的归档管理，有效维护电子公文的真实性、完整性、安全性和可识别性，根据《中华人民共和国档案法》《中华人民共和国档案法实施办法》和《国家行政机关公文处理办法》，制定本办法。

第二条 本办法所称的电子公文，是指各地区、各部门通过由国务院办公厅统一配置的电子公文传输系统处理后形成的具有规范格式的公文的电子数据。

第三条 电子公文形成单位应指定有关部门或专人负责本单位的电子公文归档工作，将电子公文的收集、整理、归档、保管、利用纳入机关文书处理程序和相关人员的岗位责任。

机关档案部门应参与和指导电子公文的形成、办理、收集和归档等各工作环节。

第四条 副省级以上档案行政管理部门负责对电子公文的归档管理工作进行监督和指导。

电子公文的真实性、完整性、安全性和可识别性，移交前由形成部门负责，移交后由档案部门负责。

第五条 电子公文参照国家有关纸质文件的归档范围进行归档并划定保管期限。

第六条 电子公文一般应在办理完毕后及时向机关档案部门归档。

第七条 电子公文形成单位必须将具有永久和长期保存价值的电子公文，制成纸质公文与原电子公文的存储载体一同归档，并使两者建立互联。

第八条　需要永久和长期保存的电子公文，应在每一个存储载体中同时存有相应的符合规范要求的机读目录。

第九条　电子公文的收发登记表、机读目录、相关软件、其他说明等应与相对应的电子公文一同归档保存。

第十条　电子公文的归档应在"全国政府系统办公业务资源网电子邮件系统"平台上进行，各电子公文形成单位档案部门应配置足够容量和处理能力及相对安全的系统设备。

第十一条　电子公文形成单位应在运行电子公文处理系统的硬件环境中设置足够容量、安全的暂存存储器，存放处理完毕应归档保存的电子公文，以保证归档电子公文的完整、安全。

第十二条　电子公文形成单位应在电子公文处理系统中设置符合安全要求的操作日志，随时自动记录对电子公文实时操作的人员、时间、设备、项目、内容等，以保证归档电子公文的真实性。

第十三条　电子公文形成单位应在电子公文归档时对相关项目进行检查，检查项目包括与纸质公文核对内容、签章，审核电子公文收发登记表、操作日志及相关的著录条目等，确认电子公文及相关的信息和软件无缺损且未被非正常改动，电子公文与相应的纸质公文内容及其表现形式一致，处理过程无差错。

第十四条　归档电子公文的移交形式可以是交接双方之间进行存储载体传递或通过电子公文传输系统从网上交接。

第十五条　通过存储载体进行交接的归档电子公文，移交与接收部门均应对其载体和技术环境进行检验，确保载体清洁、无划痕、无病毒等。

第十六条　归档电子公文应存储到符合保管要求的脱机载体上。归档保存的电子公文一般不加密，必须加密归档的电子公文应与其解密软件和说明文件一同归档。

第十七条　归档的电子公文，应按本单位档案分类方案进行分类、整理，并拷贝至耐久性好的载体上，一式三套，一套封存保管，一套异地保管，一套提供利用。

第十八条　档案部门应加强对归档电子公文的管理，提供利用有密级要求的归档电子公文，应严格遵守国家有关保密的规定，采用联网的方式提供利用的，应采取稳妥的身份认定、权限控制及在存有电子公文的设备上加装防火墙等安全保密措施。

第十九条　超过保管期限的归档电子公文的鉴定和销毁，按照归档纸质文件的有关规定执行。对确认销毁的电子公文可以进行逻辑或物理删除，并应由档案部门列出销毁文件目录存档备查。

第二十条　其他类型电子公文的归档管理可参照本办法。

第二十一条　本办法未尽事宜，参照国家其他有关电子文件的标准和规定。

第二十二条　本办法由国家档案局负责解释。

第二十三条　本办法自 2003 年 9 月 1 日起施行。

主要参考文献

1．刘萌．商务秘书信息与档案工作．北京：中国劳动社会保障出版社，2005

2．缪惠．信息工作与档案管理．合肥：合肥工业大学出版社，2005

3．赵映诚．文书工作与档案管理．北京：高等教育出版社，2003

4．陈祖芬．职业秘书资料与档案管理教程．北京:清华大学出版社，2008

5．范巧燕．企业档案管理——电力企业创新研究．北京：经济管理出版社，2008

6．蔡建文．情报为王——商业情报的攻防之道．北京:金城出版社，2008

7．谭一平．现代职业秘书实务．北京：中国人民大学出版社，2007

8．唐永林，陈荣．企业竞争情报入门．北京：科学出版社，2007

9．范立荣．秘书国家职业资格培训教程．北京：海潮出版社，2004

10．陈琳．档案管理技能训练．北京：机械工业出版社，2008

《秘书信息与档案管理实务》读者意见调查表

亲爱的读者：

感谢您购买本书。为了能为您提供更优秀的教材，请您抽出宝贵的时间，将您的意见以填写下表的方式（可从http://chinese.fltrp.com 下载本调查表）及时告知我们，以改进我们的工作。如果您的意见在本书修订时被采用，我们将在前言里予以说明并赠送您一本样书。

姓名：　　　　　职业：　　　　　职务：　　　　　职称：

工作单位：

通信地址：　　　　　　　　　　　　　邮编：

电话／手机：　　　　　　　　电子邮件：

1. 您对本书的总体看法是：
   □很满意　□比较满意　□尚可　□不太满意　□不满意
2. 您对本书的结构（章节）：□满意　□不满意
   改进意见 _____
3. 您对本书的理论阐述：□满意　□不满意
   改进意见 _____
4. 您对本书的引入案例：□满意　□不满意
   改进意见 _____
5. 您对本书的情景案例：□满意　□不满意
   改进意见 _____
6. 您对本书的经验分享：□满意　□不满意
   改进意见 _____
7. 您对本书的项目任务：□满意　□不满意
   改进意见 _____
8. 您对本书的研讨与实践：□满意　□不满意
   改进意见 _____
9. 您对本书其他的改进意见：_____
10. 您感兴趣或希望增加的教材选题是：_____

请寄：北京市海淀区西三环北路19号　外语教学与研究出版社汉语分社

　　　　徐晓丹（收）　邮编：100089

或发送邮件至：xuxiaodan@fltrp.com

电话：010-88819122